弁護士のための遺産相続実務のポイント

遺産分割・遺言無効
使途不明金ほか遺産分割の付随問題

森法律事務所
代表弁護士 **森　公任**
副代表弁護士 **森元 みのり**［著］

日本加除出版株式会社

はしがき

　本書は、遺産相続事件を扱う弁護士等の実務家を主な対象とし、実務上のポイントを設例形式で解説したもので、以下の6点を特徴とします。
1　第1編で遺産分割調停・審判を扱い、第2編以降で遺産分割に付随する訴訟や審判を扱う、大きく分けて2部構成になっています。
2　第1編では、遺産分割事件の処理に必要と思われる論点をほぼすべて網羅するようにしました。調停・審判実務では頻繁に登場するものの、従来の書籍・論文ではあまり触れられていない問題点も可能な限り記載するよう心掛けました。
3　第2編以降では、預金の無断引き出しに関連する使途不明金訴訟、遺言無効訴訟のほか、葬儀費用、相続後の建物利用関係、事業承継等々、遺産分割の関連問題を幅広く取り上げています。
4　新相続法と旧相続法で結論が異なる論点は、新法と旧法でどのように結論が異なるかを対比して解説しました。
5　弁護士を主たる読者層としていることから、要件事実や立証書類等、代理人としての主張立証活動に重点をおいた解説を心掛けました。なお、第1編では、調停の進行方法についても言及しています。
6　事件処理にあたり税務上重要な部分では、税務処理の問題にも言及しました。

　もとより浅学非才の身であるため、どこまで実務処理に役立てていただけるか自信はありませんが、微かでもご参考となれば幸いです。
　なお、掲載した設例の多くは、弊所の他の著作物同様、弊所が現実に関与した事案をヒントにしたもので、その際の経験をもとに解説をしています。もちろん、参考にしたのは事件の骨格部分のみであり、事案そのものは大幅に変更してあります。
　主な参考文献は、東京家裁家事5部（遺産分割専門部）に在籍されていた裁判官が、在籍当時に執筆された書籍・論文等です。特に片岡武元裁判官、

山城司裁判官、上野薫裁判官の書籍・論文は、随所に引用させていただきました。この紙面を借りて御礼申し上げます。

　出版にあたり、弊所所属舟橋史恵弁護士、木原佳子弁護士、佐多茜弁護士、宮﨑智之弁護士、細川誠弁護士には判例調査等で多大なご尽力をいただきました。また、執筆依頼から今日まで我々の執筆作業を温かく支援してくださった日本加除出版の岩尾奈津子さんに心から感謝申し上げます。

　令和元年5月

弁護士　森　　公任
弁護士　森元みのり

凡　例

本書では、適宜、以下の略語を用いました。その他の略語等については、慣例によります。

◇判例略語◇

　　最大判……………………………最高裁判所大法廷判決
　　最一～三小判……………………最高裁判所第一～三小法廷判決
　　大判………………………………大審院判決
　　高判………………………………高等裁判所判決
　　高決………………………………高等裁判所決定
　　地判………………………………地方裁判所判決
　　家審………………………………家庭裁判所審判

◇出典略語◇

　　民集………………………………最高裁判所（又は大審院）民事判例集
　　集民………………………………最高裁判所裁判集民事
　　民録………………………………大審院民事判決録
　　家月………………………………家庭裁判月報
　　下民集……………………………下級裁判所民事裁判例集
　　判時………………………………判例時報
　　判タ………………………………判例タイムズ

◇略記した文献◇

片岡武・管野眞一編著「家庭裁判所における遺産分割・遺留分の実務」（日本加除出版、第3版、2017）

上原裕之・髙山浩平・長秀之編著「遺産分割」（青林書院、改訂版、2014）

目　次

第1編　遺産分割

第1章　遺産分割調停申立前 ―――――― 2

Ⅰ　相談時の注意点 ………… 2
　遺産相続事件の相談を受けるにあたり確認すべき点 ………… 2
　相続人から依頼を受ける際の注意点 ………… 4

Ⅱ　調査 ………… 7
　1　相続人と相続分 ………… 7
　　年度により異なる相続分 ………… 7
　　遺産共有の性質と割合 ………… 9
　　代襲相続できる人　できない人 ………… 12
　　不在者財産管理人・相続財産管理人・遺産管理人 ………… 15
　　相続放棄・相続分放棄・相続分譲渡・遺産共有持分譲渡 ………… 17
　2　遺産 ………… 21
　　不動産・金融資産の調査方法 ………… 21
　　銀行取引履歴の調査方法 ………… 24
　　貸金庫の開扉ができないとき ………… 27
　　相続税申告書の開示請求 ………… 29
　3　遺言 ………… 31
　　公正証書遺言と自筆証書遺言の調査方法 ………… 31
　　　コラム　自筆証書遺言保管制度（2020年7月10日施行） ………… 33

第2章　遺産分割調停 —————————————— 35

I　当事者 …………………………………………………………35
遺産分割調停に参加できる人・できない人 ………………………35
親族等関係者の遺産分割調停への出席の可否 ……………………37

II　進行方法 ………………………………………………………39
家庭裁判所における遺産分割調停の進め方 ………………………39
　コラム　付随問題 ……………………………………………41
　コラム　「なさず」と「調停に代わる審判」……………………45
中間調書の拘束力が認められる場合と認められない場合 ………47

III　遺産の範囲 ……………………………………………………49
一身専属権（遺留分侵害額（遺留分減殺）請求権　財産分与請求権　著作権）………………………………………………………………49
相続されない財産　明文で否定されているもの・解釈上否定されるもの
　……………………………………………………………………52
遺産分割の対象範囲　遺産分割対象5要件 ………………………54
相続を契機として取得した財産のうち民法上の遺産になるもの・ならないもの ……………………………………………………………55
「相続時に存在しない」財産が、遺産分割の対象になる場合とならない場合 ……………………………………………………………………57
遺産分割の対象になる「現金」とならない「現金」………………59
遺産分割前に遺産の一部を売却した代金が、遺産分割の対象になる場合とならない場合 ………………………………………………………61
遺産分割の対象にならない可分債権 ………………………………63
金融資産が遺産分割の対象になる場合とならない場合 …………66
負債の相続　～ローン付賃貸不動産に注意～ ……………………69
名義預金が遺産になる場合とならない場合 ………………………72

IV　遺産の評価 ……………………………………………………74
遺産評価概説 …………………………………………………………74

不動産の簡易な評価方法……………………………………………75
　　　コラム　遺産分割調停における不動産鑑定について …………79
　　不動産利用権負担付不動産や共有物の評価………………………83
　　建物を所有し土地を無償で利用している相続人が土地を取得する場合の
　　　評価方法………………………………………………………………85
　　親族・同族会社が借地権を有する場合の不動産底地価格………88
　　取得する相続人により土地の評価が増減する場合の評価方法…………91
　　底地の評価方法………………………………………………………96
　　抵当権が設定されている不動産の評価……………………………97
　　農地と山林の評価……………………………………………………99
　　配偶者居住権（長期）の評価（2020年4月1日施行）……………101
　　閉鎖会社株式の簡易な評価方法……………………………………102
　　　コラム　同族企業の株価鑑定………………………………………106
Ⅴ　特別受益………………………………………………………………108
　1　特別受益総論………………………………………………………108
　　特別受益について……………………………………………………108
　　特別受益の評価基準時………………………………………………111
　2　特別受益各論………………………………………………………115
　　特定財産承継遺言（相続させる遺言）と超過特別受益者…………115
　　学費が特別受益になる場合とならない場合………………………118
　　婚姻関連費用が特別受益になる場合とならない場合……………120
　　継続的な資金援助が特別受益になる場合とならない場合………121
　　金銭的利益が特別受益になる場合とならない場合………………124
　　権利金を支払わず借地権を設定した場合と特別受益……………127
　　被相続人が借地権を有する底地を、相続人が底地価格で買い受けていた
　　　場合の特別受益……………………………………………………129
　　生命保険金が特別受益になる場合とならない場合………………131
　　相続人の親族に対する贈与が特別受益になる場合とならない場合
　　　………………………………………………………………………134

土地の無償利用が特別受益になる場合とならない場合…………… 136
　建物の無償利用と特別受益……………………………………… 139
　代襲相続人と特別受益…………………………………………… 141
　再転相続と特別受益……………………………………………… 142
 3 持戻し免除の意思表示 ……………………………………… 144
　持戻し免除の意思表示が認められる場合と認められない場合…… 144
 4 超過特別受益者 ……………………………………………… 149
　超過特別受益者がいる場合の計算方法………………………… 149
　超過特別受益者の寄与分請求と超過特別受益者への相続分譲渡…… 153
Ⅵ 特別寄与 …………………………………………………………… 156
 1 特別寄与総論 ………………………………………………… 156
　寄与分制度の意義………………………………………………… 156
　特別寄与共通認定要件…………………………………………… 160
　相続人以外の者の寄与が認められる場合と認められない場合…… 162
　　コラム　新相続法　特別寄与料請求権（2019年7月1日施行）…… 164
　代襲相続があった場合に、寄与が認められる場合と認められない場合
　　……………………………………………………………………… 166
　被相続人以外の者への寄与が特別寄与と認められる場合と認められない
　　場合………………………………………………………………… 167
　会社に関する寄与が特別寄与になる場合とならない場合………… 169
　寄与分の時間的限界と上限（遺留分・遺贈との関係）…………… 170
 2 特別寄与手続論 ……………………………………………… 172
　特別寄与の主張方法……………………………………………… 172
　寄与分を定める手続……………………………………………… 174
 3 特別寄与各論 ………………………………………………… 176
　療養看護型特別寄与が認められる場合と認められない場合…… 176
　療養看護型特別寄与要件の「必要性」と「特別な貢献」が認められる場
　　合と認められない場合…………………………………………… 178
　療養看護型特別寄与の「無償性」が認められる場合と認められない場合

　　　　………………………………………………………………… 182
　　療養看護型特別寄与の「専従性」が認められる場合と認められない場合
　　　　………………………………………………………………… 185
　　　コラム　要介護度判断基準 ………………………………… 186
　　療養看護型寄与分の計算式………………………………………… 188
　　家業従事型特別寄与が認められる場合と認められない場合………… 190
　　家業従事型特別寄与の計算式……………………………………… 194
　　金銭出資型特別寄与が認められる場合と認められない場合………… 196
　　金銭出資型特別寄与の計算式……………………………………… 203
　　先行相続における相続放棄・相続分譲渡が寄与になる場合とならない場
　　　合 ………………………………………………………………… 205
　　財産管理型特別寄与が認められる場合と認められない場合………… 206
　　財産管理型特別寄与の計算式……………………………………… 210
　　扶養型特別寄与が認められる場合と認められない場合……………… 212

Ⅶ　具体的な分割方法 …………………………………………… 215
　　不動産の現物分割方法……………………………………………… 215
　　代償分割の注意点…………………………………………………… 219
　　代償分割と税………………………………………………………… 224
　　換価分割……………………………………………………………… 226
　　「共有分割」の審判が出される場合 ……………………………… 229
　　複数の相続人の取得希望が競合した場合………………………… 232
　　動産の分割方法……………………………………………………… 235
　　遺産分割調停の成立と登記………………………………………… 237
　　遺産の一部分割を行う場合と注意点……………………………… 240

Ⅷ　遺産分割の特殊問題 ………………………………………… 244
　　死後認知と遺産分割・遺留分侵害額（減殺）請求権……………… 244
　　仮払制度と仮分割制度（2019年7月1日施行）…………………… 246
　　在日韓国人を被相続人とする遺産分割調停……………………… 248
　　債務不履行・錯誤による遺産分割協議の失効…………………… 253

無効な遺産分割協議が信義則上有効になる場合とならない場合…… 255

第2編　その他の相続手続

第1章　相続放棄・限定承認 ── 258

親権者・後見人による相続放棄が利益相反になる場合とならない場合
……………………………………………………………………… 258
処分行為が単純承認になる場合とならない場合……………………… 260
　別表　単純承認判例一覧 ………………………………………… 262
　コラム　相続放棄制度を利用することで資産だけを引き継ぐ方法… 264
熟慮期間経過後の相続放棄と相続放棄の取消し……………………… 265
遺言による利益の放棄ができる場合とできない場合………………… 269
いわゆる空き家問題と相続放棄者の責任……………………………… 270
限定承認の手続とリスク………………………………………………… 272

第2章　相続欠格・相続人廃除・特別縁故者 ── 276

I　相続欠格と廃除 ……………………………………………… 276
相続人が欠格事由に該当するとされた例としないとされた例……… 276
相続人の廃除が認められる場合と否定される場合…………………… 278
　別表　相続人の廃除に関する判例一覧表 ……………………… 280

II　特別縁故者制度 ……………………………………………… 282
特別縁故者と認められる場合と認められない場合…………………… 282
　別表　特別縁故者への財産分与判例まとめ …………………… 286

第3編　使途不明金訴訟

第1章　遺産分割調停内での使途不明金 ―― 290
　使途不明金の相談を受けた場合の初動活動 …… 290
　相続前の預金解約に関する遺産分割調停での取扱い …… 294
　相続後の預金解約に関する遺産分割調停での取扱い …… 298

第2章　原告側訴訟活動 ―― 302
　使途不明金問題で保全処分が必要になる場合 …… 302
　使途不明金訴訟の不法行為構成と不当利得構成 …… 304
　訴訟提起する場合の要件事実 …… 306
　使途不明金訴訟の挙証責任 …… 308
　損害・利得の発生時期 …… 315

第3章　被告側訴訟活動 ―― 317
　コラム　使途不明金訴訟を提起された被告の反論にはどのようなものがあるか …… 317
　関与否認型 …… 318
　補助主張型と本人交付型 …… 320
　贈与の主張 …… 323
　有用の資に充てたという主張 …… 325
　使途不明金の存在に争いがなくても、因果関係の証明ができない場合 …… 329
　使途不明金問題発生防止策 …… 331
　コラム　成年後見人による使途不明金の追及の是非 …… 332

第4編　遺言無効訴訟

第1章　遺言の種類と解釈 —————————— 336

「特定財産承継遺言」（相続させる遺言）と遺贈の違い…………… 336
最高裁の遺言解釈3原則………………………………………… 339
「その余の一切の財産」の解釈 ………………………………… 341
遺言の割合的指定が「相続分の指定」と解される場合と「特定財産承継遺言（分割の指定）」と解される場合 …………………………… 343

第2章　遺言無効 —————————————— 347

遺言能力の定義と判断基準……………………………………… 347
遺言能力判断の注意点…………………………………………… 350
自筆証書遺言に関する「偽造」の主張・立証…………………… 353
自筆証書遺言が「自書」と認められる場合と認められない場合…… 355
公正証書遺言で「口授」が認められる場合と認められない場合…… 358
無効な遺言が死因贈与として有効になる場合とならない場合……… 360
遺言無効訴訟の基礎知識………………………………………… 363
　別表　遺言の効力に関する判例一覧 ………………………… 371
　コラム　その他の無効原因 …………………………………… 372

第5編　遺産分割付随問題

第1章　祭祀承継・葬儀費用 ―――――――――――― 376

葬儀費用を喪主が負担する場合と相続人が負担する場合………… 376
葬儀費用になる費用とならない費用………………………………… 380
祭祀承継者の決定基準………………………………………………… 381
遺骨の返還……………………………………………………………… 384

第2章　相続開始後の遺産管理に関する紛争 ――――― 387

遺産からの果実・収益の法律関係…………………………………… 387
　コラム　共同相続財産である賃貸不動産から生ずる賃料債権請求訴訟
　………………………………………………………………………… 390
相続後に発生した遺産収益金が遺産になる場合とならない場合…… 392
相続人による家賃の独り占めや遺産隠し問題と遺産管理人の選任
………………………………………………………………………… 394

第3章　同族企業の経営権争いと事業承継 ――――――― 397

遺産分割前の相続株式の議決権行使方法…………………………… 397
非上場株式の分割　事実上の後継者に株を相続させる場合とそうでない
場合……………………………………………………………… 400
新相続法の遺留分制度を使った事業承継（2019年7月1日施行）
………………………………………………………………………… 402
　コラム　経営承継円滑化法………………………………………… 404

第4章 相続人と第三者の関係 ―――― 406

相続人が、差押債権者に、自己の相続分を登記なくして対抗できる場合とできない場合………………………………………………………… 406
遺産共有持分と通常共有持分が併存する不動産の共有解消方法…… 410
遺産分割前に第三者に遺産共有持分を譲渡した場合………………… 412

第5章 相続開始後の不動産明渡等をめぐる紛争 ―――― 415

建物所有を目的とした土地使用貸借と借主の死亡……………………… 415
家屋使用貸借人が死亡した場合の相続人以外の同居人の保護……… 416
被相続人と生活を共にしていた居住者の保護………………………… 418
相続建物に居住していた配偶者の保護　その1　配偶者居住権…… 421
相続建物に居住していた配偶者の保護　その2　配偶者短期居住権
　　………………………………………………………………………… 425
内縁の妻の居住の保護…………………………………………………… 428

第6章 相続税法 ―――― 431

弁護士が心得ておくべき相続税法の基礎知識………………………… 431
配偶者控除の活用と注意点……………………………………………… 434
相続税申告期限内に遺産分割が成立しない場合……………………… 436
再度の遺産分割と遺言書とは異なる遺産分割の課税関係…………… 438

第1編

遺産分割

第1章　遺産分割調停申立前

I　相談時の注意点

遺産相続事件の相談を受けるにあたり確認すべき点

　遺産相続事件の相談を受けるにあたり、弁護士が相談者との最初の面談で確認すべき点は多いが、以下の点は、争点とは関係ないように思えても、確認しておいたほうがよい。

1　被相続人に関する事項
(1)　被相続人の死亡原因は何か。
(2)　被相続人が生前、要介護認定を受けていたか。受けていた場合、その期間や要介護度など具体的な内容。
(3)　被相続人が生前、認知症を発症していたか。発症していた場合、その期間や程度など具体的な内容。
(4)　被相続人の生前の生活資金源は何か。
(5)　被相続人と生前、同居していた者はいるか。
(6)　被相続人の収入で生活していた者はいるか。

2　相続人に関する事項
　判断能力に問題のある相続人はいないか。

3　相続財産に関する事項
(1)　遺産の範囲

(2) 被相続人に債務はないか。

4 遺言書に関する事項
(1) 遺言書はあるか。
(2) 遺言がある場合、公正証書遺言か自筆証書遺言か。
(3) 遺言が自筆証書遺言である場合、検認の有無。

5 遺産分割協議に関する事項
(1) 遺産分割協議をしたことがあるか。
(2) 遺産分割協議をしたが、まとまらなかった場合、どのような理由からか。
□感情的になり話し合いができなかった。
□話し合いを避けている相続人がいる。
□所在のわからない相続人がいる。
□相続人の範囲で争いがある。
□遺言書の効力・解釈で争いがある。
□遺産分割協議の有効性・解釈で争いがある。
□一部の相続人が遺産隠しをしている。
□一部の相続人が、遺産の独占を図ったり、法定相続分以上の権利を主張している。
　　　　理由　特別寄与の主張がある。
　　　　　　　遺言書には記載されていない被相続人の生前の意思。
　　　　　　　一部の相続人が、生前、被相続人より多額の恩恵を受けていた。

□被相続人の債務や税金、葬儀費用の分担を巡って争いになった。
□一部の被相続人の預金管理状況で争いになった。
□誰が何を取得するかでもめている。
□代償金の金額でもめている。
(3) 相続人間の対立関係は、どのようになっているか。

例）長男　対　他の姉妹

相続人から依頼を受ける際の注意点

> **ポイント**
>
> ◆高齢の相続人は、弁護士自身が意思能力の有無を確認する。
> ◆複数の相続人から依頼を受けるときは、利益相反が問題になるが、形式的な利益相反にすぎないときは、依頼者から「双方代理の申述書」をもらい裁判所に提出する。
> ◆遺言執行者である弁護士が、相続人から遺産相続事件の依頼を受けることは、利益相反になる。

設例 1

　高齢な相続人甲の長男Ａは、弁護士Ｂに、甲の遺産分割事件を依頼するに当たり、甲は高齢で足腰が弱っているので事務所に来ることができない、やりとりは自分としてもらいたい、と申し入れた。
　弁護士として注意すべき点は何か。

回答

　直接、本人と面談し、意思能力の有無を確認する必要がある。認知症の場合は、医師の診断書を求めるべきである。

――――――■　解説　■――――――

　依頼者である相続人が高齢の場合、その高齢の相続人と同居している親族が事実上の依頼者であるケースがある。このような場合、単に高齢者と面談

するだけではなく、充分な聴き取りを行い、意思能力の有無を確認する。確認を怠り懲戒処分になった例が複数ある。

認知症などの疑いがある場合は、素人の弁護士に能力の確認は無理であるから、医師の診断書の提出を求めるべきである。

設例2

① 先妻の子3人対後妻の対立図式の遺産分割事件で、先妻の3人の子から同時に依頼を受ける行為は利益相反になるか。
② ①の事案で、先妻の子の間で具体的相続分に争いがあるときはどうか。
③ 遺言執行者に就任している弁護士Aが、相続人の1人から遺産分割事件の依頼を受けることは利益相反行為になるか。
④ 遺留分侵害額（遺留分減殺）請求事件で、複数の減殺請求権者から依頼を受ける場合はどうか。

回答

①では、先妻の3人の子に争いはなくても双方代理の問題が生ずる。あらかじめ「双方代理の申述書」を出し、双方代理の問題をクリアする（民法108条）。

しかし、②では、具体的な利益相反が生じ、弁護士職務基本規程28条3号に違反する。依頼は受けるべきではない。

③も、双方代理の問題は生じないが、弁護士職務基本規程28条3号に違反するから、依頼を受けるべきではない。

④は双方代理の問題は生じないが、依頼者間で争いがあるときは、弁護士職務基本規程28条3号に違反する場合がある。

―― 解説 ――

1 双方代理の問題　複数の相続人から依頼を受ける場合

遺産分割事件は、複数の相続人間で遺産を分け合うという構図だから、複数の相続人から同時に依頼を受けることは民法108条の双方代理に当たる。

しかし、現実には、その相続人グループ間で争いがないときは、次の二つの方法のいずれかで処理する。

① 調停成立直前に1人の相続人を除いて、他の相続人の代理人を辞任する。
② あらかじめ「双方代理の申述書」（民法108条ただし書）を提出する。

書式は、家裁に置いてある。

2 利益相反の問題　複数の相続人間で実質的な利益相反がある場合

① 当初から利益相反があるとき

依頼を受けた相続人間で遺産の割り振りや具体的相続分の割合をめぐって争いがあるときは、弁護士職務基本規程28条3号違反となり、懲戒問題になるから依頼を受けるべきではない。

② 中途から争いが生じたとき

当初は争いがなくても、遺産分割調停中途から、依頼を受けた相続人間で遺産の割り振りや具体的相続分の割合をめぐって争いが生じたときは、辞任するしかない。

③ 遺言執行者が代理人に就任する行為

遺言執行者は全相続人の代理人であるから、一部の相続人の依頼を受けて代理人になることは明白に弁護士職務基本規程違反であり、懲戒処分の対象になる。

④ 遺留分侵害額（遺留分減殺）請求事件

遺留分侵害額（遺留分減殺）請求事件は、単独行為だから、複数の遺留分権利者から依頼を受けても双方代理の問題は生じないが、依頼者間で利益相反の問題が生ずる場合があり、そのまま職務を続けることは、弁護士職務基本規程28条3号違反となる。

Ⅱ 調査

1 相続人と相続分

年度により異なる相続分

ポイント

相続分の計算に当たっては、①昭和 56 年 1 月 1 日以降配偶者の相続分が変更され②平成 13 年 7 月以降は非嫡出子の相続分が変更されている点に注意する。

設 例

相続人は、被相続人の妻甲と嫡出子Ａ、非嫡出子Ｂである。

死亡が①昭和 55 年 12 月の場合と②平成 13 年 6 月の場合、③平成 13 年 7 月の場合で、3 名の法定相続分は、それぞれどのような割合になるか。

回 答

① 昭和 55 年 12 月

妻甲の相続分は 3 分の 1、残りの 3 分の 2 の遺産を、嫡出子Ａと非嫡出子Ｂで、2 対 1 の割合で相続することになる。

② 平成 13 年 6 月

妻甲の相続分は 2 分の 1、残りの 2 分の 1 の遺産を、嫡出子Ａと非嫡出子Ｂで、2 対 1 の割合で相続することになる。

③ 平成 13 年 7 月

妻甲の相続分は 2 分の 1、残りの 2 分の 1 の遺産を、嫡出子Ａと非嫡出子

Bで、1対1の割合で相続することになる。

解説

1 配偶者相続分の変更

配偶者の相続分については、昭和55年の民法改正で昭和56年1月1日以降、相続分が変更されている。

	昭和55年12月31日以前	昭和56年1月1日以降
第1順位	妻3分の1・子3分の2	妻2分の1・子2分の1
第2順位	妻2分の1・直系尊属2分の1	妻3分の2・直系尊属3分の1
第3順位	妻3分の2・兄弟姉妹3分の1	妻4分の3・兄弟姉妹4分の1

2 非嫡出子の相続分変更

(1) 平成25年9月5日以後に開始した相続

現在の民法が適用され、非嫡出子の相続分と嫡出子の相続分は同等となる。

(2) 平成13年7月1日から平成25年9月4日までに開始した相続

最大決平成25・9・4民集67巻6号1320頁の民法900条4号ただし書前段を違憲とする判例により、非嫡出子の相続分と嫡出子の相続分は同等となる。

(3) 平成13年6月30日以前に開始した相続

平成25年法律94号による改正前の民法により、非嫡出子の相続分を嫡出子の相続分の2分の1として計算するのが実務である。

遺産共有の性質と割合

> **ポイント①**
>
> 　遺産共有の性質は、分割手続が異なる以外は、通常共有と同じである。遺産分割未了の時点では、遺産を法定相続分で共有していると考えて法律構成する。

設 例

　被相続人には6000万円の遺産がある。その遺産を長男甲と次男乙で相続したが、遺産分割未了のまま長男甲が死亡し、長男の子供A・Bが再転相続で共同相続した。Aは、甲について1000万円の特別受益がある。
　乙・A・Bの相続分はいくらか。

回 答

　乙3000万円、A1000万円、B2000万円である。

解 説

1　遺産分割前の遺産の権利性

　2つの見解の対立がある。

① 　抽象的権利説

　遺産分割前の相続人の権利は、遺産を取得することができるという抽象的な法的地位であって、遺産分割の対象となり得る具体的な財産権ではない。

② 　遺産共有説

　遺産分割前の相続人の権利は、各遺産に対し、法定（指定）相続分に基づいて遺産共有しているという具体的権利である。

2 判例の立場

最高裁は、遺産共有説に立っている（最三小決平成17・10・11民集59巻8号2243頁）。

最高裁の見解に立つと、設例は、以下のとおりとなる。

① 被相続人の死亡により、相続人甲と乙は遺産に対し、2分の1の遺産共有持分権という具体的権利を相続したことになる。
② 具体的権利である以上、当然、特別受益も考慮される。
③ 甲が生前有していた権利は、3000万円相当の遺産共有である。
④ ここにAの特別受益1000万円を持ち戻すと対象遺産は4000万円になる。
3000万円＋Aの特別受益1000万円＝4000万円
⑤ これを法定相続分で割ると各2000万円になる。しかし、Aは、1000万円の遺産の前渡しを受けているから、今回の甲の3000万円の遺産は、Aが1000万円、Bが2000万円になる。

ポイント②

◆遺産が相続されると、可分債権以外は全て相続人の共有となる。
◆その際の相続分は、遺産分割されるまでは、法定（又は指定）相続分であり、具体的相続分ではない。
◆この遺産共有は、通常の共有と同じであり、違う点は、分割手続が遺産分割によるか共有物分割によるかの違いである。

設例

相続財産は2000万円の不動産で、相続人は長男A・次男B。Aには1000万円の特別受益がある。遺産分割審判で共有状態にすることについて両相続人に異論はない。法定相続分は各2分の1だが、具体的相続分がA3分の1、B3分の2であることも異論はない。

家裁の審判が平成30年4月1日に出たとして、この不動産の共有割合は、

その前後で異なるか。

回答

審判前まではＡ・Ｂ各２分の１の法定相続分で遺産共有しているが、審判後は、家裁の審判により、Ａ３分の１、Ｂ３分の２の具体的相続分の通常共有状態に転換される。

――― 解説 ―――

1　「共有」（民法898条）の意義

この場合の「共有」割合は、具体的相続分ではなく、法定（指定）相続分というのが実務であり判例である。家裁は、法定相続分で共有されている遺産を具体的相続分に基づいて分割することになるが、審判による分割直前までは法定相続分による遺産共有状態が続いていることになる。

2　可分債権・法定果実との関係

遺産分割前は、法定（指定）相続分で準共有されているから、可分債権・法定果実の権利関係は、以下のとおりとなる。

①　可分債権は、相続と同時に分割されるが、このときは、まだ遺産共有状態だから、法定相続分に従って当然に分割されることになる。具体的相続分がゼロの超過特別受益者も、法定相続分で取得できる。

②　相続後の賃料も、遺産分割前は、まだ法定相続分での遺産共有状態だから、法定相続分に従って当然に各相続人が取得することになる。具体的相続分がゼロの超過特別受益者も、法定相続分で家賃を取得できる（最一小判平成17年9月8日民集59巻7号1931頁）。

代襲相続できる人　できない人

ポイント①

〈特定財産承継遺言受遺者の相続人〉
　特定財産承継遺言の対象とされた推定相続人が遺言者の死亡以前に死亡した場合には、その効力は生じない。そのため、現在の公証人実務では、推定相続人が遺言者の死亡以前に死亡した場合には、その代襲相続人に相続させる文言を記載している。

設例

　被相続人は、「不動産は長男Aに相続させる」という公正証書遺言を作成したが、被相続人が亡くなる前に、長男Aが先に死亡した。被相続人死亡後、長男Aの子孫Bは、当該不動産を遺言で相続できるか。

回答

できない。

解説

　特定財産承継遺言について、推定相続人が遺言者の死亡以前に死亡した場合には、当該「相続させる」旨の遺言に係る条項と遺言書の他の記載との関係、遺言書作成当時の事情及び遺言者の置かれていた状況などから、遺言者が、上記の場合には、当該推定相続人の代襲者その他の者に遺産を相続させる旨の意思を有していたとみるべき特段の事情のない限り、その効力を生ずることはない（最三小判平成23・2・22民集65巻2号699頁）。
　上記最高裁判決を受けて、公証人実務では「遺言者の下記財産はAに相続

させる。Aが遺言者と同時に又は遺言者よりも先に死亡したときは、下記財産はAの子Bに相続させる。」という文言を入れるようになっている。

ポイント②

〈養子〉
養子の連れ子は、原則として代襲相続できない。

設例1

被相続人甲は、乙と養子縁組をした。乙には連れ子のAがいた。乙は、養子縁組をした後、Bを出産した。その後、乙が甲より先に死亡し、やがて甲も死亡した。A・Bは、甲の相続につき乙を代襲相続できるか。

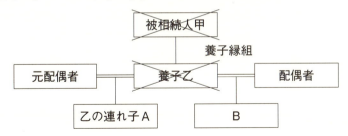

回答

Aは代襲相続できないが、Bは代襲相続できる。

解説

民法727条は、「養子本人」と「養親及びその（養親の）血族」間で親族関係が発生するとしており、養子本人の血族と養親との間には親族関係が発生するとは規定していない。したがって、養子縁組前に生まれた養子の子は、

養子の親との間に何ら血族関係はない（大判昭和7・5・11大民集11巻1062頁）。

民法は、例え「被相続人の子の子」であっても、「被相続人の直系卑属でない者」は代襲相続はできないとしているから（民法887条2項ただし書）、甲の子の子であっても、直系卑属でないAは、代襲相続できない。

もちろん、養子縁組後に生まれた養子の子は、養子の親と血族関係になり、「被相続人の直系卑属」といえるから、代襲相続できる。代襲相続人は、被相続人と血縁関係があることが必要である。

設例2

被相続人Aには長女Bがいる。長女Bは、配偶者Cと結婚し、BとCとの間には、既に子Dがいる。

被相続人Aは、孫Dがいる状態で、長女Bの配偶者Cと養子縁組した。その後、養子Cは死亡し、次いで被相続人Aも死亡した。

この場合、孫Dは、Cの代襲相続人になれるか。

回答

孫Dは、代襲相続できる。

― 解説 ―

民法の条文を素直に読む限り、Dは、養子縁組前の子であり、Aの代襲相続人にはなれない。しかし、「血縁関係を重視するのが立法の趣旨だから、配偶者Cを通じて直系卑属である必要はなく、ともかく被相続人の直系卑属ならよい」という立場が主流である（大阪高判平成1・8・10判タ708号222頁）。Dは、養子縁組前の子とはいえ、同時に、被相続人の孫でもあるから、代襲相続できる。

〔注意点〕
① 直系卑属しか代襲相続人になれない（民法887条2項）から、配偶者は代襲相続人になれない。
② 代襲相続が起こるのは、姪・甥までで、姪・甥の子には代襲相続は起こらない（民法889条2項）。

不在者財産管理人・相続財産管理人・遺産管理人

ポイント

戸籍上相続人がいない場合は、相続財産管理人選任の申立てをし、戸籍上相続人がいるが所在が不明な場合は、不在者財産管理人選任の申立てをする。遺産管理をめぐるトラブルがあるときは、遺産管理人選任の申立てをする。

設例

① 相続人はA・B・Cの3名だが、Cは、長年行方がわからず、生死も不明である。遺産分割を成立させるためには、A・Bは何をすべきか。
② 銀行甲は、被相続人乙の所有する土地に抵当権を設定しているが、乙の相続人は全員相続放棄をした。銀行甲が抵当権を実行するためには、何をすべきか。
③ 被相続人甲には後見人乙が就いていた。相続人はA・B・Cの3名だが、後見人から遺産の管理を引き継ぐ相続人が決まらないときは、どうすればよいか。

回答

① 不在者財産管理人の選任申立てをする。

② 相続財産管理人選任の申立てをし、その相続財産管理人あてに抵当権を実行する。
③ 遺産管理人を選任する。

解説

1 不在者財産管理人・相続財産管理人・遺産管理人

不在者財産管理人・相続財産管理人・遺産管理人は、似て非なる制度で、違いを認識する。

(1) 不在者財産管理人（民法25条～29条、家事事件手続法145条～147条）

相続人が戸籍上はいるが、その相続人の所在も生死もわからない場合は、不在者財産管理人選任の申立てをする。

遺産分割調停においては、失踪宣告の要件を満たす場合でも、不在者財産管理人を選任してもらうことがある。失踪宣告には、かなりの時間がかかり、調停・審判が空転するからである。どうしても失踪宣告を選択したいときは、いったん遺産分割調停の申立てを取り下げて、失踪宣告後に再度申立てをすることになる。

(2) 相続財産管理人（民法951・952条）

相続人が戸籍上、誰も確認できないときは、相続財産管理人選任の申立てをする。

戸籍を確認できる相続人全員が相続放棄をした場合で、①抵当権の実行をしたいとき、②特別縁故者に対する相続財産分与の申立てをしたいとき等に利用される。

(3) 遺産管理人（家事事件手続法105条・200条3項、民法28条・103条等）

①成年後見人が相続人に遺産管理を引き継ぎたいが相続人間で紛糾して引継ぎ者が決められないとき、②遺産を管理している相続人の管理方法（費消・棄損等）に問題があるときなど、この申立てをする。

2 帰来時弁済

不在者財産管理人が選任されている場合は、その不在者の遺産は、不在者と連絡がとれるようになるまで、原則として不在者財産管理人が管理する。その場合、毎年、預かり遺産が管理費用と相殺されることになり、預かり遺産が管理費用で消えるまで任務が続く。しかし、実務では、他の相続人に管理させることもあり、これを「帰来時弁済」という。

家裁は、預かり遺産が100万円以下かどうかで、「帰来時弁済」にするか否かを判断する場合が多いが、事案によっては100万円を超えても、交渉次第では「帰来時弁済」を認めることがある。筆者は、300万円と500万円で、それぞれ「帰来時弁済」を認めてもらった経験がある。

「帰来時弁済」が認められないときは、状況次第では失踪宣告も考慮する。

相続放棄・相続分放棄・相続分譲渡・遺産共有持分譲渡

ポイント

「相続の放棄」「相続分の放棄」「相続分譲渡」「遺産共有持分譲渡」の違いを認識する。

違いは以下のとおりである。

	相続の放棄	相続分の放棄	相続分譲渡	遺産共有持分譲渡
根拠条文	民法938条〜	なし	民法905条	民法206条
熟慮期間	3か月	期間制限なし	期間制限なし	期間制限なし
対債権者関係	対抗できる	対抗できない	対抗できない	対抗問題になる
効果	相続そのものをしなかった	相続をした後に相続分を放棄した	相続をしたが、相続分と相続人たる地位を譲渡した	相続人たる地位は維持し、個々の遺産共有持分権を譲渡した

| 効果の範囲 | 全ての法律関係に影響する | その手続限りでの効果しかない | 全ての法律関係に影響する | 全ての法律関係に影響する |

設例1

〔相続分放棄・譲渡の対債権者関係〕

　相続人Aは、相続人Bに相続分譲渡をした。ところが、被相続人の債権者が、突然、相続人Aの財産を仮差押えしてきた。認められるか。

回答

　認められる。

解説

　相続分譲渡も相続分放棄も、債権者に対する関係では対抗できない。遺産に負債があるときは、負債の譲渡は当事者間限りのものである。

設例2

〔相続分放棄・譲渡の実体的法律効果の違い〕

　第1回遺産分割調停で相続人Aは相続分放棄をし、相続人Bは相続人Cに相続分譲渡をした。その遺産分割調停は、いったん取り下げられ、再度、第2回遺産分割調停が申し立てられた。相続人A・Bは、いずれも、前回の譲渡・放棄を撤回した。認められるか。

回答

相続人Aの相続分放棄の撤回は認められ、相続人Bの相続人Cに対する相続分譲渡の撤回は認められない。

―――― 解 説 ――――

1　相続分譲渡と遺産共有持分譲渡

相続分譲渡とは共同相続人の1人が他の特定の相続人や第三者に、自分の相続分を譲渡することである。譲渡先は、相続人である必要はない。相続人として全遺産に対し法定相続分を有する包括的地位を譲渡する点で、個々の遺産に対する権利を譲渡する遺産共有持分譲渡とは異なる。なお、相続分譲渡も遺産共有持分譲渡も譲渡人の相続の際は「生計の資本の贈与」として特別受益になることがある（最二小判平成30年10月19日裁判所ウェブサイト）。

2　相続分放棄と相続放棄

相続分放棄とは、自分の相続分である遺産共有持分権を他の相続人に対し放棄することである。相続人たる地位を失う相続放棄とは異なる。

3　相続分譲渡と相続分放棄

民法には相続分譲渡は規定されている（民法905条）が、相続分放棄は規定がない。

相続分譲渡は、実体的法律関係が生じ、他の手続でも「譲渡したもの」として扱われるが、相続分放棄は、その手続限りのものである（片岡・管野「第3版　家庭裁判所における遺産分割・遺留分の実務」127頁）。

当事者の意思が、放棄なのか譲渡なのか、十分見極める必要がある。ときおり、「相続人○○のために相続放棄をする」という意味不明な「相続分放棄書」が提出されることがある。

遺産紛争に中立的立場をとるときが相続分放棄であり、特定の相続人等に財産的支援をする場合が相続分譲渡である。この点は、十分に当事者の真意を確認する必要がある。

設例3

〔相続放棄と相続分放棄の違い〕
相続人は妻Aと長男B・長女C・次男D。長女Cが相続放棄した場合と相続分放棄した場合とで、他の相続人の取得額に違いがあるか。

回答

相続放棄の場合、妻Aの相続分は変更せず、長男B次男Dの相続分は、各6分の1から各4分の1へ変更になる。
相続分放棄の場合、長女Cの放棄した相続分は、当初の相続分に応じて割り振られる。

解説

相続放棄の場合は、当初から相続人とならなかったものとみなされるから、相続人は妻Aと長男B・次男Dと考えて処理する。相続分放棄の場合は、長女Cの相続分が、各自の相続分割合に応じて移転すると考える。
相続人が多数いて、各相続人がグループごとに分かれているとき、相続分放棄は、自分のグループ内の相続人に対して放棄するつもりで行われることがある。相続人が多数いて複雑に対立しているときは、その真意を確認し、全員に放棄の効果を及ぼす意思でないときは、同一グループの各相続人にそれぞれ相続分の一部譲渡という方法を選択する。

1　相続分譲渡に関する税務上の注意点

(1)　相続人間の譲渡

相続人間で無償譲渡した場合、遺産分割の一態様として課税問題は生じない。相続人間で有償譲渡した場合、代償分割と同様に税務処理をする。

(2)　第三者への譲渡

第三者に無償譲渡した場合、いったん相続した後に無償で譲渡したと考え、譲渡人には相続税が、譲受人には贈与税が課税される。

第三者に有償譲渡した場合、遺産を取得し、これを有償で売却したと考え、相続税が課税されるとともに、譲渡所得税等が課税される。

内縁の配偶者や自分の子に相続分譲渡するときは事前に税務上の問題を確認しておいた方がよい。

2　遺産分割調停申立ての注意点

相続分譲渡・相続分放棄・相続放棄をしても、遺産分割調停申立てにあたっては、当事者目録に記載する必要がある。その際、申立てと同時に、家裁に譲渡書・放棄書・放棄受理の申述書の正本を呈示して写しを提出し、裁判所から排除決定を受ける。調停手続内で相続人の範囲を確定する必要があるからである。

2　遺産

不動産・金融資産の調査方法

ポイント

不動産は、名寄帳・ブルーマップと登記情報提供サービスを利用し、預金については「全店照会」をかける。他に遺産があるはずだが発見できないときは、遺産分割協議書に「遺産発見条項」を入れておく。

1　不動産調査の方法

(1)　ブルーマップと登記情報提供サービスの利用

インターネットで「登記情報提供サービス」(https://www1.touki.or.jp/)を利用すれば、「地番検索サービス」で住居表示から地番を調べることができる。ただし、サービス提供外の地域もあるので、その場合はブルーマップで地番を確認することになる。地番がわかれば登記情報提供サービスの「土地からの建物検索指定」で家屋番号を検索することができる。

(2)　名寄帳

不動産については、固定資産税の名寄帳を取り寄せ、把握漏れがないかを確認する。名寄帳は都税事務所、市町村にある。

ただし、課税のための書類であり、私道等の非課税不動産は記載されていない。私道等の漏れに注意する必要がある。

2　預金の調査方法

口座があることが確実な金融機関については「全店照会」をかける。その銀行の支店全てについて調べてもらう。

見当が付かない場合は、郵便物・生前の確定申告の書類・年金振込口座等を調べ、税理士への問合せもする。それでも不明なときは、自宅や勤務先の近所にある各金融機関をできる限り調査する。

3　生命保険の調査方法

かつては、弁護士法23条の2に基づいて、「一括照会」ができたが、現時点では、その制度は廃止されている。個別に調査するしかない。

4　上場企業株等証券類の調査

証券保管振替機構に登録済加入者情報の開示請求をする。証券保管振替機構の下記ウェブサイトに開示請求手続の説明がある。

https://www.jasdec.com/system/less/certificate/kaiji/chokusetu/index.html

5　いくら調査してもわからない場合

　家裁が遺産探しに協力することはない。相続人は、自主的に遺産探しをし、どうしても発見できないときは、判明している遺産分割をし、その際、下記のような遺産発見条項を入れておく。

【遺産発見条項】
☐遺産目録記載の財産以外の被相続人の遺産が発見されたときは、AとBは、その分割につき別途協議する。
　又は
☐遺産目録記載の財産以外の被相続人の遺産が発見されたときは、当事者は、その法定相続分に応じてこれを分割する。

6　負債の調査

　個人的借入れとヤミ金融以外は下記機関で被相続人の債務を調査できる。JICC、CICの場合は、インターネット、郵送、窓口により請求手続が行えるが、全国銀行個人信用情報センターの場合は郵送のみの受付である。
　一般社団法人全国銀行協会（全国銀行個人信用情報センター）
https://www.zenginkyo.or.jp
　株式会社シー・アイ・シー（CIC）
https://www.cic.co.jp/mydata/index.html
　株式会社日本信用情報機構（JICC）
https://www.jicc.co.jp/kaiji/index.html

銀行取引履歴の調査方法

ポイント

預金契約上の地位は相続により承継されるから、共同相続人の1人は金融機関に対し、被相続人名義の預金口座の取引経過の開示を求めることができる。この取引明細は、文書提出命令の対象になる。

ただし、すでに預金契約が解約されている場合はできないという判例がある。

設例1

① 被相続人が死亡したが、遺産である被相続人名義の預金残高があまりにも少ないことに不審を抱いた相続人Aは、銀行に取引明細の発行を求めた。認められるか。
② 銀行が全相続人の同意が必要であるとして開示を拒否した場合、相続人Aは、使途不明金訴訟の中で銀行に文書提出命令を申し立て、取引明細の開示を求めることができるか。
③ 当該預金が、既に解約されていた場合はどうか。

回答

① 認められる。
② 認められる。
③ 認められない。

解説

1 単独の相続人による取引明細の開示請求（小問①）

遺産としての預金残高が極端に少ないとき、預金を管理していた相続人の使い込み疑惑を解明する必要がある。このとき、銀行に過去の銀行取引明細の開示を求め、不自然な入出金がないか確認することになる。

被相続人とはいえ、他人名義だから、開示できないのではないか、全相続人の同意がいるのではないか、という疑問があるが、最高裁は、「預金契約上の地位を各相続人は承継し、単独で取引経過の開示請求ができる。」と判断している。

2 文書提出命令による取引明細の開示（小問②）

最高裁は、銀行取引明細は「同法（民訴法）197条1項3号にいう職業の秘密として保護されるべき情報が記載された文書とはいえず、同法220条4号ハ所定の文書に該当しない。」として、文書提出命令の対象になると判断している（最三小決平成19・12・11民集61巻9号3364頁）。

3 預金が解約されている場合（小問③）

最高裁判例はないが、東京高判平成23・8・3金法1935号118頁は、既に預金契約は解約されたので、被相続人と金融機関との間の預金契約はすべて終了したから相続人の請求を認めることはできないと判断している。

弁護士注意点

使途不明金問題追及には必須の取引経過開示請求だが、銀行では多くの場合、任意で10年分の開示請求に応じている。

ただ、各金融機関により取扱いに差があり、無料だが5年分に限る金融機関、かなり高額の費用がかかるが無制限に遡る金融機関、最高裁判例にもかかわらず、全相続人の同意を要求する金融機関、等々いろいろ

である。
　取引明細は、相続前に加え、相続後現在までの取引経過開示請求もしておく。死後、相続人の1人が、金融機関に被相続人の死亡が発覚する前に、キャッシュカード枠ぎりぎりの金額を連日引き出したというのはよくあるケースである。
　金融機関に残高証明を請求すると相続時の残高証明しか出さない。遺産分割調停・審判の際は、分割時点での残高証明が要求されるから、過去の取引明細を請求するなら、現時点までの取引明細も請求した方がよい。

設例2

相続人Aは、相続人Bが、被相続人名義預金を使い込んでいると考え、甲銀行に取引明細の開示を求めたが拒否された。
① 相続人A代理人乙は、甲銀行に取引明細について弁護士会照会をかけたが拒否された。甲銀行に賠償請求ができるか。
② 相続人A代理人乙は、弁護士会照会を拒否されたので、遺産分割調停を申し立て、使途不明金解明を理由として、甲銀行に取引明細の開示を求めて調査嘱託を申し立てた。認められるか。

回答

① できない。
② 認められない。

――――――― 解説 ―――――――

1　小問①について

銀行は弁護士会照会に応ずる義務があるが、それは、公法上の義務であり、

賠償責任は生じない（最三小判平成 28・10・18 民集 70 巻 7 号 1725 頁）。

2 小問②について

〈原則〉 使途不明金は、訴訟で解決すべき事柄であり、遺産分割の対象ではなく、認められない。

〈例外〉 相続後分割前の預金解約で「みなし遺産」（新相続法 906 条の 2）となるときは、調査嘱託の対象となる。

貸金庫の開扉ができないとき

ポイント

貸金庫の開扉・搬出について全相続人の同意が得られない場合は、事実実験公正証書で開扉を行う。一部分割・遺産管理人の選任も方法の 1 つ。

設例

被相続人は、銀行に貸金庫があり、そこには、相当額の貴金属類があるとの噂である。相続人 A・B は、早期に金庫の中身を確認し、解約し、遺産分割をしたいが、もう 1 人の相続人 C は、貸金庫契約の解除はもちろん、中身の確認も断固拒否し、遺産分割協議が進まない。

代理人として、どうすべきか。

回答

以下の 3 つの方法がある。

① 公証人に事実実験公正証書の作成を依頼し、リストを作成してもらい、しかる後、家裁の審判で貸金庫内の遺産を取得する。

② 保全処分により遺産管理人を選任し、貸金庫の開扉をさせる。
③ 「貸金庫契約の契約者たる地位」のみ一部遺産分割の審判をしてもらい、契約上の地位を引き継いだ相続人に開扉してもらう。

■ 解 説 ■

1　貸金庫契約の契約者たる地位の相続

　貸金庫は、金庫室内のキャビネットの賃貸借契約であるから、被相続人の死亡により、借主たる地位は、相続人に相続され、準共有になる。

2　銀行との交渉

　開扉について、全相続人の同意がある場合は問題ないが、一部の相続人が反対している場合は、まず金融機関に、全相続人の同意が必要か確認する。多くの金融機関は、貸金庫の開扉も処分行為だとして、全相続人の同意を要求するが、金融機関によっては、複数の相続人の開扉要求なら応じるというところもあるし、開扉だけなら相続人単独でも構わないというところもある。

3　事実実験公正証書

　代理人としては、まず銀行に確認をし、「開扉には全相続人の同意が必要」と言われたら、公証人に貸金庫の中身を確認する事実実験公正証書の作成を依頼する。多くの銀行は、公証人の事実実験公正証書の作成なら、全相続人の同意がなくても、応じてくれるはずである。しかし、中には公証人でも拒否する金融機関が存するので、この点も、事前に確認しておいた方がよい。

4　遺産管理人の選任と一部分割

　金融機関が、公証人の事実実験公正証書の作成も拒否するなら、保全処分により遺産管理人を選任し、貸金庫の開扉をさせることになる。
　ただし、この方法でも、金庫内の開扉はできても、搬出はできない。遺産目録に計上し、最終的には、審判で取得して搬出するしかない。

5 新相続法 一部分割の利用

　新相続法で明文で認められた遺産の一部分割の審判で、「貸金庫契約の契約者たる地位」のみ一部遺産分割の審判をしてもらい、契約上の地位を引き継いだ相続人に開扉してもらう方法も考えられる。

　逆に、貸金庫の中身だけを除いて「貸金庫契約の契約者たる地位」とその余の遺産で一部分割をしてもらう方法も可能である（バヒスバラン薫「遺産分割事件のケース研究(2)」ケース研究332号167頁参照）。

相続税申告書の開示請求

ポイント

　他の相続人が提出した相続税申告書について、本人が開示を拒否した場合、税務署への調査嘱託は税務署が拒否する。また、税務署に対する文書提出命令を求めることはできない。
　使途不明金等、遺産分割とは関係ない事項は、調査嘱託を行うことができない。

設例

　相続人Aは、遺産内容を把握できていないので、被相続人の遺産を管理していた相続人Bに、相続税申告書の開示を求めたが拒否された。相続人Aは、遺産分割調停を申し立てた。相続人Aは、
① 家裁に対し、遺産の調査をしてもらうよう求めたが、認められるか。
② 税務署に対する相続税申告書の調査嘱託申立書を提出した。認められるか。
③ 家裁に対し、税務署に対する相続税申告書の文書提出命令申立書を提出した。認められるか。

回答

① 認められない。家裁は、遺産探しはしない。
② 税務署への調査嘱託は税務署が拒否する。
③ 文書提出命令の申立ては認められない。

― 解 説 ―

1　家裁による遺産探し（小問①）

　家裁が、遺産探しをすることはない。判明しているものだけで遺産分割の審判をする。

2　税務署への調査嘱託（小問②）

　家裁の遺産分割調停の中で調査嘱託を申し立てても、税務署は「国家公務員法100条及び国税通則法126条により守秘義務が課されており回答できない」として、守秘義務を理由に相続税申告書の提出を拒否するのが通例である。

3　小問③について

　福岡高宮崎支判平成28・5・26判時2329号55頁は、税務行政に対する納税者の信頼確保の理由から「納税申告書は民事訴訟法220条4号ロに該当する」として提出命令の申立てを却下している。

3 遺言

公正証書遺言と自筆証書遺言の調査方法

ポイント

公正証書遺言は、公証役場に問い合わせることで存在と内容を確認できるが、自筆証書遺言には、そのような方法はない。自筆証書遺言保管制度の普及を待つ。

設 例

相続人Aは、生前、被相続人から、遺言書を作成したと聞いている。相続人Aは、どうすればよいか。

回 答

公正証書遺言なら公正証書遺言の遺言検索システムを利用して遺言書の存在と内容を確認できる。自筆証書遺言には、そのような存在はない。ただし、新相続法による自筆証書遺言保管制度が普及すれば、ある程度、問題は解決できる。

━━━━ 解 説 ━━━━

1 公正証書遺言の遺言検索システム

公正証書遺言の遺言検索システムを利用すると、容易に公正証書遺言を発見できる。

公正証書遺言を作成すると、原本は公証役場で保管し、正本と謄本が遺言者と遺言執行者に交付される。同時に、公証人から日本公証人連合会に、①

遺言者の氏名　②生年月日　③証書番号　④遺言作成日（遺言の内容は含まない）　⑤作成公証人名　⑥公証役場名　⑦所在地　⑧電話番号を報告し、日本公証人連合会は、それをデータベース化している。

　このデータベース化されたソフトが、遺言検索システムで、これにより、全国どこの公証役場でも照会請求できる。利用料金は無料である。

2　対象となる公正証書遺言作成時期

　遺言検索システムは、平成元年（昭和64年）1月1日以降、全国の公証役場で作成された公正証書遺言・秘密証書遺言の存在の有無を検索できるものだが、東京公証人会が作成したものは昭和56年1月1日以降なら、大阪公証人会が作成したものは昭和55年1月1日以降なら検索可能である。

　遺言書の保管期間は20年だが、実際には20年経過しても保管している。

3　検索者

　検索できるのは、遺言者の生前中なら、遺言者本人に限られる。遺言者の死亡後なら、法定相続人、受遺者、遺言執行者などの利害関係人に限られる。

4　照会請求に必要な書類

　照会請求の際には、①遺言者の死亡の記載がある除籍謄本、②照会者が遺言者の利害関係人であることを証明する資料（相続人の場合は、照会者が相続人であることがわかる戸籍謄本）、③本人確認書類（運転免許証・印鑑証明書・旅券等）を提示する必要がある。

　必要書類はケースにより異なるので、事前に公証役場に確認した方がよい。

5　公正証書遺言の閲覧又は謄本の交付

　このシステムを利用すると、「遺言検索システム照会結果通知書」が交付される。公正証書遺言が登録されている場合には、遺言作成日・証書番号・遺言作成役場・作成公証人・所在地・電話番号が通知書に記載される。

　照会者は、本通知書を持って保管する公証役場に行き、閲覧又は謄本の交

付を請求することになる。謄本の費用は1枚につき250円である。

6 自筆証書遺言の調査
(1) 旧相続法

自筆証書遺言の有無については、調査する方法はない。

ただ、自筆証書遺言が存する場合は、弊所の経験例からすると、以下の場所に保管されていることが多い。

① 特定の親族に預けている
② 仏壇の引き出し
③ 机やタンスの引き出し
④ 貸金庫の中

遺言書の存在を知っている相続人が意図的に隠している場合もある。自筆証書遺言は、検認を義務付ける一方で、隠匿した場合は相続欠格になるので、全相続人に周知徹底し、自主的に提出を促すしかない。

なお発見されて自筆証書遺言が封筒に入っている場合は、勝手に開封すると過料の制裁を受けることがある（民法1005条）。

(2) 遺言書保管所への確認

新相続法による自筆証書遺言保管制度が普及すれば、自筆証書遺言についても、ある程度発見が容易になるかもしれない。

コラム column

自筆証書遺言保管制度（2020年7月10日施行）

遺言者は、無封の遺言書を持って最寄りの法務局（遺言書保管所）に行き、担当職員（遺言書保管官）に本人であることを証明して遺言書の保管を申請すると、法務局でその遺言書を預かり、データ保存してくれる。これが、「法務局における遺言書の保管等に関する法律」による自筆証書遺言保管制度である。

自筆証書遺言の有効性を確認する制度ではない。

●対象となる遺言──無封の遺言

　無封の（4条2項）自筆証書遺言のみが対象である（1条）。「無封」が要求されるのは、遺言書をデータ化して保存する必要があるからである。外国語の遺言も、本人確認さえできれば、保管可能である。

●手続──自ら出頭する

　遺言者の住所地若しくは本籍地又は遺言者が所有する不動産の所在地を管轄する法務局内の遺言書保管所（2条）の遺言書保管官（3条）に、自ら出頭して提出する（4条6項）。遺言書保管官は、申請人が本人であるかどうかの確認をする（5条）。

●相続前──遺言者のみが閲覧・撤回が可能

　遺言者は、閲覧請求ができるし、保管の申請も撤回できる（6条、8条）が、遺言書情報証明書の交付請求はできない。遺言者の生存中は、遺言者以外の人は、遺言書の閲覧等を行うことはできない。

●相続後──相続人等は開示請求が可能

　遺言者の死亡後は、遺言者の相続人、受遺者等は、遺言書情報証明書の交付請求及び遺言書原本の閲覧請求をすることができる（9条）し、遺言書保管事実証明書の交付を請求することもできる（10条）。
　法務局は、相続人等に対し遺言書の閲覧をさせたり画像データ等の証明書を交付したりした場合や、第三者請求により遺言書の閲覧をさせた場合は、他の相続人等に対し遺言書を保管していることを通知する。

●遺言書の検認の適用除外

　遺言書保管所に保管されている遺言書については、遺言書の検認は不要である（11条）。

第2章　遺産分割調停

I　当事者

遺産分割調停に参加できる人・できない人

> **ポイント**
>
> ◆割合的遺贈の受遺者・相続分譲受人は、相続人ではないが遺産分割手続に参加できる。

設例

〔相続分譲受人・共有持分譲受人・受遺者〕
① 相続人Aは、Bに相続分を譲渡した。Bは、遺産分割手続に参加できるか。
② 相続人Aは、遺産である特定不動産についての共有持分をBに譲渡した。Bは、遺産分割に参加できるか。
③ Bは、被相続人の遺言により全遺産の4分の1の割合で包括遺贈を受けた。その後の手続は、遺産分割手続か。
④ 旧相続法適用時、Bは、被相続人の遺言により全遺産の包括遺贈を受けた。Aは、Bに対し、遺留分減殺請求をし、全遺産に対する4分の1の権利を取得した。その後の手続は、遺産分割手続か。

回答

① 遺産分割手続に参加できる。
② 共有物分割手続による。
③ 遺産分割手続である。
④ 遺産分割手続ではない。ただし、新相続法施行後は、遺留分請求権は金銭請求権となるから、④の問題は生じない。

解説

1 相続分譲渡（小問①）

相続分を第三者に譲渡すれば、その第三者は遺産分割手続に参加できる。

2 遺産共有持分譲渡（小問②）

相続分譲渡ではなく、個々の遺産の共有持分権を譲渡した場合は、その部分は遺産共有ではなく通常共有であるから、その後の分割手続は、遺産分割ではなく、共有物分割手続による。

3 割合的包括遺贈（小問③）

遺言者が、特定の財産を指示せず、全遺産を包括的に遺贈することを全部包括遺贈といい、全遺産のうち分数的割合を遺贈することを割合的包括遺贈という。

割合的包括遺贈の場合、個々の遺産の共有持分を遺贈したのではなく、遺産の割合的価値を遺贈しているから、その後の手続は、相続人と同様の地位に立ち、遺産分割手続で処理することになる。

4 全部包括遺贈（小問④）

全部包括遺贈の場合、負債も含めて全て受遺者に移転する。全部包括遺贈者は、遺産を全て相続した相続人と同様の地位に立ち、単純承認・限定承

認・放棄の規定が適用される。

　他の相続人は遺留分減殺請求を行使できる。この場合、旧相続法では、不可分な遺産は通常共有となり、遺産共有にはならない。分割は、共有物分割手続によることになる（最二小判平成 8・1・26 民集 50 巻 1 号 132 頁）。

　新相続法では、遺留分は遺留分侵害額請求権という金銭請求権となるので、このような問題は生じない。

親族等関係者の遺産分割調停への出席の可否

ポイント

　相続人以外の親族は、調停に同席できない。また手続代理人として許可されることも非常に少ない。

設例

① 相続人妻 A に対して家裁から調停期日の呼出しがあったが、夫 B が、調停への同席を求めてきた。理由は、妻 A が病弱で気弱なこと、遺産分割協議の段階では、夫 B が妻 A に代わり他の親族と分割協議をしており事情を熟知していることの 2 点だった。
　調停委員会は同席を許可するか。

② 同席を拒否された夫 B は、家事事件手続法 22 条 1 項に基づいて手続代理人となる許可を家裁に求めてきた。許可されるか。

回答

① 許可されない。
② 許可されない。

---- 解　説 ----

1　親族の同席は許可されない

　調停は非公開であり、当事者本人以外の関係者の意向に左右されてはならない（山城司「遺産分割事件のケース研究(1)」ケース研究331号193頁）。

2　利害関係人参加

　本件のようなケースでは、事実上の同席はもちろん、利害関係人参加（家事事件手続法258条、42条1項準用）も認められない。

　利害関係人参加が許可されるのは、以下の2者である。

① 「審判の結果により直接の影響を受ける者」

　審判の結果で自己の権利義務関係に直接影響を受ける者である。相続人でない受遺者、遺産分割請求権を代位行使した債権者代位権者、遺言と異なる遺産分割をする場合に同意を求めるための遺言執行者、遺産建物に無償で住む相続人以外の親族で遺産分割の成立に伴い当該建物から退去する必要がある者等が具体例である。

② 「当事者となる資格を有する者」

　相続分放棄をした相続人を申立時に相手方に加えなかった場合等が該当する。

3　代理人許可

　弁護士代理が原則だが、家裁の許可を得れば、弁護士以外の者を手続代理人とすることができる（家事事件手続法22条1項）。しかし、実務では特段の事情がない限り、この許可がされることはない（参考　前掲山城194頁）。高裁・最高裁段階では許可による手続代理人制度はない。

Ⅱ　進行方法

家庭裁判所における遺産分割調停の進め方

> **ポイント**
>
> 　家裁では、遺産分割の論点に論理的な順番をつけ、順番通りに論点を解決し次の論点には移らないという手法をとっている。全ての論点を並べ、一挙に解決するという手法はとらない。

1　ガラポン方式とステップ方式（段階的進行方式）

(1)　ガラポン方式

　遺産相続に関連する全ての論点を同時並行的に協議し、いろいろな論点をガラガラしていれば、そのうち、ポンと名案が飛び出し「一挙解決」するだろうという方式。普通、当事者等が協議するときは、この方式での遺産分割が多い。

　しかし、この方式だと、遺産分割調停が長期化し、当事者の駆け引きが横行することになる。

(2)　段階的進行方式（ステップ方式）

　遺産分割に関しては、いろいろな論点が絡んでくる。遺言の有効性や解釈、相続人の範囲、その財産は遺産か否か。これが、他の民事事件や家事事件と異なる特徴である。

　段階的進行方式では、こういう問題点に論理的な順番を付けて、一つ一つ解決していく。一つの問題点が解決すると、中間調書を作成し、合意事項について共通認識を持つ。合意できなければ、調停を取り下げて、論点について地裁等で既判力をもらってくることになる。

　家庭裁判所の審判には既判力がなく、相続人の範囲や遺言の有効性、遺産の範囲については、家裁が仮に判断しても、地裁で異なる判断が出れば、家

裁の審判が覆ることになるからである（最大決昭41・3・2民集20巻3号360頁）。

(3) 実務

東京、横浜、大阪等大規模庁では、当たり前のように段階的進行方式で行われている。遺産分割調停の初回は、まず、この段階的進行方式の説明から始まる。

2 段階的進行方式第1段階　　相続人の範囲確定

相続人の範囲確定、つまりまず相続人が誰かを確定する。争いがあるときは、人事訴訟等で既判力をもらってくることになる。実務的に一番多いのは養子縁組無効だが、争うなら、遺産分割調停を取り下げて、人事訴訟で解決することになる。取下げをしなければ、最終的は、「調停をしない措置」がとられることがある。不調にはされない。不調にすると審判に移行するからである。

なお、高齢の相続人が代理人弁護士を選任し、本人が調停に来ない場合には診断書の提出が求められることがある。

3 段階的進行方式第2段階　　遺言、遺産分割協議の有無

相続人の範囲について合意ができたら、遺言、遺産分割協議の有無を確認する。遺言書（特定財産承継遺言・特定遺贈）があれば、あるいは遺産分割協議書があれば、既に「分割済み」だから、遺産分割調停を進行させることはない。相続分の指定遺言の場合は、その指定に基づいて遺産分割調停を行うことになる。

(1) 遺言、遺産分割協議が、無効だという主張がある場合

遺産分割調停を取り下げ、まず地裁の訴訟で解決することになる。遺産分割調停を取り下げないときは、「調停をしない措置」がとられ、調停が強制的に終了させられることがある。不調だと審判に移行してしまうから、不調にされることはない。

遺産全部についてのみならず、一部の遺産について遺言書があり、その有

効性が争われているときも、最終的な配分比率が決まらないから、原則として、残余の財産について遺産分割を進めることはない。

(2) 「遺言は無効だが、無効の主張を留保し、有効であることを前提として調停をすすめてもらいたい」という申出がある場合

「主張を留保し」たまま、遺産分割調停を進めることはしない。調停の進行が不利になったとき、遺言の有効性を、駆け引き的に持ち出してくるリスクがあるからである。中間調書に「遺言の有効性を認める」と記載することに合意ができない限り、遺産分割調停を取り下げ、まず地裁の訴訟で解決する必要がある（バヒスバラン薫「遺産分割事件のケース研究(2)」ケース研究332号162頁）。

(3) 遺言、遺産分割協議は有効だが、あまりに不公平だから、再度協議したいという場合

別表第2事件である遺産分割調停は、審判移行を前提とした調停である。「合法だが、妥当でない」という主張の場合、遺産分割調停を取り下げ、審判移行を前提としない一般調停である「遺産に関する紛争調整調停」を申し立てることになる。

付随問題

遺産分割そのものではなく、前提問題でもないが、付随的に発生する問題がある。これらを遺産分割調停や審判に絡めると、ガラポン調停をすることになり、調停が長期化し紛糾する。早期に解決できる目途がない限り、当事者全員が調停での解決を希望しても、調停から外され、訴訟で解決することになる。

付随問題には以下がある。
① 使途不明金問題
（第3編 使途不明金訴訟 290頁以下参照）
② 葬儀費用問題・祭祀承継問題

（第5編第1章　祭祀承継・葬儀費用　376頁以下参照）
③　遺産収益と遺産管理費用問題
（第5編第2章　相続開始後の遺産管理に関する紛争　387頁以下参照）
④　相続人固有の共有持分の清算
（第5編第4章　遺産共有持分と通常共有持分が併存する不動産の共有解消方法　410頁以下参照）
⑤　同族会社の経営をめぐる問題
（第5編第3章　同族企業の経営権争いと事業承継　397頁以下参照）
⑥　相続後の土地建物の利用をめぐる問題
（第5編第5章　相続開始後の不動産明渡等をめぐる紛争　415頁以下参照）

4　段階的進行方式第3段階　　遺産の範囲の確定

　何を分けるかを確定する。合意ができれば、中間調書で遺産の範囲を確定する。これは、遺産分割調停4回目期日までに終了させるのが原則である。東京家裁では、第4回期日以後に、進行を確認するため裁判官を含めた中間評議が行われることが多い。
　遺産分割「調停」対象と遺産分割「審判」対象は異なる。本来の遺産分割対象財産は、当然に両方の対象になる。本来の遺産分割対象財産でなくても、合意があれば、調停では遺産分割の対象にできる。負債、他人名義の資産、家賃、葬儀費用も、調停なら対象にできる。
　ただし、負債、他人名義の資産などは相続人全員の同意があっても審判には移行しない。しばしば「被相続人〇〇預り金口座代表相続人〇〇」という通帳が作成されるが、いくら当事者全員が希望しても、審判では対象にできない。
　範囲に争いがあるときは、遺産分割調停を取り下げ、まず地裁の訴訟で解決することになる。
　遺産分割調停を取り下げないときは、不調ではなく「調停をしない措置」

がとられることがある。

5　段階的進行方式第4段階　　遺産の評価の確定

　「何を分けるか」を決めたら、次は、その評価を決める。これも、合意ができれば、中間調書で評価合意をする。

　評価で合意できないときは、不動産などは鑑定になる。鑑定の場合は、事前に「鑑定結果を尊重する」という合意をし、中間調書を作成する。

　評価合意も鑑定もできないとき、当事者が強硬で、評価合意はもちろん、鑑定料の納付を拒否するなど調停進行に非協力的なときは、「価格不明」として、以下の処置をとる。

① 法定相続分で争いがないときは、審判に移行して法定相続分の共有審判を出す。
② 具体的相続分が主張されているときは、調停委員会は「調停をしない措置」をとり、調停を強制的に終了させることがある。不調だと審判に移行してしまうから、不調にすることはない。

　換価分割で異論がないときは、評価が不要になる場合がある。預金や上場株だけで換価するなら評価の問題は起きないし、不動産があっても全員で換価するなら評価は必要ない。ただし、具体的相続分で争いがあるときは、相続時の遺産評価を確定する必要がある。

　調停委員会は、換価の希望の有無、具体的相続分の争いの有無を当初に確認した方がよい。

6　段階的進行方式第5段階　　具体的相続分の算定

　相続人は誰で、どういう遺産があり、それはいくらかが決まったら、あとは相続分で数字を割り振ることになる。ただ、特別寄与や特別受益が問題になるときは、特別受益は持ち戻し、特別寄与は寄与分を相続分に加算し、各人の具体的相続分を算出する。

　この段階まできて具体的相続分で協議が合意できないときは、ようやく審判に移行できる。

7 段階的進行方式第6段階　具体的分割方法の確定

この最終段階で、誰が何を取得するかを決める。いきなり遺産の割り振りはしない。

この段階までくると、遺産の評価と各相続人の具体的相続分が確定するから、各人の取得分が数字で算出される。各人の取得希望遺産を確認し、具体的相続分との差額は代償金で調整する。

遺産分割事件は8回程度（1年）で終わるのが原則であり、7割程度の遺産分割事件が1年以内で終了している。

設例

相続人は、長男甲と次男乙で、法定相続分は各2分の1。遺産は、A不動産とB不動産。どのように遺産分割すべきか。

回答

段階的進行方式（ステップ方式）で進める。

―――――■ 解説 ■―――――

Step 1　相続人の確認

甲と乙で、相続人は、甲・乙の2名であることを確認した。

Step 2　前提問題の存しないことの確認

甲と乙は、遺言書の存在しないこと、遺産分割協議が存在していないことを確認した（争いがあっても、合意ができた場合は、中間調書に合意事項を記載する）。

Step 3　遺産の範囲合意

甲と乙は、分割すべき対象遺産がA不動産とB不動産であることを確認した。争いがなくても、遺産分割対象遺産がA不動産とB不動産であることを

中間調書に作成する。

Step 4　遺産の評価合意

　甲と乙は、A不動産が2000万円、B不動産が1000万円であることを確認した。争いがなくても、価格合意を中間調書に作成する。

Step 5　具体的相続分の算定

　長男甲には、1000万円の特別受益があることを合意できたので、各人の具体的相続分を計算する。

　甲の1000万円の特別受益を持ち戻し、具体的相続分を計算すると、具体的相続分は、長男甲は1000万円、次男乙は2000万円となった。

Step 6　取得希望遺産の確認と割り振り　調停成立

　各人の取得希望遺産を確認する。取得希望者がいない遺産は、共有として、共同で換価する。

　具体的相続分1000万円の長男甲は、2000万円のA不動産の取得を希望し、具体的相続分2000万円の次男乙は1000万円のB不動産の取得を希望した。

　こういう場合は、まず長男甲と次男乙に希望遺産を割り振る。長男甲は2000万円のA不動産を取得し、次男乙は1000万円のB不動産を取得する。

　しかし、これだと、長男甲は1000万円もらいすぎになり、逆に次男乙は1000万円不足する。差額の調整として長男甲は次男乙に1000万円の代償金を渡すこととして調停を成立させた。

コラム column

「なさず」と「調停に代わる審判」

　遺産分割調停実務でしばしば使われながらあまり知られていない用語に、「調停に代わる審判」と「調停をしない措置」がある。

　●「代わる審判」(「調停に代わる審判」)

　「調停に代わる審判」は、遺産分割調停に限らず、離婚調停などでも利用されているが、遺産分割調停ほど多用されている調停はないだろう。

遺産分割は、「ほぼ合意ができているのにそれでも調停が成立しない」ということが珍しくない。例えば、相続人のうち外国に居住している者がいて調停には出席できない、どうしても顔を合わせたくない相続人がいて頑なに出席を拒む、あるいは高齢で家裁まで来ること自体が難しい、こういうケースでは、調停内容に全員異論はないが、全員が調停に出席しないため、調停が成立しない。

以前は、こういう場合は、「受諾書面」を印鑑証明付きでもらい、調停を成立させていた（家事事件手続法270条1項）。しかし、家事事件手続法の改正以降は、「代わる審判」（家事事件手続法284条・74条）が頻繁に利用されるようになり、「受諾書面」は、ほとんど利用されていない。

現在の家裁実務では、まず出席当事者で調停条項案を中間調書に記載し、それを調査官から意向調査名目で欠席相続人に送り、その同意をもらう。その上で「代わる審判」を出すようにしている。中には、一切無視の相続人もいるが、その場合も、まず調停条項案を記載した中間調書を出席拒否を続けている相続人に送り、積極的な異議が出ないことを確認してから「代わる審判」を出している。

「代わる審判」に異議が出た場合は、自動的に審判に移行してしまう。しかし、評価も範囲も確定できていないのに、審判に移行させるのは妥当でない。そこで、遺産分割実務では、異議がほぼ出ないということを確認してから、「代わる審判」を出してもらうようにしている。

● 「なさず」（「調停をしない措置」）

もう一つの「調停をしない措置」（家事事件手続法271条）は、もっとなじみの薄い言葉である。

遺産の範囲や前提問題が解決しないときは、家裁は審判には移行させず、申立人に取下げを勧告するが、中にはかたくなに取下げを拒む代理人もいる。こういう場合は、「なさず」という措置、つまり「調停をしない措置」がとられる。この「なさず」には、異議を述べることはできない。遺言の

有効性・相続人の範囲・使途不明金等の争いを、「紛争の一回的解決」と称して、調停内で解決することを主張し、取下げをかたくなに拒否する場合、この「なさず」の処置がとられることがある。

代理人が、駆け引きに奔走し、強引な主張を繰り返し、円滑な調停運営に協力しないと「調停をなさず」という伝家の宝刀が抜かれることがあることは覚悟しておいた方がよい。

中間調書の拘束力が認められる場合と認められない場合

ポイント

中間調書に法的拘束力はない。しかし、合理的な理由なく中間調書の合意事項を反故にすることは信義則上認められない場合がある。

設 例

① 相続人Aは、遺産の範囲について合意して中間調書を作成したものの、後日、新たに金塊が発見された。相続人Aは、その金塊も遺産分割対象に加えるよう要求している。

② 相続人Aは、当初、甲不動産の取得を希望していたので、本来、2000万円の不動産を1500万円と主張し、他の相続人も、その価格で納得したので、中間調書に「不動産の価格を1500万円とする」と記載して価格合意した。

しかし、審判移行後、自分が取得することが難しいと判断した相続人Aは、「不動産を1500万円と評価合意したのは、自分が取得できることが前提だった。他の相続人が取得するなら評価は2000万円でなければ納得できない」と主張し、評価合意には従わないと主張した。相続人Aの主張は認められるか。

回答

①について　中間調書を変更するのに合理的理由があり、変更は認められる。

②について　相続人Ａの主張は信義則に違反し認められない場合がある。認められても鑑定料は相続人Ａの負担となる。

解説

遺産分割調停で段階方式をとるときは、遺産の範囲確定や評価など、段階ごとに合意事項を中間調書に記録している（中間合意書）。この合意書は、審判に移行しても、審判期日で中間合意事項を維持する旨を合意し、それが中間調書化されているときは、この合意を前提として審判がなされる。

この中間調書には法的な拘束力はないが、調停・審判が、その合意を前提として運営されているため、その撤回が問題になる。

「遺産の範囲」に関する中間調書による合意については、変更は比較的柔軟である。しかし、「遺産の評価」に関する中間調書による合意の変更については、裁判所は、以下の２点のペナルティを課して厳しい態度で臨む。

① 鑑定費用の負担

価格合意を撤回した場合は、鑑定することになるが、鑑定費用は撤回した相続人が負担するのが原則である。

② 信義則違反による撤回の否定

あまりにも合理性のない撤回は、例外的だが、信義則違反として、撤回が認められない場合もある（東京高決昭和63・5・11家月41巻4号51頁）。

Ⅲ　遺産の範囲

一身専属権（遺留分侵害額（遺留分減殺）請求権　財産分与請求権　著作権）

> **ポイント**
>
> 　帰属上の一身専属権は相続されず、行使上の一身専属権は相続される。

設例

① 　相続人は、遺留分を行使する前に死亡した。唯一の相続人Aは、遺留分侵害額（減殺）請求権を行使できるか。相続できるとして、譲渡できるか。

② 　ア　被相続人は、離婚と財産分与を求めている訴訟の途中で死亡した。相続人Bは、離婚と財産分与を相続して行使できるか。
　　イ　離婚が成立した後に被相続人が死亡した場合、相続人Cは、財産分与請求権を行使できるか。

③ 　被相続人の有していた著作権は相続できるか。

回答

① 　相続できるし、譲渡もできる。
② 　アは相続できないが、イは相続される。譲渡はできない。
③ 　財産権としての著作権は相続できるが、著作者人格権は、帰属上も行使上も一身専属権である。

解説

1 一身専属権

一身専属権には二つある。帰属上の一身専属権は相続しない（民法896条）。行使上の一身専属権は相続する（民法423条1項）。

2 遺留分侵害額請求権（旧相続法　遺留分減殺請求権）

(1) 相続性

「遺留分減殺請求権は行使上の一身専属性を有する」から「債権者代位の目的とすることはできない」が、「いわゆる帰属上の一身専属性を有しない」（最一小判平成13・11・22民集55巻6号1033頁）。したがって、遺留分侵害額請求権（旧相続法　遺留分減殺請求権）は相続される。

(2) 譲渡性

新相続法1046条は「遺留分権利者及びその承継人は」「遺留分侵害額に相当する金銭の支払を請求することができる」（旧相1031条「遺留分権利者及びその承継人は」「減殺を請求することができる」）と定め、この承継人には包括承継のみならず特定承継も含まれていると解されている。

上記最高裁判例も、「遺留分権利者が、これを第三者に譲渡するなど、権利行使の確定的意思を有することを外部に表明したと認められる特段の事情がある場合」と述べ、遺留分侵害額請求権が譲渡可能なことを当然の前提としている。

したがって、遺留分侵害額請求権は譲渡可能である。設例の①は、相続もできるし、譲渡も可能である。

3 財産分与請求権

(1) 離婚前

財産分与請求権は離婚によって初めて発生する権利だから、生前に離婚を前提に財産分与を求めていたとしても、離婚前に死亡した場合には相続の対象とはならない。

(2) 離婚後

相続開始時に離婚が成立していた場合の財産分与請求権の相続の可否については、最高裁判例はなく、見解が分かれている。

A説 「協議や調停・審判等で具体的な金額が確定している場合に限って相続の対象となる」（学説）

B説 「被相続人が生前に財産分与の意思表示を行っていれば協議等の成立前であっても相続の対象となる」（名古屋高決昭和27・7・3高民5巻6号265頁）

C説 「財産分与請求権は離婚に伴って当然発生する権利であるから生前に請求の意思表示を行っていなくても相続の対象となる」（大分地判昭和62・7・14判時1266号103頁）

なお、いずれの立場でも、扶養的財産分与は、その性質上、相続されない。

(3) 設例

設例②アは、離婚前であり、離婚請求権も財産分与請求権も相続できない。イは離婚が成立した後であり、財産分与請求権を相続できる。

ただ、遺留分侵害額請求権と異なり、家裁の審判で権利が現実化する権利だから、譲渡はできない。

4 著作権

財産権としての著作権（狭義の著作権）は譲渡も相続も可能である。ただ、財産的価値のある著作権は、ほとんどの場合、JASRAC等の著作権等管理事業者に譲渡されており、著作者は、代わりに信託受益権を取得している。相続の対象は、この信託受益権である。

著作者人格権（公表権、氏名表示権、同一性保持権）は譲渡も相続もできない。ただし、死亡後も、著作者人格権の侵害をしてはならず（著作権法60条）、侵害したときは、死亡した著作者が、遺言で別段の定め（著作権法116条2・3項）をしていない限り、遺族（配偶者、子、父母、孫、祖父母又は兄弟姉妹の順）が権利を行使する（著作権法116条1・2項）。

著作権以外の知的財産権は、相続される。

相続されない財産
明文で否定されているもの・解釈上否定されるもの

> **ポイント**
>
> 　相続されない財産は、法律に規定がある場合と、規定はないが、一身専属性があるので相続されない場合がある。

設例

① 　持分会社における持分は相続されるか。
② 　以下の財産は、相続されるか。
　ア　生活保護法に伴う保護受給権
　イ　社員権
　ウ　交通事故による損害賠償請求権
　エ　公営住宅利用権

回答

① 　相続されない。
② 　アの生活保護法に伴う保護受給権は、解釈上、一身専属性があるが、イの社員権は一律にはいえない。ウは相続される。エは相続されない。

――――――■　解　説　■――――――

1　明文による一身専属権
　(1)　法律が明文で相続できないとしているものは以下のとおりである。
① 　代理権（民法111条1項）

② 使用貸借における借主の地位（民法599条）

例外あり「建物所有を目的とした土地使用貸借と借主の死亡」(415頁)「家屋使用貸借人が死亡した場合の相続人以外の同居人の保護」(416頁) 参照
③ 定期贈与（民法552条）
④ 雇用契約上の地位（民法625条）
⑤ 委任契約上の地位（民法653条）
⑥ 組合員の地位（民法679条）
⑦ 持分会社における持分（会社法607条1項3号）
(2) 持分会社における持分の払戻請求権

持分権者が死亡したとき、相続人は会社に払戻請求権を有するが、その行使方法は、定款による。定款に規定がない場合は、会社との協議による。払戻金額は、会社の財務状況で異なるから、可分債権として、相続と同時に分割されるわけではない（東京家審昭和34・11・19家月14巻10号127頁）。

2 生活保護法に伴う生活保護受給権

生活保護法に基づく保護受給権は、被保護者自身の最低限度の生活を維持するために当該個人に与えられた一身専属の権利であって、相続の対象とならない（最大判昭和42・5・24民集21巻5号1043頁・朝日訴訟上告審）。

3 社員権

社員権は、社員が社員たる資格において会社に対して有する法律上の地位であるが、社員相互の人的関係の濃淡により相続性が決まる。濃ければ相続性が否定され、薄ければ相続性が肯定される。

4 交通事故に伴う損害賠償請求権

被害者即死の場合にも、被害者に損害賠償請求権が発生し、相続人がこれを承継する（大判大正15・2・16大民集5巻150頁）。

5　公営住宅利用権

不動産賃借権は相続されるが、公営住宅は、公営施設の利用「許可」であり、賃貸借ではない。相続の余地はない（最一小判平成2・10・18民集45巻4号）。ただ、同居者に引き続き利用を許可する場合が多い。

6　その他

公園等の敷地・宗教法人の敷地等を利用して飲食店や土産物店を経営する「権利」も、国や公共団体、宗教法人等土地所有者の「許可」であり、規約上、相続の対象にならない場合が多い。

遺産分割の対象範囲　遺産分割対象5要件

ポイント

◆税法上の遺産と民法上の遺産の範囲は異なる。
◆民法上の遺産が全て遺産分割の対象になるわけではない。
◆遺産分割の対象とするためには、遺産分割対象5要件を満たす必要がある。

設例

弁護士Aは、遺産分割調停を申し立てるに際し、税理士の作成した遺産目録をそのまま書き写した。問題はないか。

回答

問題がある。税法上の遺産と民法上の遺産の範囲は異なり、また、民法上の遺産が全て遺産分割の対象になるわけではない。弁護士Aとしては、戦略を考え、遺産分割対象範囲を確定する必要がある。

解説

遺産分割の対象は、以下の5要件である。要件①～②は、民法上の遺産要件であり、要件③～⑤は、遺産分割要件である。

〔遺産分割対象5要件〕
① 相続により取得した遺産である（遺産要件）
② 相続時に存在する（遺産要件）
③ 分割時にも存在する（遺産分割対象要件）
④ 未分割である（遺産分割対象要件）
⑤ 積極財産である（遺産分割対象要件）

税理士が相続税申告書に記載した遺産目録をそのまま流用して、遺産分割調停が申し立てられている例が非常に多い。しかし、どこまでを分割対象、どこから外すかは、今後の遺産分割の帰趨を決めるのに重要である。弁護士として注意が必要である。仮にそのまま流用しても、遺産分割の対象になるかならないかの問題意識は必要である。

相続を契機として取得した財産のうち民法上の遺産になるもの・ならないもの

ポイント

「相続を契機として取得」する財産は税法上の遺産となるが、そのうち、民法上の遺産となるものは、「相続により取得」した財産に限られる。

民間会社の死亡退職金	社内規程に受取人の定めがあれば、規程により取得するから遺産ではない。 社内規程に「相続人」と記載があれば、規程により取得するから遺産ではない。

	社内規程に受取人の定めがない場合は、相続により取得するから遺産である。
国家公務員の死亡退職手当	国家公務員退職手当法に規定があり、この規定により取得するから遺産ではない。
地方公務員の死亡退職手当	通常は国家公務員退職手当法に準ずる条例があり、その条例により取得するから遺産ではない。
私立学校法人の死亡退職手当	一般的に退職金規程は遺族の生活保障を目的としており、同規程に基づき受給者固有の権利として取得するから遺産ではない。
特殊法人の死亡退職手当	退職金規程により取得するから遺産ではない。 退職金規程のない場合も、法人の決定により取得するから遺産ではない。
ゴルフ会員権	株主会員制、預託会員制のうち会則が相続性を肯定している場合、預託会員制のうち会則が相続について定めていない場合は遺産となる。ただし、ほとんどのゴルフ会社では理事会の承認を必要としている。 社団会員制、預託会員制のうち会則が相続性を否定している場合は遺産とならない。
遺族年金	遺族の生活保障を目的として特別法に基づき支給されるものであるから遺産ではない。
埋葬料・葬祭費	そもそも遺族に支給されるものであるから遺産ではない。
未支給年金	特別法により受給者が定められているから遺産ではない。
高額療養費	遺産である。
還付金請求権	遺産である。
還付加算金	相続人が確定申告書の提出によって原始的に取得するから遺産ではない。
小規模企業共済金	小規模企業共済法に基づき取得するものであるから遺産ではない。
ホーム入居一時金	約款の解釈による。
生命保険金	受取人欄に記載がなく、かつ約款にも規定がない場合及び満期保険金請求権の場合は例外的に遺産である。

「相続時に存在しない」財産が、遺産分割の対象になる場合とならない場合

ポイント

相続直前に解約された預金、相続後に発生した家賃、遺産管理費用は、いずれも相続時には存在しないから遺産ではない。

設例

以下の財産は、遺産相続の対象になるか。
① 相続直前に相続人の1人が無断で解約した預金
② 相続後に発生した家賃
③ 葬儀費用
④ 遺産管理費用
⑤ 委託者指図型投資信託の受益権につき相続開始後に発生した元本償還金又は収益分配金請求権

回答

①～④は、いずれも相続時には存在していなかったから、遺産ではない。⑤は遺産である。

解説

1 預金の無断解約

預金そのものを解約すれば、相続時には預金が存在しないから、その預金は、遺産分割の対象にならない。預金の一部払戻しを受ければ、残金が遺産分割の対象になる。

一方、無断解約と同時に、被相続人は、無断解約した相続人に不法行為に基づく損害賠償請求権又は不当利得返還請求権を取得し、これらの権利が相続財産となる。

ただ、いずれも可分債権であり、遺産だが相続と同時に法定相続分で分割され、未分割とはいえないから、遺産分割の対象にならない。この点は、使途不明金問題として論ずる（290頁以下参照）。

2　相続後に発生した家賃

相続後に発生した家賃も、相続時には存在しなかったから、遺産ではない。この家賃は、遺産分割が終了するまで各相続人に法定（指定）相続分に応じて当然に分割される。①当該不動産を最終的に誰が取得するか、②具体的相続分はどうかとは関係ない（393頁以下参照）。

3　葬儀費用

葬儀費用は、相続後に発生した債務であり、相続時には存在しなかったから相続債務とならない。ただし、相続人の担税力を減少させることから、税法上は、みなし相続債務として扱われている。この葬儀費用を誰かが負担するかは、第5編第1章（376頁以下）で論ずる。

4　遺産管理費用

遺産管理費用も、相続後に発生し、相続時には存在しなかったから、遺産である負債ではない。固定資産税の支払等の遺産管理費用の清算は、協議ができなければ、訴訟で解決するしかない。

5　対象とすることに合意がある場合

遺産分割調停実務においては、別途訴訟で解決する煩わしさから、相続人全員の合意により、これらも遺産分割調停の中で協議し、解決することが多い。その場合は、遺産分割の対象となる。

6　投資信託の元本償還金・収益分配金

共同相続された委託者指図型投資信託の受益権につき、相続開始後に発生した元本償還金・収益分配金は、相続時には存在していなかったから、遺産分割の対象にならないのではないかという問題について、最高裁は、元本償還金・収益分配金は、果実ではないとして、相続人の1人からの支払請求をすることはできないと判断している（最二小判平成26・12・12判時2251号35頁）。投資信託の一部として、遺産分割の対象になる。

遺産分割の対象になる「現金」とならない「現金」

ポイント

相続税申告書記載の現金と民法上の現金とは異なる。遺産分割の対象になる現金は、相続時と分割時に動産として存在することが要求される。

設例

相続人Aの代理人甲は、相続税申告書に「現金300万円」という記載があり、その申告書に相続人Bも署名押印していることから、その存在は確実で、Bが隠し持っていると主張している。相続人Aの代理人甲の主張は正しいか。

回答

相続税申告書の「現金300万円」が、そのまま民法上の遺産目録の現金300万円になるわけではない。

解説

1 相続税申告書の「現金」とは

相続税申告書には、たいていの場合、現金○○円と記載されている。しかし、そこには、以下の3パターンがある。

(1) 税務署対策として適当に計上したもの

死亡時に現金がゼロということは通常あり得ない。そこで、税理士は、遺産総額との対比から、若干の金額を現金として記載することがある。この場合は、遺産分割対象としての現金は存在しない。

(2) 民法上も税法上も、遺産が「現金」と表示される場合

死亡時に自宅のタンスや貸金庫に多額の現金が置いてあることがある。この場合の現金は、動産であり、現金そのものが遺産分割の対象になる（最二小判法廷平成4・4・10家月44巻8号16頁）。ただし、新相続法で「みなし遺産」となる場合を除いて相続時にも分割時にも、動産として存在していることが要求される。

(3) 税法上は「現金」だが、民法上は「現金」でない場合

相続が発生すると預金が凍結されることから、相続発生前に、相続人が被相続人名義の預金から、葬儀費用等一定額を引き出すことがある。

この場合も、税務上は、相続税申告書には現金○○万円と記載する。ただ、民法上は、被相続人の同意か相続人全員の同意のいずれかを得ていれば「預り金」であり、被相続人の同意も相続人全員の同意も得ていなければ「損害賠償請求権、不当利得返還請求権」が遺産となる。この場合は、動産としての現金とは異なり、可分債権として、遺産分割の対象にならない。

2 設例の場合

本件では、相続人Aの代理人甲は、申告書を作成した税理士に、「現金300万円」が3つのパターンのうちいずれのパターンなのかを確認する必要がある。

(1)のパターンで、そもそも現金が存しない場合は、何の問題も生じない。

(2)のパターンなら、現金という動産が遺産として存在することの確認訴訟を提起することになる。ただし、訴訟を提起して、分割時にも動産として現金が存在することが必要で、相続人Bが費消・取得したとすれば、新相続法の「みなし遺産」とならない限り、法定相続分での給付訴訟となる。

(3)のパターンなら、法定相続分の給付請求訴訟となる。

遺産分割前に遺産の一部を売却した代金が、遺産分割の対象になる場合とならない場合

ポイント

不動産等の遺産を遺産分割前に売却すると、その売却代金は全相続人の同意がない限り、遺産分割の対象にならない。

設 例

相続人A・B・Cの3名は、全員で合意して、遺産分割前に遺産である不動産を3000万円で売却した。

法定相続分は各1000万円であるが、相続人Cは超過特別受益者であり、具体的相続分はない。

以上を前提に、相続人Aの主張は認められるか。

① 相続人A・B・Cの3名は、相続税の支払に充てることを合意して、売却代金を3等分して各1000万円取得し、それぞれ相続税の支払に充てた。相続人Aは、後日、相続人Cには具体的相続分がないことを理由に1000万円の返金を求めた。

② 相続人Aは代表して3000万円を預かったが、相続人Cから、1000万円の返金を求められたものの、相続人Cに具体的相続分がないことを理由に返金を拒否した。

回答

いずれの場合も、相続人Aの主張は認められない。

解説

遺産分割対象財産は、相続時にも存在するほか「分割時にも存在する」こと（「遺産分割の対象範囲　遺産分割対象5要件」54頁参照）が要求される。

設例①の場合、相続時には不動産が存在していたが、分割時には売却して現金化され、その後、相続税の支払に充てられたため存在しない。存在しない財産は、遺産分割の対象にならない。

設例②の場合、分割時には、相続人Aの預り金という代償財産の形で「存在」している。しかし、分割対象になるためには、相続時と同一の財産でなければならない。<u>代償財産は、遺産分割の対象にならない。</u>

この場合、預り金は、法定相続分で分割されるから、相続人Cは、1000万円の返金を求めることができる。具体的相続分は、実体的権利関係ではないからである。

【判決要旨　最二小判法廷昭和52・9・19家月30巻2号110頁】
共同相続人が全員の合意によつて遺産を構成する特定不動産を第三者に売却した場合における代金債権は、分割債権であり、各相続人は相続分に応じて個々にこれを行使することができる。

【判決要旨　最一小判昭和54・2・22家月32巻1号149頁】
共同相続人が全員の合意によつて遺産分割前の相続財産を構成する特定不動産を第三者に売却した場合における代金債権は、これを一括して共同相続人の一人に保管させて遺産分割の対象に含める合意をするなどの特別の事情のない限り、右相続財産に属さない分割債権であり、各共

同相続人がその持分に応じて個々にこれを分割取得するものである。

> **弁護士注意点**
> ◆遺産分割協議前に不動産を売却するときは、漫然と売却すると後日、全員の同意がない限り、遺産分割の対象に含めることができなくなる。
> ◆もし、後日の遺産分割の対象にする予定なら、必ず書面で、この売却代金は、後日の遺産分割の対象に含めると合意しておく必要がある。
> ◆その時点で、先に特定の遺産だけを分割しようという場合は、遺産の一部分割協議書を作成する。

遺産分割の対象にならない可分債権

> **ポイント**
> 可分債権は、相続と同時に法定相続分・指定相続分で分割され、全相続人の同意がない限り、遺産分割の対象にならない。

設 例

① 被相続人甲は、乙に1000万円融資したまま、死亡した。甲の相続人は長男A・次男Bの2人だが、次男Bは、乙と親しいので債権の回収には興味がない。そこで長男Aは、金500万円について、単独で乙あてに金員の返還請求をしたいが、可能か。

② 被相続人甲は交通事故で死亡した。甲の相続人は長男A・次男Bの2人だが、長男Aは、単独で加害者に賠償請求権のうち2分の1を請求できるか。

③ 被相続人甲は、協同組合出資金を有していた。甲の相続人は長男A・次

男Bの2人だが、長男Aは、単独で組合に出資金のうち2分の1を請求できるか。

回答

いずれも可能である。いずれも可分債権であり、可分債権は、相続と同時に、法定（指定）相続分で分割される。

解説

1 最高裁大法廷平成28年12月19日決定との関係

普通預金は遺産分割の対象になるとした最大決平成28年12月19日民集70巻8号2121頁は、普通預金を不可分債権としているのであり、「可分債権は、相続と同時に分割される」とした下記最高裁判例を変更するものではない。

変更されたのは、普通預金を可分債権とした最三小判平成16年4月20日家月56巻10号48頁である。

【最一小判昭和29・4・8民集8巻4号819頁】
「相続人数人ある場合において、その相続財産中に金銭その他の可分債権あるときは、その債権は法律上当然分割され各共同相続人がその相続分に応じて権利を承継するものと解するを相当とする」

2 設例について

(1) 貸金
可分債権であり、相続と同時に、法定（指定）相続分で分割される。

(2) 損害賠償請求権
可分債権であり、相続と同時に、法定（指定）相続分で分割される。

(3) 協同組合出資金

協同組合では、組合員の死亡を脱退事由と定めており、信用金庫法でも、期間内に申出がない限り法定脱退となる。脱退後は、出資金返還請求権だけとなるが、債権は1個であり、普通預金のように変動するものではないから、可分債権となる。

3 可分債権が遺産分割の対象にならない理由

(1) 理論上の理由

民法898条で「相続人が数人あるときは、相続財産は、その共有に属する。」と規定されているにもかかわらず、「可分債権は、共有にならない」というのは、以下の理由からである。

相続により遺産は遺産共有となるが、この遺産は、分割手続が異なる以外は、通常共有と異なるところはない（最三小決平成17・10・11民集59巻8号2243頁）。したがって、遺産相続にも、民法249条から264条が適用される。

債権は、「準共有」であるから、民法264条の「この節の規定は、数人で所有権以外の財産権を有する場合について準用する。ただし、法令に特別の定めがあるときは、この限りでない。」が適用される。この「法令に特別の定め」とは、分割債権及び分割債務を定めた民法427条である。したがって、可分債権は民法427条により、共有にならず、当然に分割される。

共有にならず、分割されたらどうなるかというと、今度は、民法899条が適用され、その相続分に応じて、分割されることになる。この条文にいう「相続分」は、指定相続分か法定相続分である。その結果、「数量的に可分な債権債務は、相続と同時に法定（指定）相続分に従って当然に分割される」という結論になる。

(2) 現実的必要性からの理由

可分債権を遺産分割の対象から外す最大の理由は、可分債権を遺産分割の対象に加えては遺産分割そのものが停滞し長期化するという点にある。

可分債権で実務上問題になるのは、相続人による預金使い込み問題、存在

や金額のはっきりしない貸付金、損害賠償債権などである。これを、遺産分割の対象とし、これが明確になるまでは遺産分割ができないというのでは、遺産分割の長期化・停滞化を招き非現実的である。

　新相続法改正部会でも、普通預金は遺産分割の対象になるとした前掲最大決平成28年12月19日以後は、可分債権を遺産分割の対象とするかどうかは議題にもならなかった。

金融資産が遺産分割の対象になる場合とならない場合

> **ポイント**
>
> 金融資産は、原則として全て遺産分割の対象になる。

> **設　例**
>
> 　以下の財産は遺産分割の対象になるか。
> ①　普通預金、通常貯金及び定期貯金
> ②　定期預金、定期積立金
> ③　旧郵便局定期郵便貯金
> ④　投資信託
> ⑤　国債

> **回　答**
>
> 　全て対象になる。ただし、④については例外もある。

■ 解 説 ■

1 原則

原則として、不可分債権であり遺産分割の対象になる。

かつては、当該金融資産が可分な債権か否かをめぐって、金融資産の性質論が争われた。しかし、最高裁が普通預金を不可分債権と判断した決定（最大決平成28・12・19民集70巻8号2121頁）以降、今日では、金融資産は、すべて遺産分割の対象になったと考えてよい。

判例の概要は以下のとおりである。

金融債権の種類	裁判年月日（出典）	不可分債権とする理由
普通預金・通常預金	最大決平成28・12・19（民集70巻8号2121頁）	1個の債権として同一性を保持しながら、常にその残高が変動し得るという特質がある。
定期貯金	同上	契約上その分割払戻しが制限されている。
定期預金及び定期積金	最一小判平成29・4・6（判時2337号34頁）	契約上その分割払戻しが制限されている。
旧郵便局定額郵便預金	最二小判平成22・10・8（民集64巻7号1719頁）	預入れの日から10年経過前は、共同相続人は、共同でしか行使できず、単独で行使できる余地はない。（10年経過後は、通常預金となり、やはり分割対象になる。）
ゆうちょ銀行定額貯金	判例はないが、最大決平成28・12・19の射程範囲内である。	契約上その分割払戻しが禁止されている。
投資信託①委託者指図型投資信託に係る信託契約に基づく受益権そのもの	最三小判平成26・2・25（民集68巻2号173頁）	委託者に対する監督的機能を有する権利（帳簿の閲覧等）も受益権には含まれている。

投資信託② 委託者指図型投資信託に係る信託契約に基づく受益権につき相続後に発生した元本償還金又は収益分配金請求権	最二小判平成26・12・12（判時2251号35頁）	元となる受益権が不可分である。
国債	最三小判平成26・2・25（民集68巻2号173頁）	個人向け国債は、法令上、一定額をもって権利の単位が定められ、一単位未満での権利行使が予定されていない。
株式	同上	自益権と共益権で構成される株式の性質から、相続と同時に一株を単位として当然には分割されない。一株一株が遺産共有となる。
有限会社における出資持分	判例なし。最三小判平成26・2・25の射程範囲内。	株式と同様に解される。
持分会社における持分	会社法607条1項3号	死亡が社員の地位の退社事由となっており、そもそも、相続性がない。持分払戻し請求権は相続されるが、会社の財務状況と裁量により内容が決まるから、不可分であり、相続分に応じて準共有することになる。
社債	判例なし。最三小判平成26・2・25の射程範囲内。	単なる金銭債権ではなく、議決権や社債原簿閲覧請求権がある。

2 例外

(1) 信用金庫の協同組合出資金

分割債権であり、預金債権に関する最大決平成28・12・19の射程外である。

信用金庫法では、期間内に相続人全員の同意をもって選定された相続人に限り相続加入を認めるが、期間内にこの申出がない限り法定脱退となる。脱退後は、出資金返還請求権だけとなるが、債権は一個であり、普通預金のように変動するものではないから、可分債権となる。

(2) 投資信託

以前は、分割債権として認める投資信託商品も存在した。事件処理に当たっては、当該投資信託商品が分割債権となるか否かについて販売会社に確認する必要がある（片岡・菅野「第3版　家庭裁判所における遺産分割・遺留分の実務」161頁）。

負債の相続　〜ローン付賃貸不動産に注意〜

> **ポイント**
>
> ◆債務は、相続と同時に法定相続分に従い、当然に分割される。遺言で相続分を指定した場合も、同様である。
> ◆債務は、全相続人の同意があっても審判に移行しない。

設例

被相続人甲には乙銀行に対する負債が1000万円あり、この負債はアパートローンである。資産は2000万円のアパートのみである。相続人は、長男A・次男Bの2名で法定相続分は各2分の1である。

① 長男Aと次男Bは、遺産分割をし、全遺産（アパート）と全負債（ローン）を全てAが相続することにした。この遺産分割は、甲銀行に対抗できるか。

② 被相続人甲は遺言書で全遺産であるアパートを長男Aに相続させると遺言した。長男Aは、負債は遺言書に記載されていないから、負債は法定相続分で相続されたと主張している。長男Aの主張は認められるか。

③ 遺産分割調停は不調となり、審判に移行することになった。相続人全員が負債の処理を裁判官の審判に委ねると合意した。裁判所は、負債についてどのような審判を下すか。

回答

① 対抗できない。
② 全遺産が特定の相続人に相続されるときは負債も当該相続人に全て移転するが、債権者に対抗できない。
③ 全相続人の同意があっても、債務は審判の対象にできない。家裁は、「債務はないもの」として審判する。

解説

1 債務の分割

債務は、相続と同時に法定相続分に従って当然に分割される。連帯債務者の1人が死亡した場合も、その相続人らは、被相続人の債務の分割されたものを承継し、各自その承継した範囲において、本来の債務者とともに連帯債務者となる（最二小判昭和34・6・19民集13巻6号757頁）。

2 債務について遺産分割協議をする場合の注意点

遺言書で債務の引受人を定めた場合も、遺産分割協議で特定の相続人に承継を合意した場合も、債権者に対抗できない。

遺産分割で債務の負担を決める場合は、事前に債権者と協議し、特定の債権者が免責的債務引受をすることに同意してもらえるか、確認しておくことが必要である。

3 ローン付賃貸不動産について協議する際の注意点

遺産にローン付賃貸不動産がある場合、賃貸不動産は相続人間で遺産分割協議をして特定の相続人を定めることができるにせよ、ローンは、対債権者の関係では当然に法定相続分で分割されてしまっている。

このような場合、相続人は、遺産分割前に事前に金融機関と協議し、取得予定の相続人が単独で債務を相続し、他の相続人は債務を免責してもらうこ

とが可能かを確認しておく必要がある。

　特に、取得希望の相続人が専業主婦や年金生活者だと、金融機関は、免責的債務引受にはそう簡単には応じない。

　この確認がとれた後でなければ、賃貸不動産の取得者を決めるべきではない。

4　債務について法定相続分とは異なる指定がある遺言（新相続法902条の2）

(1)　全遺産を特定の相続人に相続させる遺言書がある場合

　遺言書に記載がなくても、全負債も当該相続人が相続する（最三小判平成21・3・24民集63巻3号427頁）。ただし、債権者の承認がない限り、債権者には対抗できない。

(2)　相続分の指定がある場合の金銭債務

　相続人間では有効だが、債権者の承認がない限り、債権者には対抗できない。

(3)　債権者側からの承認

　相続債権者の方から相続債務についての相続分の指定の効力を承認し、各相続人に対し、指定相続分に応じた相続債務の履行を請求することは可能である。

(4)　旧相続法適用事件

　最三小判平成21・3・24民集63巻3号427頁により、同様の結論となる。

5　債務を特定の相続人が承継する場合の調停条項

　遺産分割協議や調停を成立させるときは、「〇〇が債務を相続する」という表現ではなく、以下のように表現する。

〔調停条項〕

① 相続人Aは、別紙債務目録記載の債務を自己の負担において弁済し、相続人Aを除く当事者全員に負担させない。

② 相続人Aは、別紙債務目録記載の債務の支払につき、相続人Aを除く当

事者全員が承継した部分につき免責的か重畳的に債務を引き受ける。
③　相続人Aは、別紙債務目録記載の債務の支払につき、相続人Aを除く当事者全員が承継した負担部分につき債務の履行を引き受け、責任を持って支払う。

> **弁護士注意点**
>
> 　ローン付賃貸不動産がある場合、合意ができないという理由で安易に審判には移行させるべきではない。ローンや、敷金等の債務は、相続人全員が審判移行を希望しても、債務である以上、審判には移行しないからである。家裁は、ローンも敷金返還債務も全く考慮できないまま審判をすることになるから、問題の解決にならない。
> 　設例の場合、相続人がマンションの価値である2000万円の代償金支払能力を証明しない限り、不動産は換価されることになる。
> 　仮に代償金支払能力を証明できる相続人がいても、1人の相続人が単独で不動産を相続しながら、ローンや敷金返還債務だけは相続人間で法定相続分で負担するという奇妙な状態が継続することになる。

名義預金が遺産になる場合とならない場合

> **ポイント**
>
> 　その預金が誰のものかについて争いがあるときは、出捐者をもって預金者とする。ただし、普通預金の場合は、口座開設者、通帳や印鑑の保管者等から判断する。

> **設例**
>
> 　相続人は長男Aと次男B。以下の預金は、相続財産か。

① 甲銀行の定期預金は長男Ａ名義になっているが、実際の出捐者は被相続人である。
② 甲銀行の普通預金は次男Ｂ名義になっているが、口座を開設したのは被相続人であり、通帳・印鑑も被相続人が普段から管理していた。

回答

いずれも相続財産である。

解説

1 名義預金に関する客観説と主観説

預金名義とお金を預けた人が異なる場合、その預金は誰かのものかについて、客観説と主観説の対立がある。

客観説：出捐者をもって預金者とする
主観説：預金の出捐者が誰かであるかに関係なく、預入行為者が特に他人のために預金する旨を明示しない限り、預入行為者をもって預金者とする

2 無記名定期預金・記名式定期預金

最高裁は、無記名定期預金・記名式定期預金について、いずれも客観説にたち、名義とは関係なく、出捐者が預金者だと解している（無記名定期預金について、最三小判昭和48・3・27民集27巻2号376頁。記名式定期預金について、最二小判昭和52・8・9民集31巻4号742頁）。

3 普通預金

開設者や印鑑・通帳の保管者等から判断する（最二小判平成15・2・21民集57巻2号95頁、最一小判平成15・6・12民集57巻6号563頁）。普通預金は財布代わりであり、別の人が振り込んできたり、キャッシュカード

4 被相続人以外の名義預金と遺産分割審判

被相続人以外の名義で被相続人の遺産なら、遺産分割調停の対象にできる。しかし、たとえ、相続人預り金口座という名義でも、相続人間に異論がなくとも、被相続人以外の名義のままでは、遺産分割審判の対象にはできない。

Ⅳ　遺産の評価

遺産評価概説

1　遺産分割調停における遺産の評価の位置付け

何を分けるか（範囲合意）が決まったら、その遺産はいくらなのか、つまり、評価合意を目指すことになる。「家庭裁判所における遺産分割調停の進め方　5　段階的進行方式第4段階　遺産の評価の確定」（43頁参照）に移ることになる。

2　評価が不要な場合

換価分割や共有分割に全員合意し、かつ、法定相続分を分割基準とすることに異論がないときは、評価は不要となる（具体的相続分に争いがあるときは、相続時の評価をする必要がある）。

分割方法は段階的進行方式の最後の段階であるが、調停委員会は、換価分割や共有分割に全員合意しているのか確認し、評価が必要かどうか判断する必要がある。

3　評価の基準時
(1)　遺産分割基準時

遺産分割では、遺産分割時の時価で評価する。相続時での評価ではない。

相続時を基準とすると相続以後の価格の変動が反映されず不公平になるからである。

調停では価格合意を目指すが、合意できないときは、鑑定になる。

(2) 具体的相続分算出基準時

具体的相続分の算定は、相続時の時価による。特別受益・特別寄与の計算にあたり、相続開始時を基準時として「みなし相続財産」を算出するからである。

(3) 2時点評価

当事者が特別受益又は特別寄与を主張するときは、2時点評価(分割時点・相続時点)が必要になる。ただし、相続時点と分割時点が近接しているときは「分割時の時価をもって相続時の時価とする」として、1時点評価とすることで合意することが普通である。

不動産の簡易な評価方法

ポイント

◆土地については路線価×1.25(÷0.8)か、固定資産税評価額÷0.7で評価し、建物は固定資産税評価額で評価するのが簡明で客観的である。
◆業者の無料査定は、全相続人がバイアスをかけなければ客観的な評価が出るが、バイアスをかける当事者がいる。
◆私的鑑定は、実務では、業者の無料査定書と同じ価値しかない。

設例

分割時の遺産の土地は路線価で2000万円である。建物は固定資産税評価額で200万円である。

本件不動産の取得を希望していない相続人Aは、土地建物合計3500万円

とする不動産鑑定士の鑑定報告書を提出している。本件不動産の取得を希望していない相続人Bは、土地建物合計4500万円とする業者の無料査定書を提出している。本件不動産の取得を希望している相続人Cは、路線価のとおり2200万円と主張している。

① 相続人Aは、自分だけが専門家の鑑定書を提出しており業者の無料査定書よりは格段に信用性が高いから、この鑑定書の価格で合意すべきだと主張している。
② 相続人Bは、3名の価格の平均値3000万円（3500万円＋4500万円＋2200万円÷3＝3400万円）で価格合意すべきだと主張している。
③ 相続人Cは、あくまでも2200万円を主張している。

調停委員会は、どのように調停を進めるべきか。

回答

不動産の価格は、まず価格合意を試み、価格合意ができない場合のみ、不動産鑑定をすべきである。価格合意の方法としては、業者の無料査定書を参考にする方式、路線価・固定資産税評価額を参考にする方式がある。なお、私的鑑定は、業者の無料査定書と同じ扱いである。相続人Aの主張は実務では通用しない。

解説

1 価格の合意

不動産の価格は、できるだけ合意で決めるのが望ましい。合意の方法としては、
① 路線価・固定資産税評価額等を参考に価格を決める方法
② 複数の業者の無料査定書を提出してもらい、その中間値をもって価格と合意する方法
がある。いずれも長所と短所がある。

2 路線価・固定資産税評価額準拠方式

(1) 方法

路線価・固定資産税評価額をもって不動産価格とする。

(2) 長所と短所

〔長所〕

簡明である。

〔短所〕

① 市街地では時価よりかなり低く評価され、へき地では高く評価される傾向がある。
② マンションには適用できない。
③ 時価の動きが激しいときは、データとして古すぎる場合がある。特に固定資産税評価額は、3年ごとに評価替えなので、参考にならない場合がある。「市場では、デフレでは路線価でも売れず、インフレでは路線価の倍でも買えない」といわれている。
④ 一戸建て住宅の場合、固定資産税評価額によることが多いが、建物が新しいときは安く評価され、古いときは高く評価される傾向がある。

3 路線価・固定資産税評価額に特定の倍率を掛ける倍率方式

(1) 方法

路線価は時価の8掛け、固定資産税評価額は時価の7掛けとされていることから、これを逆算して土地の価格を決める方法である。この場合、建物は、固定資産税評価額とする。

本件では、土地は路線価で 2000 万円であり、建物は固定資産税評価額で 200 万円だから、以下のとおりの価格となる。

土地 2500 万円（路線価 2000 万円 × 1.25）＋建物固定資産税評価額 200 万円 = 2700 万円

(2) 長所と短所

〔長所〕

① 資料が客観的であり、計算方式に恣意が入らない。

② 極めて簡潔である。

〔短所〕
① マンションには適用できない。
② 住宅地ではおおむね妥当するが、都心部では、この方式は現実の時価よりかなり安くなり、へき地では現実の時価よりかなり高くなる傾向がある。
③ 路線価は昨年度の評価、固定資産税評価額は、1～3年前の評価であるため、不動産の価格上昇が著しいときは時価より安くなり、不動産価格が下落しているときは時価より高くなる。
④ 建物を固定資産税評価額で評価する場合、建物が新しいときは安く評価され、古いときは高く評価される傾向がある。
⑤ 地目が山林や原野などの場合、固定資産税評価額は低くても、現実には、開発状況等から、高値で取引されていることがある。単純に1.25倍してはよくない場合もあることに留意する。

4　無料査定書方式

(1)　方法

各相続人が、それぞれ2、3社の仲介業者の査定書を持参し、その中間値をとる方法である。不動産業者の査定書は、本来は、仲介契約をしたときに、顧客に示す書類で、不動産評価に使用するのは違法ではないかという批判があるが、現実には、広く利用されている。

中間値の算出方法としては、
① 全査定書の平均値をとる。
② 最高の査定書と最低の査定書を外し、中間の査定書の平均値をとる。
③ 一番集中した価格帯の査定書の平均値をとる。
等がある。

(2)　長所と短所

〔長所〕
① マンションは、鑑定を避けたいなら、この方式によるしかない。
② 専門家の意見書だが、費用がかからない。

〔短所〕
① 作成者の責任が問われないため、恣意が入り込む余地が大きい。
② どの査定書も、近隣の取引例を基準としているが、市場調整率が高い又は低い、稀少物件であるなど、様々な理由を付けて、かなり恣意的に結論を導き出しているケースがある。
③ 机上の査定であり、道路との段差、土地の平坦さ、周囲の環境等は考慮されていないことが多い。

(3) 注意点
① 求める価格の基準は、「3か月で売れる価格」である。
　業者買取価格であればかなり低い価格査定が出るし、何年かけても高く売りたいとしたら高めの価格査定が出る。しかし、このような前提での査定書は参考にならない。
② バイアスをかけない。
　無料査定書方式は、顧客がバイアスをかけなければ、それほど開きは生じないはずであるが、現実には、かなりの開きが生ずる場合がある。同じ業者が、全く価格が異なる査定書を出していたケースもある。依頼者に無駄な鑑定料を負担させないためにも、駆け引き抜きの査定書の提出を求めるべきである。

5 個人的に頼んだ不動産鑑定士の鑑定書
　遺産分割調停・審判では、不動産鑑定士の私的鑑定書の位置付けは、業者の無料査定書と同じである。鑑定書作成費が無駄になることが多い。

遺産分割調停における不動産鑑定について

● 鑑定に先立つ合意事項
　鑑定に先立ち、以下の点について合意をとる。
① 対象物件の特定

② 評価は鑑定実施時点か、鑑定実施時点＋相続時点の２時点か。
③ 鑑定費用の予納者・負担割合
④ 鑑定意見の尊重（従うこと）
⑤ 対象土地上に他人の建物がある場合、敷地利用権の内容（賃貸借か使用貸借か）
⑥ 対象建物が他人の土地上にある場合、敷地利用権の内容（賃貸借か使用貸借か）
⑦ 鑑定条件（更地として評価するか、土地全体を一体として評価するか等）

●前提条件の解決

　不動産鑑定をするには、「前提問題」に争いがないことが前提である。争いがあるとき、例えば、対象不動産に借地権・使用貸借権があるか否かで争いのあるときは、いったん調停を取り下げ、訴訟で借地権の存否を確定してから、再度、遺産分割調停を申し立てることになる。

●評価時点

　２時点（遺産分割時＋相続時）評価となる際、鑑定費用は、１物件につき 10 万円～20 万円程度上乗せになることが多い（それ以上の場合もある）。

　実務では、価格差がそれほど大きくないと予想されるときは、「鑑定時点の評価をもって相続時点の評価とする」と合意して１時点評価で終わらせることが多い。

●鑑定費用負担割合

　鑑定費用負担割合は事前に決めることが多いが、法定相続分で分担することが多い。負担を拒否しても、最終的には、審判で手続費用として負担させられる。そのことを説明すると、最初は鑑定費用の負担に難色を示した相続人も、たいていは、法定相続分で分担することに同意してくれる。

ただし、中間調書の合意を撤回したため鑑定になった場合等は、撤回者が鑑定費用を負担する。

●鑑定費用の予納
　鑑定費用は予納する。事前に見積りを出すことは通常ないが、裁判官によっては高額な鑑定費用が予想されるときは、2名の鑑定士から見積りを出させることがある。
　全員の合意があれば、遺産から鑑定費用を支払うこともできる。

●鑑定費用の目安
　依頼者が一番気にするのは鑑定費用だが、鑑定人は、「公共事業に係る不動産鑑定報酬基準」などの「基本鑑定報酬額」を参考として鑑定報酬額を見積もっている。
　鑑定費用のおおよその目安は、平均的な住宅やマンションでは数十万円単位が多いが、賃貸物件は賃料調査もしなければならないため割高になる。

●一部の相続人が鑑定に反対するとき
　全員の合意がなくても鑑定費用さえ全額支払うなら、鑑定は実施されるが、仮に全員の同意があっても鑑定費用を支払わないときは、鑑定は実施されない。
　一部に支払を拒否する相続人がいるときは、とりあえず他の相続人が立て替え、手続費用として審判決定を得て回収するしかない。

●鑑定ができないとき
　鑑定をせず、価格合意もできないときは、その不動産は評価不能となる。
　全員が法定相続分の分割で異論がないときは、その不動産は法定相続分の割合による共有の審判となるのが原則である。
　具体的相続分で争いがあるときは、「調停をしない措置」をとり、遺産分割調停そのものを強制的に終了させることがある。不調にして審判に移

すことはない。

●鑑定に必要な資料
　鑑定に必要な資料は以下のとおりである。
〔土地〕
① 土地の登記簿謄本
② 土地の固定資産評価証明書
③ 土地上に他人の建物がある場合は、その建物の登記事項証明書
④ ③の場合における土地利用権を示す書類（借地契約書等）
〔建物〕
① 建物の登記簿謄本
② 建物の固定資産評価証明書
③ 敷地が遺産でない場合は、敷地の登記事項証明書
④ ③の場合における敷地利用権を示す書類（借地契約書等）
⑤ 賃貸不動産の場合は、収益状況を確認できる資料一式
〔借地権〕
① 土地賃貸借契約書
② 土地の登記簿謄本
③ 土地の固定資産評価証明書

●簡易鑑定
　いわゆる「簡易鑑定」は、不動産鑑定士の資格を持つ調停委員が、現地に行かず書類だけを見て口頭で意見を述べるものだが、正式な鑑定結果とそれほど差異は出てこないことが多い。ただ、代理人はそのために提出すべき書類は、きちんと提出する必要がある。

不動産利用権負担付不動産や共有物の評価

ポイント

　価格合意する場合、まず更地価格で合意をとる。その上で、土地は、使用貸借権がある場合は1〜3割評価減をし、借地権がある場合は、借地権価格相当額を評価減する。建物は、使用貸借があろうと賃貸借があろうと評価減しない。

設 例

　以下の不動産（①〜③：土地、④⑤：建物）の評価はいくらか。なお、土地・建物の価格は相続人間で合意ができている。
① 1000万円の土地の上に木造建物があり、利用権は使用貸借である。
② 1000万円の土地の上にコンクリート造りの建物があり、利用権は使用貸借である。
③ 1000万円の土地の上に木造建物があり、利用権は借地権であり、借地権割合は6割である。
④ 1000万円の家屋に、相続人が居住しており、利用権は使用貸借である。
⑤ 1000万円の家屋に、相続人が居住しており、利用権は賃借権である。
⑥ 上記物件が共有物の場合はどうか。

回 答

① 900万円である。
② 800万円である。
③ 400万円である。
④⑤　いずれも1000万円である。
⑥ 共有物減価をする場合もある。

---- 解 説 ----

1　土地使用貸借権付土地の評価（小問①②）

　税務上は、土地使用貸借権は評価ゼロだが、遺産分割実務では、不動産競売実務での評価方法に倣い、非堅固な建物は10％評価減をし、事情によっては20％評価減することもある。堅固な建物は20％評価減をし、事情によっては30％評価減をすることもある。

　木造は非堅固であり、鉄筋コンクリートは堅固である。

　鉄骨造りは、軽量鉄骨なら非堅固であり、重量鉄骨なら堅固である。

　①は木造建物であり、非堅固だから10％の評価減をする。

　1000万円－使用貸借減価（1000万円×10％）＝900万円

　②はコンクリート造りであり堅固だから20％評価減をする。

　1000万円－使用貸借減価（1000万円×20％）＝800万円

2　借地権付土地の評価（小問③）

　借地権は、借地権価格をそのまま差し引く。借地権割合は、税務署の路線価図に記載されている割合をそのまま使用するのが普通である。本件の借地権割合は6割なので、以下の計算式となる。

　1000万円－借地権減価（1000万円×60％）＝400万円

3　賃貸借や使用貸借権が付いている建物の評価（小問④⑤）

　建物の場合は、使用貸借だろうと賃貸借だろうと、それ自体の存在を理由として評価減しない。建物の明渡しは、土地の明渡しと異なり、執行の困難性がないからである。

　ときどき税務上の借家権減価を主張する相続人がいるが、適正な家賃を収受している限り、問題にはならない。税務上の借家権減価は、居住用住宅の建築を促進させるための政策的な制度であり、不動産鑑定理論とは矛盾する。

　逆に、収益物件であること自体を理由として評価増することもない。ただ、不動産鑑定では、収益性が重要なメルクマールとなる。

4 共有物減価（小問⑥）

不動産が共有物である場合は、利用や処分に制限があることから、不動産鑑定では共有物減価として2割程度引くことが多い。

ただし、これは共有者が第三者の場合である。共有者が自身と生計を同一にする親族等の場合は、利用・処分に不便はないので共有物減価はしない。

5 税務と遺産分割実務の違い

土地の使用貸借は、税務上は評価減しないが、遺産分割実務では評価減する。

建物の賃貸借は、税務上は借家権減価をするが、遺産分割実務では評価減しない。

建物を所有し土地を無償で利用している相続人が土地を取得する場合の評価方法

ポイント

自用地論は、現在は少数派である。特別受益の問題として処理し、処理しきれないときは、鑑定評価の問題として処理する。

設例

相続人Aは、被相続人から土地を無償で借り、その土地の上に建物を建て生活している。

土地の更地価格は1000万円であり、使用貸借権割合は2割とする。
① 相続人Aが、この土地を相続で取得するとき、土地の評価額はいくらか。
② 建物所有者が相続人Aの配偶者の場合の土地の評価額はいくらか。

> **回答**

「自用地論」によれば、設例①②いずれも、1000万円である。「特別受益論」では、いずれも800万円である。

特別受益論に立った場合、①は相続人Aに、使用貸借権相当額である200万円の特別受益が認められる。②は、相続人Aの配偶者だから特別受益は認定されないが、通常の使用貸借権より減価して評価されることがある。

━━━━■ 解 説 ■━━━━

この問題については、二つの見解がある。

1 自用地論
(1) 原則

「その土地に負担をかけている相続人が、その土地を取得することで負担がなくなるときは、その負担は考慮しない」という理論である。

この立場では、小問①でも②でも、相続人A自身、又はその配偶者が使用貸借権という負担をかけており、その土地を取得すれば、負担がなくなるから、その土地は1000万円として評価されることになる。

(2) 長所

使用貸借人が相続人以外の同居の親族（配偶者等）の場合、この理論は妥当な結論を導き出す。

(3) 短所

相続人Aが被相続人を引き取り、介護等をしていたケースでも、一律に更地評価となり、妥当な結論が導き出せない。

2 特別受益論
(1) 原則

使用貸借権による負担を「特別受益」と構成して特別受益の問題として処

理する。

　小問①でいえば、土地は使用貸借権負担付土地として800万円と評価する。その結果、相続人Aは、自ら有している使用貸借権により、1000万円ではなく、800万円の評価で土地を相続することができ、200万円得をすることになる。しかし、相続人Aは使用貸借権を無償で取得しているから、使用貸借権相当額による特別受益200万円があると認定する。800万円で取得しても、200万円の特別受益が認定されるから、結論としては、自用地論と同じ結果となる。

(2)　長所

　持戻し免除の意思表示の認定を通じて、具体的事情に応じた柔軟な解決ができる。

　本件でいえば、相続人Aが、被相続人と同居し何かと介護していたときなど、「持戻し免除の意思表示がある」あるいは「介護が対価になっており受益がない」と構成することで、土地を2割安く取得でき、相続人Aの介護に報いることができる。

(3)　短所

　使用貸借人が、相続人自身ではなく、生計を同一にしている家族などの場合、特別受益を認定できず、使用貸借減価された土地で相続地を取得でき、不公平な結論になる場合がある。

　小問②でいえば、無償で200万円の価値のある使用貸借権を取得したのは相続人Aの配偶者であり、相続人A自身ではない。相続人A自身には、特別受益はない。

　しかし、これだと相続人Aは、1000万円の土地を800万円で取得できることになり、被相続人の介護をしていないケースなどでは、具体的妥当性を欠く場合もある。

(4)　短所の克服

　このような場合は、相続人Aの配偶者が対価を支払うことなく使用貸借権を取得していることから、使用貸借権の評価そのものを通常よりも低くし、具体的妥当性を確保することになろう。場合によってはゼロ評価も検討する。

使用貸借権減価は執行の困難性を理由とするが、生計同一者が使用貸借人のときは、執行の困難性はない。

ただし、相続人Aや配偶者が被相続人の介護をしていた場合などは、「介護」という対価を支払っているから、通常の使用貸借権減価をする。

3　家裁実務

現在の家裁は、おおむね特別受益論で運営されている。

親族・同族会社が借地権を有する場合の不動産底地価格

> **ポイント**
>
> 親族・同族会社が借地権を有しながら権利金を支払っていない場合は、上限を標準的借地権割合とし、下限を使用貸借権割合、最低借地権割合として、その間で個別に判断する。

> **設　例**
>
> 長男甲は、株式会社乙を設立して株式会社乙名義で被相続人の土地Aを借地し、そこに工場を建てた。土地の更地価格は1000万円である。権利金は支払っていない。
> ①　この地域に権利金授受の慣行がない場合、土地Aの底地評価はいくらか。
> ②　権利金授受の慣行があり、かつ、「土地の無償返還に関する届出書」を提出していない場合は、土地Aの底地評価はいくらか。
> ③　権利金授受の慣行があり、かつ、「土地の無償返還に関する届出書」を提出した場合、土地Aの底地評価はいくらか。

回答

① 借地権割合は20％が原則であり、底地評価は800万円である。
② 標準的借地権と使用貸借権割合、最低借地権割合の間で個別に判断する。
③ 税務上、借地権割合は20％が原則であり、底地評価は800万円と評価されるが、不動産鑑定基準では、ケースバイケースである。

解説

借地権の底地評価をする場合、更地価格−（更地価格×借地権割合）で計算することが普通である。

しかし、権利金が授受されていない場合、底地評価をどうするか、しばしば問題になる。

1 小問①について

市街地では権利金授受の慣行があるが、へき地に行くと、権利金授受の慣行がない地域がある。この場合は、いわゆる「最低借地権割合」である20％で借地権価格を判断する（国税庁のウェブサイト参照 https://www.nta.go.jp/taxes/shiraberu/taxanswer/hyoka/4613.htm）。

2 小問②について

(1) 問題点

この場合、通常の借地権と同様に評価すると、遺産分割では不公平な結果になる場合が少なくない。

もし長男甲が、長男甲名義で土地を借りていたら、権利金相当額が特別受益として評価され、長男甲には権利金相当額の遺産の前渡しがあったことになり、公平を図ることができる。

ところが、本件では、長男甲は、法人登記をし、その法人が借地権を有しているから、長男甲には、権利金相当額の特別受益が認定されないことにな

る。他の相続人としては、納得できないだろう。

(2) 考え方

親族関係などに基づいて、相続人が相当の権利金を支払うことなく借地契約を締結している場合は、借地権の対価が支払われていないため、対価が支払われている一般の借地権価格と同一に論ずることはできない。

被相続人の経営する会社が賃借人である場合も同様である。

(3) 評価方法

この場合は、事案のケースに応じて、標準的借地権割合（更地価格の70％～50％）と使用借権割合である更地価格の20％の間で借地権割合を決めることになるが、合意できないときは、裁判所の鑑定に委ねることになる。

ただ、どういう割合にするかは鑑定士の間で標準的な見解がなく、予想が付かない。弊所の経験では、おおむね中間値が多いが、借地権割合をかなり低く評価されたケースも散見される。

3 小問③について

権利金授受の慣行があり、かつ、「土地の無償返還に関する届出書」を提出した場合、税務上は、その借地権を「最低借地権割合」である20％として、底地価格を判断する。

しかし、これは税務上の判断で、不動産鑑定基準になった場合は、「最低借地権割合」とは断言できず、設問の②のように上限を標準借地権割合とし、下限を最低借地権割合とし、その範囲の中で、具体的には、借り得分の収益価格及び借地権の脆弱性（係争減価）などを考慮して決定することになる。

〔参考〕

「借地権の存在は、必ずしも借地権の価格の存在を意味するものではなく、また、借地権取引の慣行について、借地権が単独で取引の対象となっている都市又は地域と、単独で取引の対象となることはないが建物の取引に随伴して取引の対象となっている都市又は地域とがあること。」

（国土交通省ウェブサイト「不動産鑑定評価基準」より）

4　税務上の注意点

　被相続人が自己又は親族の経営する会社に、権利金を授受しないまま無償で土地を貸すということはしばしば起こり得る。

　その場合、法人税法では、「会社に無償行為はあり得ない」という原則に基づき、法人は地主に権利金相当額を支払ったが、同時に、地主から権利金相当額を返金されたとして権利金相当額の受贈益課税がされる。

　この課税を避けるためには、相当額の地代（更地価格の６％）をとるか、無償返還届出書を税務署に提出することになる。

　もっとも、この無償返還届が、税法上は有効としても、私法上有効なのかは別問題で、借地借家法を考えると無条件で有効とはいいきれない。地裁判決で、私法上も有効と明示した判決もあるが、行政訴訟の中で付随的に述べられているだけである（東京地判平成20・7・23税務訴訟資料258号10996順号（相続税更正処分取消等請求事件））。

取得する相続人により土地の評価が増減する場合の評価方法

ポイント

　誰が遺産を取得するかによって、遺産である不動産に増分価値が生ずる場合は、増分価値を公平に配分し、相続人間の公平を図る。

設例

　（※注　以下は、便宜上、価格差を実際よりも広げている）

　甲地は10坪で、幅員20メートルの繁華街道路に面しているが、幅が2メートルの土地で駐車場としてしか利用できず、その価値は坪20万円であり、甲地全体で200万円である。

　隣接地乙地は40坪で、幅員4メートルの道路に面し、資産価値は坪50万円であり、乙地全体で2000万円である。

甲地と乙地を全体として評価すると繁華街に面した東南角地となり、資産価値は坪100万円となり、甲乙全体の価値は5000万円となる。

相続人は長男Aと次男B。長男Aが遺産である不動産を取得し次男Bが代償金を取得することに異論はない。

〔ケース①〕

甲地が相続財産で長男Aが隣接地の乙地を所有している。

長男Aは甲地の時価が200万円だから代償金は100万円だと主張している。

次男Bは、甲地を取得することで全体として5000万円になるから、1500万円が適正な代償金だと主張している。

長男Aが甲地を相続する場合、適正な代償金はいくらか。

乙地 （長男A所有）	甲地 （相続財産）

〔ケース②〕

乙地が相続財産で長男Aが隣接地の甲地を所有している。

長男Aは、乙地の地価が2000万円だから代償金は1000万円だと主張している。

次男Bは、乙地を取得することで全体として5000万円になるから、2400万円が適正な代償金だと主張している。

長男Aが乙地を相続する場合、適正な代償金はいくらか。

乙地 （相続財産）	甲地 （長男A所有）

回答

〔ケース①〕

甲地の限定価格は1278万円であり、長男Aは、次男Bに代償金639万円を支払うことになる。

〔ケース②〕

乙地の限定価格は3722万円であり、長男Aは、次男Bに代償金1861万円を支払うことになる。

解説

1 問題点

本件は、2000万円の土地と200万円の土地合計2200万円の土地が同一所有者に帰属することで5000万円の土地になるという点に問題がある。この2800万円分のプレミアム価格（併合利益）をAとBのどちらか一方に帰属させると、互いに不公平だということになる。

そこで、この2800万円分の併合利益をAとBに公平に分属させる必要がある。

2 家裁実務での処理方法

まず、2000万円が正常価格の乙地所有者が甲地を取得すれば全体で5000万円になるから、乙地所有者は200万円の甲地を3000万円で購入しても不相当ということはない。「隣の土地は倍出しても買え」の格言どおり、「乙地所有者は隣地の200万円の甲地を3000万円出して買っても損はない」ということになる。これを「3000万円の買入限度額」という。

逆に、200万円の甲地所有者が乙地を取得すれば5000万円になるから、甲地所有者は2000万円の乙地を4800万円で購入しても不相当ということはない。「甲地所有者は隣地の2000万円の乙地を4800万円出して買っても損はない」ということになる。これを「4800万円の買入限度額」という。

家裁実務で主流の方法は、この「買入限度額」の割合で2800万円分のプレミアム価格（併合利益）を配分することが多い。本件では、「3000万円の買入限度額」対「4800万円の買入限度額」で配分することになる。

3　ケース①の計算式

そこでケース①のように乙地所有者Aが、甲地を取得するときの価格は次のように計算することになる。

まず、「買入限度額割合」を算出する。

方法は、乙地所有者Aによる甲地の買入限度額3000万円を、甲地の買入限度額3000万円と乙地の買入限度額4800万円の合計額で割り、割合を算出する。

↓

甲地買入限度額÷（甲地買入限度額＋乙地買入限度額）＝買入限度額割合
3000万円÷（3000万円＋4800万円）＝約38.5％

↓

次に併合利益2800万円に限度額割合である38.5％を掛ける。
併合利益×限度額割合
2800万円×38.5％＝1078万円

↓

つまり、2800万円の併合利益のうち乙地所有者Aが負担すべき併合利益は1078万円ということになる。

この乙地所有者Aが負担すべき併合利益1078万円と甲地の正常価格200万円を足すと乙地所有者Aによる甲地の限定価格は1278万円ということになる。「乙地所有者Aは200万円の甲地を1278万円出して買っても損はない」ということになる。

4　ケース②の計算式

これに対し、ケース②のように甲地所有者Aが乙地を取得するときの価格は次のように計算することになる。

まず、「買入限度額割合」を算出する。

乙地買入限度額÷(甲地買入限度額＋乙地買入限度額)＝買入限度額割合
4800万円÷(3000万円＋4800万円)＝約61.5％

↓

次に併合利益2800万円に61.5％を掛ける。

併合利益×限度額割合
2800万円×61.5％＝1722万円

↓

つまり、2800万円の併合利益のうち甲地所有者Aが負担すべき併合利益は1722万円ということになる。

この甲地所有者Aが負担すべき併合利益1722万円と乙地の正常価格2000万円を足すと甲地所有者Aによる乙地の買入価格は3722万円ということになる。「甲地所有者Aは2000万円の乙地を3722万円出して買っても損はない」ということになる。

5　併合利益の公平な配分

甲地の限定価格1278万円＋乙地の限定価格3722万円＝5000万円となり、これで、併合利益を公平に分配できたことになる。

以上は、現在、実務で行われている「買入限度額比による計算式」である。しかし、「不動産鑑定実務論」では、10種類の方法をあげ、実際の不動産鑑定評価においては、総額比、買入限度額比（以下限度額比という。）が一般的に採用されていると記載されている。

ちなみに、国土利用計画法による不動産取引に価格審査が行われていた時期があるが、その時期、当時の国土交通省は、限定価格についての配分方法は限度額比で行っていたことを質疑応答集で記載している。

底地の評価方法

> **ポイント**
>
> 借地権を有していない相続人が、底地のみを単独で取得する場合は、「更地価格−借地権価格＝底地価格」の計算式では評価できない。

設例

遺産として底地がある。借地人は、終戦直後から代々にわたってそこに居住してきた人たちばかりである。更地価格は１億円であり、路線価図では借地権割合は６割と指定されている。

長男Ａがこの底地を相続することについて相続人間で異論はないが、次男Ｂは、底地価格は4000万円であると主張し、長男Ａは、それでは高価すぎると主張している。次男Ｂの主張は正しいか。

回答

次男Ｂの主張は、原則として間違いである。

――― 解 説 ―――

底地の評価は、「更地価格−借地権価格＝底地価格」の計算式で行うのが普通である。借地権割合は、税務署の路線価図の記載に基づいて決める。

本件では、借地権割合は６割と指定されているから、１億円の更地価格の土地に対する借地権価格は6000万円となる。そこで、更地価格１億円−借地権価格6000万円で、底地価格は4000万円と評価されることになる。

しかし、この価格は、「底地を取得することで完全な所有権を事実上取得できる場合」、例えば、取得者が借地人や借地人の親族の場合、あるいは土

地を一体開発するデベロッパーのような場合の「限定価格」である。

本件のように、底地を取得しても底地を取得することで完全な所有権を事実上取得できるわけではない場合は、「限定価格」では評価できない。その底地を「市場で売却したらいくらで売れるか」という正常価格で評価する必要がある。

この場合は、主に収益還元法から底地の正常価格を算出することになる。ただし、底地の正常価格を算出する場合も、上限は割合方式による。だから、割合方式と収益価額との間で底地の価額を決めることになる。

〔注意点〕

正常価格とは市場価格であり、限定価格とは、特定の取引環境のもとでのみ成立する不動産価格である。

抵当権が設定されている不動産の評価

> **ポイント**
>
> ◆不動産に被相続人の債務のために抵当権が設定されている場合は、調停では、不動産価格から負債額を差し引いて評価するが、審判では、全相続人の同意があったとしても、更地で評価せざるを得ない。
> ◆不動産に相続債務以外の債務のために抵当権が設定されている場合は、原則として考慮しないが、できるだけ価格合意を目指すべきである。

設例

遺産である1000万円の土地の上に、500万円の債務の担保として抵当権が設定されている。
① その債務が、相続債務のときは、評価額はいくらか。
② その債務が、相続人の経営する会社の債務のときは、評価額はいくらか。

回 答

①の場合、調停段階では「不動産評価額－被担保債務額」で評価するが、審判では被担保債務額を引いた評価はできない。

②の場合、原則として、債務額は引かずに評価する。

解 説
---

1 相続債務を被担保債権とする抵当権が設定されている場合（①）

相続債務は遺産分割の対象にならないが、調停段階では相続人全員の合意があれば債務も協議の対象にできる。調停実務では、当たり前のように被担保債務を遺産分割協議の対象とし、「不動産評価額－被担保債務額」で評価している。

しかし、これは調停だから可能な話であり、審判では、全相続人の同意があっても債務を審判対象にできないから、遺産分割審判では不動産評価額から被担保債務額を引いて、当該不動産の評価額とすることはない。

2 相続債務以外の被担保債務を被担保債権とする抵当権が設定されている場合（②）

遺産が第三者や相続人の債務の担保に入っているときでも、原則として、その債務を引くことはない。後日、抵当権が実行されるか否かは、予測不能だからである。

しかし、破産手続開始決定や銀行取引停止処分を受けているときなど、「当該債務者が支払い不能であることを示す明白な事情」があれば、被担保債務額を控除した額を評価額とする余地はあるという意見もある（上原ほか「遺産分割〔改訂版〕」338頁以下）。

農地と山林の評価

ポイント

農地・山林とも、固定資産税評価額によるのが普通だが、宅地転用可能な農地、立木に価値のある山林は、固定資産評価額では不適切な場合がある。

解 説

実務上、地方の農地や山林は資産価値がそれほど高くない場合が多いことから、固定資産税評価額によるかゼロと評価することが多い。しかし正確を期するには、以下の検討が有用である。

1 現況の確認

山林や農地でも、現況が宅地の場合もある。現況と地目が一致するかを見極め、現況が宅地なら宅地として評価する。現況と地目が一致するなら、農地・山林として評価する。

2 地元業者への確認

大都市周辺等では、農地・山林でも意外と高く評価される場所もあるから、農地・山林だから価値はないと安易に決めつけるべきではなく、一応、地元の業者に当たってみた方がよい。

3 取得希望者の確認

評価に先立ち、そもそも、取得希望者がいるかいないかを確認する。誰も取得希望者がいないときは、共有にして換価を検討することになる。

取得希望者がいるときは、特に異論がなければ、固定資産税評価額で評価するが、他の相続人から異論が出たときは、そうはいかないだろう。

4　農地の評価

(1)　実務

農地の場合は、固定資産税評価額で合意する場合が多いが、財産評価基本通達（農地の転用許可等の可能性に応じて評価基準を設定している）を参考にすることもある。

(2)　財産評価基本通達

財産評価基本通達では、農地は、①純農地、②中間農地、③市街地周辺農地、④市街地農地の四つの区分に分類されている。

このうち、④市街地農地は、宅地比準方式（「宅地－宅地化に要する費用」）か倍率方式（固定資産税評価額に一定の倍率を掛けたもの）で計算する。

③市街地周辺農地は、市街地農地の80％の額である。①純農地、②中間農地は、倍率方式である。倍率、宅地化に要する費用は、国税局ごとに決められている。正確な評価をするなら、農業委員会の評価額によることになる。

5　山林の評価

(1)　実務

山林は、山そのものには価値はなく、普通の山林は、固定資産税評価額で価格合意する場合が多い。

立木が檜等で立木に価値がある場合は、その評価については森林組合や近隣の材木商などの協力が必要となる場合もある。

(2)　財産評価基本通達

財産評価基本通達では、山林は、①純山林、②中間山林、③市街地山林の3つに区分して評価する。①と②は倍率方式、③は宅地比準方式（又は倍率方式）で評価する。

配偶者居住権(長期)の評価(2020年4月1日施行)

> **ポイント**
>
> 配偶者短期居住権の評価はゼロである。配偶者居住権の評価は、現時点では確立されていない。

1 配偶者短期居住権の評価

配偶者短期居住権は、対象も期間も限定されており資産価値はない。評価はゼロである。

2 配偶者居住権の評価

(1) 前提

求める価値は、権利者と負担者との間でのみ成立する限定価格であり、市場における正常価格ではない。

(2) 審判

審判になれば、鑑定で価格を算出するので、不動産鑑定士の鑑定に委ねることになるが、日本不動産鑑定士協会連合会は、現時点では、価格の算出方法について明確な方向性を示していない。

(3) 調停実務

従来から、調停実務では、高齢の配偶者の居住を確保することで全員の合意ができたときは、使用貸借や賃貸借を成立させ、反面、負担する建物取得者の相続分を若干多くすることで柔軟に対応してきた。調停であえて配偶者居住権を成立させる場面は少ない。

(4) 法制審議会の「簡易な計算式」と問題点

法務省は、「配偶者居住権の簡易な計算式」を複数発表しているが、あくまでも調停・協議の「参考」にすぎないという位置づけである。

これらは、いずれも「住宅価格－長期居住権価格＝長期居住権付住宅価格」という計算式で、以下の2点を特徴とする。

① 計算の起点となる評価額は、固定資産税評価額である。土地価格は固定資産税評価額を 0.7 で割って算出する。
② 厚生労働省「簡易生命表」記載の「平均余命の値」から存続期間を推計し、その期間に相当するライプニッツ係数を不動産価格等に掛け、長期居住権価格を算出する。しかし、この計算式については、固定資産税評価額を基準値とするため、配偶者居住権がマンションに関しては実際よりも低く評価される一方、一戸建てに関しては割高に評価されるという批判もある。

(5) 相続税

平成 31 年度税制改正大綱によれば、以下の計算式となる。

①配偶者居住権（建物）

建物の相続税評価額 − 下記②

②建物所有権

$$\text{建物の相続税評価額} \times \frac{\text{法定耐用年数(住宅用)} \times 1.5 - \text{築年数} - \text{居住権の存続年数}}{\text{法定耐用年数(住宅用)} \times 1.5 - \text{築年数}} \times \text{存続年数に応じた民法の法定利率による複利現価率}$$

③配偶者居住権（敷地に対する権利）

土地の相続税評価額 − 下記④

④土地の所有権

$$\text{土地の相続税評価額} \times \text{存続年数に応じた民法の法定利率による複利現価率}$$

閉鎖会社株式の簡易な評価方法

ポイント

> 閉鎖会社の株式は、直近の貸借対照表のうち、土地だけを時価に評価し直して純資産方式で算出するのが簡明である。閉鎖会社株式の鑑定費用は非常に高額となるから、できるだけ鑑定は避ける。

設 例

被相続人は、本社ビルとその敷地を所有する株式会社甲を経営し、その株を100％所有していた。相続人Aは、被相続人とともに会社経営に関わってきたので、その株式を全部相続することを希望している。

相続人Aは、1株当たりの評価を相続税申告書の株価によるべきだと主張し、もう1人の相続人Bは鑑定すべきだと主張している。いずれの方法が妥当か。

回 答

いずれも妥当でない。

―― 解 説 ――

1　相続税申告書は参考にならない

(1)　相続税申告書の株価によるべきというAの主張について

全員の同意があれば相続税申告書記載の株価で評価することになる。しかし、相続税申告書の株価は、事業承継を容易にするという観点から低めに評価できるよう設定されていることから、実務上、相続税評価額で相続人全員が同意するケースは多くない。

(2)　相続税法で低めの評価になる理由

相続税法では、同族会社の株の評価は会社の規模に応じて、以下のように分類している（少数株主の場合は配当還元方式）。

①　大会社　　類似業種批准方式（純資産方式も選択可能）
②　中会社　　類似業種批准方式と純資産方式の併用（純資産方式も選択可能）
③　小会社　　純資産方式（類似業種比準価額50％＋純資産価額50％でも可）

実務上、小会社が不動産などを有しているときは、多くの場合、類似業種批准方式と純資産方式の併用をとって申告している。この方法によると、不動産が主たる資産の会社の株価が現実の資産価値よりもかなり低くなる場合が多い。

2　株の鑑定費用

会社の株価評価の鑑定は、数十万円というケースもあるが、多くの場合、数百万円単位となり、1000万円を超えることもある。非常に高額となり、かつ時間もかかるのが現実である。

同族会社の株価鑑定は、費用対効果を考えると非現実的な場合が多い。東京家裁等の大規模庁においても、鑑定件数は多くない。

3　純資産方式による評価

遺産分割における株価評価は、小会社の場合は、純資産方式によるべきである。M&Aなどの場合は、その企業の継続価値を算出することになるが、遺産相続の場合は観点が異なる。

4　貸借対照表の見方

小会社の場合、(相続時ではなく) 分割時点直近での貸借対照表をもとに株価を算出すべきだが、貸借対照表に記載されている土地は、多くは取得時の価格がそのまま掲載されている場合が多い。したがって、直近の貸借対照表をもとに一株当たりの純資産価値を算出するとしても、土地を時価に換算して評価する。それ以外の資産評価は簿価による。

5 具体例（発行株数10株）

資産の部		負債の部	
流動資産		流動負債	
現預金	100万円	買掛金	100万円
売掛金	100万円	短期借入金	100万円
		固定負債	
固定資産		長期借入金	100万円
建物	100万円	純資産	
土地	100万円	資本金	100万円
機械工具	100万円	利益剰余金	100万円
合計	500万円	合計	500万円

この場合の一株当たりの株価は20万円になる。

↓

しかし、土地の時価が仮に現在1100万円だとすると、上記の株価には1000万円の含み益（時価1100万円－簿価100万円＝含み益）が反映されていないことになる。

↓

そこで以下の数式で含み益を反映させる。
会社のBS上の純資産200万円＋含み益1000万円＝1200万円

↓

実際の会社の資産は1200万円であり、一株当たりの純資産価値は120万円ということになる。

6 注意点

① 被相続人の経営していた会社が赤字のときは、多くは資産価値ゼロで評価している。
② 実務で問題になるケースの多くは、企業それ自体の価値というよりは会社がアパートや工場敷地などを有している場合の企業価値である。このような場合は、上記の方式が妥当する。
③ 企業そのものにブランドがあり企業自体に顧客吸引力がある場合は、上

記の方式は適用できない。
④ 土地の時価評価は鑑定でもよいが、単純に路線価×1.25（÷0.8）で算出してもよい。

コラム column

同族企業の株価鑑定

閉鎖企業の株価鑑定に、以下の問題点がある。
① 不動産があるときは不動産鑑定を先にする必要があり、費用と時間がかかる。
② 被相続人の生前から会社経営にかかわっていた相続人が、反発して鑑定に必要な決算書等の資料の提出に協力しないことが少なくない。
③ 中小企業の場合は、銀行融資を睨んで粉飾決算をしたり、脱税目的で逆粉飾決算をしたりというケースもあり、鑑定の基礎となる決算書類そのものが信用できない場合がある。

●必要書類

必要な書類はおおむね以下のとおりだが、鑑定士によって、また会社の種類によって異なる。
① 会社の登記事項証明書
② 現在の株主名簿
③ 3～5年分の税務申告書・決算書（2時点評価の場合は、相続開始時も必要）
④ 資産負債明細書
⑤ 銀行預金・借入金残高証明書（2時点評価の場合は、相続開始時も必要）
⑥ 金銭消費貸借契約書
⑦ 不動産全部事項証明書
⑧ 固定資産納税通知書

⑨　固定資産台帳
⑩　不動産賃貸契約書
⑪　不動産鑑定書
⑫　相続税申告書

●鑑定費用
①　全員の合意があれば遺産の中から鑑定費用を捻出できる。
②　遺産から捻出できないときは、法定相続分に応じて分担してしてもらうが、一部相続人が支払いを拒否した場合は、とりあえず他の相続人に立て替えてもらう。最終的に手続費用として法定相続分で審判で分担させられることを説明すると、多くは分担する。
③　鑑定費用を予納しないときは、評価不能として処理することになる。
　　分割基準が法定相続分で争いがないときは、法定相続分に応じて各株を割り振るか、全株を法定相続分で共有とする審判が出る。
　　具体的相続分を争っているときは、法定相続分で分割できないので、「調停をしない措置」がとられる場合がある。強制的に調停そのものが終了することになる。

●鑑定できないとき
　株価鑑定でも、鑑定の前提条件が決まっている必要がある。被相続人から会社に対する貸付金、逆に会社から被相続人に対する貸付金の存在や額が争われているときは、訴訟等での解決を先行させることになる。

●鑑定人候補者
　鑑定士は、公認会計士の資格を持つ調停委員の中から選出することが多い。相続人が個人的に頼んだ公認会計士の鑑定書は、鑑定にバイアスがかかっている可能性があり、家裁ではせいぜい参考程度。このような私的鑑定費用は、無駄な費用支出に終わることが多い。

●注意点

　企業価値が会社の物理的な純資産を超え企業そのものに顧客誘引力がある場合は、不動産を時価評価して株価とするわけにはいかない。一方、企業そのものに顧客誘引力がある企業では、多くの場合、不動産等の資産価値はあまり問題にならない場合が多い。こういう企業の場合は、不動産価格については簡易な方法で合意し、あとは公認会計士の鑑定に委ねた方が、費用と時間を節約できる。

V　特別受益

1　特別受益総論

特別受益について

1　特別受益とは

　相続人の中に、被相続人から遺贈や多額の生前贈与を受けた人がいる場合、その受けた利益のことを「特別受益」という。その場合には、利益を受けた相続人はいわば相続分の前渡しを受けたものとして、遺産分割において、その特別受益分を遺産に持ち戻して（これを「特別受益の持戻し」という）、具体的な相続分を算定することになる（民法903条1項）。

2　計算式

(1)　法定相続分

　遺産総額は2000万円。相続人は長男A、次男B。法定相続分は、各2分の1。

　法定相続分で計算すると長男Aと次男Bは、各1000万円ずつ相続することになる（法定相続分）。

　しかし生前、長男Aが被相続人から1000万円の贈与を受けていたとする

と、これを遺産分割で考慮しないのは不公平である。
(2) みなし相続財産と一応の相続分

そこで、この贈与を受けた1000万円を遺産に持ち戻して計算すると、対象財産は合計3000万円（みなし相続財産）になり、これを法定相続分で割ると、各1500万円となる（一応の相続分）。

(3) 具体的相続分

このうち、Aは1000万円は既に受領しているから、遺産分割では500万円しかもらえず、Bは1500万円もらえることになる（具体的相続分）。

その結果、Aの具体的相続分は500万円、Bの具体的相続分は1500万円となる。

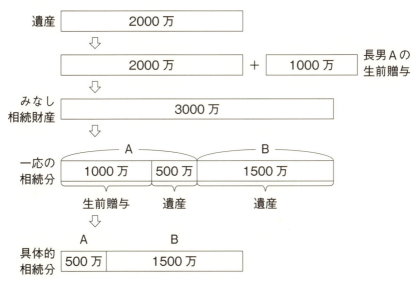

3　特別受益に該当するもの

「被相続人から、遺贈を受け、又は婚姻若しくは養子縁組のため若しくは生計の資本として贈与を受けた」場合であるから、被相続人から相続人になされたものであることが必要とされ、更に贈与のうち、下記①〜③の贈与に該当することが必要である。

① 遺贈

② 特定財産承継遺言で相続した遺産
③ 婚姻若しくは養子縁組のため若しくは生計の資本としての贈与

4 特別受益の制度趣旨

特別受益は、<u>前渡しされた遺産を持ち戻して計算する制度であり、親から受けた経済的恩恵の不平等を是正する制度ではない。</u>

したがって、特別受益を主張するには、ただ単に「認めなければ不公平だ」というだけでは不十分で、それが「遺産の前渡し」として交付された経済的恩恵だということを証明する必要がある。

5 家庭裁判所における特別受益の運営

(1) 認定傾向

ハードルは高い。小林謙介「遺産分割事件における特別受益に関する基礎的な法的枠組みと審判例について」ケース研究326号188・189頁の表「東京家裁の近時の審判例の傾向とポイント」によると、17件の審判例のうち、1件を除いてすべて特別受益が否定されている。その多くが、「遺産の前渡し」の認識を欠いた主張しかしていない。

(2) 当事者主義的運用

相続人間の金銭問題であり、どうするかは相続人の自由であることから、当事者主義的に運用されている。

(3) 挙証責任

特別受益は主張する者に立証責任がある（前掲小林186頁）。

持戻し免除の意思表示も主張する当事者に立証責任がある。

(4) 特別受益の主張と抗弁

① 主張（請求原因）

相手方は、○年○月頃、金○○円を被相続人から「生計の資本」として贈与を受けた。

② 否認（請求原因に対する認否）

(ｱ) 否認する。

① 贈与を受けていない。
② 贈与を受けたのは配偶者や家族だ。
③ 被相続人の配偶者から贈与を受けたのであり、被相続人から贈与を受けたのではない。
④ 対価を支払っている。
(イ) 受贈したが、「生計の資本」に該当しない。
③ 反論（抗弁）
持戻し免除の意思表示がある。
(5) 立証の程度
① 振込用紙等の客観的資料　証拠として十分である。
② 「聞いたことがある」という程度では問題外である。
③ 被相続人の日記等に記載があるというだけでは、贈与の事実は認定できない場合が多い。
④ 被相続人の通帳から、まとまったお金が引き出されているという事実だけで、管理している相続人がもらったという認定をするのは無理がある。

特別受益の評価基準時

ポイント

◆遺産分割は、分割時の時価による。しかし、特別受益の金額は、相続時の評価額による。
◆相続時点での遺産総額に対する特別受益の割合を決めた上で、遺産分割時の時価に換算して遺産分割を行うことになる。
◆金銭の時価評価は、消費者物価指数をもとに貨幣価値を換算する。

設例

昭和50年、被相続人甲は長男Aに時価1000万円の不動産を贈与し、次男

Bに現金1000万円を贈与した。

　被相続人甲はバブル景気の真っ只中である平成元年に死亡した。その時点でAが贈与を受けた不動産は1億円に値上がりしていた。消費者物価指数は、昭和50年を100としたら200になっていた（注　実際の統計数値ではない）。

　平成20年、長男Aと次男Bは、ようやく遺産分割をしたが、リーマンショックの影響もあり、長男Aが贈与を受けた不動産は、1000万円という贈与時の値段にまで下落していた。消費者物価指数は昭和50年を100としたら200になっていた。

① 　長男Aと次男Bの特別受益額はいくらか。
② 　長男Aが、相続開始の5年前に不動産を5000万円で売却していた場合はどうか。
③ 　地震で長男Aの取得した不動産のうち建物が倒壊し、平成元年時点で時価が5000万円となった場合はどうか。

　なお、持戻し免除の意思表示は考えない。

回答

① 　長男Aの特別受益額は1億円であり、次男Bの特別受益額は2000万円である。
② 　1億円と評価する。
③ 　5000万円と評価する。

解説

1　評価基準時期　相続開始時説

　遺産分割では、分割時の時価で遺産を評価するが、特別受益については相続時の時価で評価する。民法903条1項に「被相続人が相続開始の時において有した財産の価額にその贈与の価額を加えたもの」とある。

(1) 不動産

　いくら不動産が暴騰・暴落していようとも、特別受益物件は、相続開始時の評価で行うことになる。設例でいえば、相続時には不動産の価値は1億円に暴騰しているので、その後、バブル崩壊で価格が急落しても関係ない。設例①の長男Aの特別受益は、1億円となる。

　その結果、本件のように、バブル時に相続が発生し、そのまま放置しておいて土地が暴落してから遺産分割するときは、不動産の贈与を受けた人には、厳しい結論となる。しかし、相続時にはバブル崩壊で土地が暴落し、分割時には土地が高騰しているときは、受益者には有利な結論となる。

(2) 金銭

　金銭は、貨幣価値の変動を考慮し、受贈した金額に消費者物価指数を掛ける。消費者物価指数は、総務省統計局ウェブサイトから確認できる（http://www.stat.go.jp/data/cpi/）。設例では、消費者物価指数は倍になっているから、次男Bの受領した1000万円の貨幣価値は倍増している。特別受益は2000万円と計算される。

〔参考〕

　2016年の総合消費者物価指数を100とした場合は、以下のとおりである。

2016年 100	2015年 100	2014年 99.8	2013年 96.9
2012年 96.1	2011年 96.3	2010年 96.4	2009年 96.9
2008年 98.6	2007年 97.5	2006年 97.1	2005年 96.9
2004年 97.1	2003年 97.2	2002年 97.4	2001年 98.0
2000年 99.0	1999年 99.6	1998年 100.1	1997年 99.9
1996年 97.9	1995年 97.5	1994年 97.7	1993年 97.4
1992年 96.2	1991年 94.6	1990年 92.1	1989年 89.3
1988年 86.8	1987年 86.1	1986年 85.7	1985年 85.7
1984年 84.1	1983年 82.3	1982年 80.7	1981年 78.7
1980年 75.7	1979年 70.3	1978年 67.1	1977年 64.6
1976年 60.5	1975年 55.2	1974年 50.0	1973年 41.4
1972年 35.8	1971年 33.9	1970年 32.0	

(3) その他の財産

評価に当たり貨幣価値の変動は考慮しない。その物の相続時の時価で評価する。

2 相続時までに受贈財産の滅失又は価格の増減があった場合

受贈財産の滅失又は価格の増減が、特別受益者の行為「による時」は、相続開始の当時、なお、原状のままあるものとして計算する。そうしないと受益者が受益物を処分する等して特別受益額を自分で操作できることが可能になる。設例②では、高騰前に5000万円で売却しているが、相続時に存するものとして、1億円で評価する。

受贈財産の滅失又は価格の増減が、特別受益者の行為「によらない時」は、変動後の財産の相続開始時価額によって評価する。不可抗力で価値が減少し、あるいは滅失した場合まで、「相続時に存在するもの」として評価するのは受益者に酷であるためである。

建物を通常の方法に使用し利益を受けた後、自然朽廃したような場合には利益を受けた範囲において特別受益となる。受贈財産を失った代償として補償金を得ているような場合も同様である（片岡・菅野「第三版　家庭裁判所における遺産分割・遺留分の実務」284・285頁）。

3 相続税法との違い

(1) 評価時点

相続税法では、遺産は相続時で評価し、特別受益となる財産は受益時で評価する。本件でいえば、民法では長男Aは1億円の特別受益、税法では1000万円の特別受益ということになる。

(2) 評価方法

税法では金銭は額面で評価し、購買力の変化は考慮しない。本件でいえば、民法では2000万円の特別受益と評価するが、税法では額面どおり1000万円の特別受益と評価する。

(3) 特別受益の範囲

税法では、相続時精算課税制度を利用した場合は、民法同様、無制限に特別受益になるが、選択していない場合は、相続時から遡って3年以内の贈与だけが特別受益になる。

一方、民法では、「生計の資本の贈与」に限定されるが、遺産分割では特別受益は期間による制限はない。遺留分では新相続法によると期間が10年に限定される。

2 特別受益各論

特定財産承継遺言（相続させる遺言）と超過特別受益者

ポイント

特定財産承継遺言で法定相続分を超えて遺産を取得しても、他の相続人に代償金を支払う必要はない。しかし、取得した遺産は、特別受益として考慮される。

設例

被相続人が夫A、相続人が妻B、子供C・D・Eである。この場合の相続分は、妻が2分の1、子供が各6分の1。遺産は4000万円。それとは別に特定財産承継遺言で、子供Cは、1500万円の遺産を相続取得し、子供Dは500万円の遺産を相続取得した。
① 具体的相続分の算定対象となる「みなし相続財産」はいくらか。
② Cは、特定財産承継遺言により、本来の相続分（「一応の相続分」）1000万円（「遺産4000万円＋Cの特別受益1500万円＋Dの特別受益500万円」÷6＝1000万円）を500万円超えて1500万円の遺産を相続している。500万円の代償金を、他の相続人に支払う必要があるか。

③　Dは、本来の相続分（「一応の相続分」）1000万円のところ、相続させる遺言で500万円しか取得していない。残余を請求できるか。

回答

①　6000万円である。特定財産承継遺言で取得した遺産は、特別受益となり、持戻し計算の対象となる。遺産4000万円＋Cの特別受益1500万＋Dの特別受益500万円＝6000万円となる。

②　必要はない。Cは超過特別受益者だが、超過特別受益者はその「超過分」を返還する必要はなく、ただその相続において新たに遺産を取得することができないだけである（民法903条2項）。

③　請求できる。

解説

1　特定財産承継遺言（相続させる遺言）について

(1)　旧相続法適用事件

「相続させる遺言」という法形式は、民法の法定遺言事項に明文規定がないが、最高裁は法定遺言事項である「分割の指定」と解し、しかも、特定の遺産を特定の相続人に指定する「帰属指定型分割の指定」と解していた（香川判決・最二小判平成3・4・19民集45巻4号477頁）。

したがって、「相続させる遺言」は「分割の指定」であっても、分割方法を指定するにとどまらず、相続と同時に当然に、当該相続人が取得することになる。

(2)　新相続法適用事件

新相続法では、1014条2項で「特定財産承継遺言」という概念を明文で認めている。

2 特定財産承継遺言（相続させる遺言）と特別受益

特定財産承継遺言（相続させる遺言）で遺産を取得した場合、実務では当然のように特別受益と構成し、特に異論はない（山口家萩支審平成6・3・28家月47巻4号50頁、広島高岡山支決平成17・4・11家月57巻10号86頁）。

設例①は、Cの特別受益1500万円＋Dの特別受益500万円は特別受益となり、具体的相続分算定に当たって持戻しの対象になる。遺産4000万円にCの特別受益1500万円とDの特別受益500万円を持ち戻せば、「みなし相続財産」は6000万円となる。

3 「特定財産承継遺言」により取得した遺産が、法定相続分を上回る場合

当該相続人の本来の法定相続分を超える特別受益がある場合、その相続人を超過特別受益者という。特定財産承継遺言（相続させる遺言）で超過特別受益者となった場合、「分割の指定」しかないとすると、法定相続分を超えて取得した金額は、代償金を支払うべきではないかという疑問が生ずるが、超過特別受益者は、民法903条2項により、超過分を返還する必要はなく、ただ、その相続において新たに遺産を取得することができないだけである（民法903条2項）。

この場合、当該「特定財産承継遺言」の「分割の指定」の背後には「相続分の指定」も同時に行われていると解されている（司法研修所編「遺産分割事件の処理をめぐる諸問題」66頁以下）。設例②では、返還の必要はないことになる。

4 「特定財産承継遺言」により取得した遺産が、法定相続分を下回る場合

「相続させる遺言」で取得した遺産が、法定相続分を下回るときは、相続分の指定はないと解されている（司法研修所編「遺産分割事件の処理をめぐる諸問題」66頁以下）。設例③は、残余を請求できることになる。具体的計

算方法は後述する（「超過特別受益者がいる場合の計算方法」149頁）。

学費が特別受益になる場合とならない場合

> **ポイント**
>
> 　学費は、私立大学医学部の入学金以外は、原則として特別受益にならない。

設例

以下の設例で学費は特別受益になるか。
① 　相続人3人のうち、1人だけ東京の大学に進学し、他が地元の高校を卒業しただけである。
② 　相続人Aは、私立大学医学部に入学し、入学金・学費全額を被相続人に負担してもらった。
③ 　相続人Bは、音楽大学に入学し、その入学金と学費を支払ってもらったほか、卒業後2年間ウイーンに海外留学し、その留学費用を支払ってもらった。

回答

　原則として、①は特別受益にならず、②の私立大学医学部入学金は特別受益になり、②の医学部の学費、③の留学費用は特別受益にならない。

——■ 解説 ■——

1　学費が原則として特別受益にならない理由

昔と違って、今日、大学進学自体が一般化していることから、原則として、

大学の学費が特別受益と判断されることはない。

　ただし、被相続人が格別無理をして進学させた場合、当該相続人が留年や転校を繰り返している場合等は、「扶養の範囲」とはいいきれないこともある。

2　きょうだいのうち1人だけ大学進学している場合（小問①）

　特別受益にならない。子の特性に応じて教育費を支出しても、それは親の扶養義務の範囲内で、子らの間で学費に差異が生じても、特別受益とまではいえない。

　当時の資力・財産状態・学費を考慮して、「子の特性」だけでは説明できない時は特別受益になる可能性もあるが、非常に例外的である上そもそも立証が可能かという問題がある。

3　私立大学医学部への進学（小問②）

　私立大学医学部の入学金は、特別受益になる。他と比べて特別に高額だからである（片岡・菅野「第3版　家庭裁判所における遺産分割・遺留分の実務」252頁、小林謙介「遺産分割事件における特別受益に関する基礎的な注的枠組みと審判例について」ケース研究326号175頁）。

　ただし、実家の家業を継ぐために私立の医学部に進学した場合、親の強い希望で進学した場合等は、「贈与」とはいい難く、特別受益にならない場合が多い。京都地判平成10・9・11判タ1008号213頁は、長男のみが私大医学部に進学していたとしても、被相続人が開業医であり、長男による家業の承継を望んでいたことから、特別受益には該当しないと判断している。

4　きょうだいのうち1人だけ留学している場合（小問③）

　特別受益にならない。娘に音楽に才能があるときに、その才能を磨くためにヨーロッパに留学させても、それは親としての扶養であって、遺産の前渡しがあったとはいえない。

　当時の資力・財産状態・学費を考慮して、「子供の特性」だけでは説明で

きないときは特別受益になる可能性もあるが、非常に例外的である上、そもそも立証が可能かという問題がある。

婚姻関連費用が特別受益になる場合とならない場合

ポイント

今日では、婚姻関連費用が特別受益になることは、原則としてない。

設例

① 長女Aは、高価な嫁入り道具を被相続人から購入してもらった。
② 長男Bは、被相続人から盛大な挙式費用を支出してもらった。

回答

いずれも特別受益にならない。

解説

　民法903条は、かつての「家」制度的な思想を前提とした規定で、娘の嫁入りや分家のために贈与する習俗である。現在では、「他家に嫁いで、もうこの家の者ではなくなるから、家産（一家の財産のこと）を前渡ししておく」という習俗はほとんどみられない（坂梨喬「特別受益・寄与分の理論と運用」52・53頁）。

1　持参金・嫁入り道具

　常識的な金額である限り、親の扶養義務の範囲で特別受益にはならない。資産に対して極めて高額である場合は、「遺産の前渡し」と認められる場合

2　挙式費用

金額の多寡にかかわらず、特別受益にはならない。挙式を行うことで消滅し、相続人の財産とはならない。遺産の前渡し、生計の資本としての贈与とはいい難い。

3　結納金

金額の多寡にかかわらず、特別受益にはならない。結納金は、結婚相手の親に対する贈与である。

継続的な資金援助が特別受益になる場合とならない場合

ポイント

　金銭の贈与を受けても、「親族間の扶養的金銭援助の範囲」内なら、特別受益にならない。
　「親族間の扶養的金銭援助の範囲」内か否かは、10万円を基準とする審判例が多い。

設例

以下で特別受益になるものはどれか。
① 相続人Aは、被相続人から生前、長期間、毎月5万円の仕送りを定期的に受けていた。
② 相続人Bは、被相続人から生前、15万円の仕送りを定期的に受けていた。
③ 相続人Cは、被相続人から定期的に仕送りを受けていたが、5万円が10回、20万円が5回ある。

④ 相続人Dは、重いうつ病で働くことができず、被相続人からは、毎月15万円の仕送りを受けていた。

回答

① 特別受益にならない。
② 特別受益になる。
③ 一部が特別受益になる。
④ 特別受益にならない。

解説

1 少額の生活資金援助（小問①）

生活資金援助は、生計の資本としての贈与そのものであるが、それが少額なら小遣いであって、親の扶養義務の範囲内であり特別受益とは評価できない。

少額か否かの判断は、おおむね10万円を基準になされることが多い。ただ、被相続人の当時の資力や財産状態にも影響され、この基準が絶対的というわけではない。小問①は、5万円であり、特別受益にならない場合が多い。

少額でも、それが定期的長期的になされたら、総額としてはかなりの金額になる。しかし、少額の資金援助は、それがすぐに消費されることを予定しているものであり、一つ一つが日常生活での小遣いである。総額が結果として高額になっても、月ごとの送金が「親族間の扶養的金銭援助の範囲」内（おおむね10万円以下）なら、特別受益にはならない。

2 「親族間の扶養的金銭援助の範囲」を超える場合（小問②）

「親族間の扶養的金銭援助の範囲」を超えるか否かは、被相続人の資力・資産状況・被援助者の要扶養状態の程度等を総合的に判断するが、おおむね10万円を超えるか否かが1つの基準となる。

小問②は、15万円であり、特別受益と認定される可能性は高い。

なお、15万円のうち5万円が特別受益になるのではなく、15万円全額が特別受益になる。

3 継続的金銭給付の金額が月によって異なる場合（小問③）

この場合は、個々の月ごとに判断する。5万円の月は「小遣い」を渡したのであり、20万円の月は、生計の資本を贈与したと考える。その結果、20万円×5回で、100万円が特別受益になる。

東京家審平成21・1・30家月62巻9号62頁は、多数回にわたる金銭給付のうち、扶養的金銭援助にとどまるものは生計の資本としての贈与に該当しないとしつつも、月額10万円を超える送金について、生計の資本としての贈与に該当すると判断している。

この審判については批判もある（中川忠晃「被相続人からの継続的金銭給付と『生計の資本』」月報司法書士474号47頁参照）が、実務はおおむねこの基準を用いている。

4 相続人が病気等で働けない場合や母子家庭になった娘への援助（小問④）

相続人が成人となった後も身体的あるいは精神的障害で働けない場合、あるいは娘が母子家庭になった場合、その子に資金援助をして、それが小遣いとはいえないような金額でも、「親族間の扶養的金銭援助の範囲」として、特別受益にはならない。

小問④は、月15万円であり、「親族間の扶養的金銭援助の範囲」であって、特別受益にはならない。

金銭的利益が特別受益になる場合とならない場合

> **ポイント**
> ◆金銭をもらっても、「生計の資本としての贈与」以外なら、特別受益にならない。
> ◆金銭を借りても、贈与ではないから、特別受益にならない。

設例

① 相続人Aは、住宅購入の頭金1000万円を被相続人から出してもらった。
② 相続人Bは、交通事故を起こし、その賠償金200万円を支払うため、被相続人から金銭を贈与してもらった。
③ 相続人Cは、生前、被相続人から生活資金として金100万円を借りた。しかし、借りてから20年間、返済も催促も一度もないまま相続となった。
④ 相続人Dは、被相続人に金銭消費貸借の連帯保証人になってもらったが、支払えないので、被相続人に立て替えてもらった。Dから立替払金を返済しないまま、被相続人は死亡した。
⑤ 相続人Eは、被相続人が経営する個人企業から、死亡退職金を受領した。
⑥ 相続人Fは、生前、被相続人から相続分譲渡を受けていた。

回答

① 特別受益になる。
②～④ 特別受益にならない。
⑤ 特別受益になる場合とならない場合がある。
⑥ 特別受益になる場合が多い。

■ 解 説 ■

1　住宅購入資金（小問①）

　金銭の贈与のうち、「生計の資本」としてなされた贈与は特別受益になる。住宅購入資金は、「生計の資本」そのものである。

　なお、相続人の配偶者名義で住宅を購入しているケースでは、頭金は相続人になされたものか、配偶者になされたものかが問題になる。後者の場合は、相続人に対してなされたものでないから、原則として特別受益にはならない。持分の一部に相続人の名義があり、それが被相続人が提供した頭金に金額的に対応するなら特別受益になる。

2　交通事故の賠償金（小問②）

　交通事故の賠償金支払のために被相続人から金銭贈与を受けても、「生計の資本」としての贈与ではないから、特別受益にならない。

3　被相続人からの借入金（小問③）

　被相続人からお金を借りても、同時に返済義務を負うから、「受益」そのものがなく特別受益にならない。

　請求がないため相続時には消滅時効にかかっていても、処分行為があったわけではないから、消滅時効で請求できないことをとらえて「生計の資本の贈与」があったとはいえない。

　もっとも、免除の意思表示があれば、その免除の意思表示が「生計の資本の贈与」に当たることになる。

　免除の意思表示は黙示でも構わないが、現実には認定されるにはハードルが高い。多くの場合は、親族だから請求しづらいため請求しなかっただけであり、積極的に免除したとまではいえない。

4　被相続人が相続人の債務を立て替えた場合（小問④）

　被相続人は、相続人に求償権を有するから、「受益」がない。相続時点で

求償権が消滅時効にかかっていても同様であるが、求償権の免除があったときは、その免除の意思表示が「生計の資本の贈与」に当たることになる。

黙示の免除の意思表示が認定されることは、相当ハードルが高い。ただ、請求せず、むしろ援助していた事実が認められる場合などは短期間の放置で放棄を認めてよい場合もあろう（片岡・菅野「第3版　家庭裁判所における遺産分割・遺留分の実務」257頁）。

5　死亡退職金（小問⑤）

(1)　死亡退職金が特別受益にならない場合

死亡退職金については、労働協約や就業規則により、死亡退職金を受け取る遺族の生活保障という趣旨が明らかなときは、特別受益にはならない。

(2)　死亡退職金が特別受益になる場合

個人企業の役員が死亡した場合のように、死亡した本人の長年の功績に報いるという色彩が強いときは、実務上賃金の後払いという色彩が強く、特別受益に当たることが多いといわれている。これは、賃金の後払いとして、本来は被相続人が受領してしかるべきで、その金額だけ遺産が減少している一方、受領した相続人は利益を得ているから、贈与と同様の関係に立つという発想である（遺留分事件につき、東京地判昭和55・9・19家月34巻8号74頁。上原ほか「遺産分割〔改訂版〕」357頁以下）。

(3)　実務

実務上、死亡退職金は、遺族の生活保障の趣旨が強く、賃金の後払い的性格と認定されることは少ない。

6　相続分譲渡（小問⑥）

相続分の無償譲渡は贈与に当たる（最二小判平成30・10・19裁時1710号3頁）。

7 その他

(1) 新築祝い・入学祝い

親としての通常の援助の範囲内なら、特別受益にならない。

(2) 遺族給付金

遺族の生活保障のためになされる場合なら、特別受益にならない。

権利金を支払わず借地権を設定した場合と特別受益

ポイント

土地所有者である被相続人が、権利金を受領しないまま相続人のために借地権を設定した場合、権利金相当額が特別受益になる。

設例

① 長女である相続人Aは、被相続人の所有土地（更地価格1000万円）の上に建物を建てている。地代は支払っているが、権利金（権利金相当額700万円）は支払っていない。権利金700万円を支払わなかったことはAの特別受益になるか。

② 上記のケースで、建物を建てたのが相続人Aではなく、Aの夫の場合はどうか。

回答

① 原則として、権利金相当額の利益700万円が相続人Aの特別受益になる。

② 相続人Aに特別受益はないが、権利金を支払っていない借地権であるから、相当程度に低額で評価される。

■ 解説 ■

1 相続人が借地権者の場合（小問①）

借地権設定に際し、権利金取引慣行のある地域で、権利金の授受なしに借地権が設定された場合、権利金相当額が特別受益になる。

本件でいえば、相続人Aは、本来、支払うべき権利金を支払わず、借地権を取得しているから、権利金相当額が特別受益になる。

もっとも、Aが、遺産分割で底地を取得するときは、底地価格で取得できる。

本件でいえば、Aは、700万円の特別受益が認定される反面、土地を300万円で相続できることになる。結果として、Aは、更地価格で相続することになる。

2 相続人の配偶者が借地権者の場合（小問②）

この場合、権利金を支払わず借地権を取得したのは相続人A自身ではなく、相続人ではないAの夫だから、A自身には特別受益はない。

しかし、権利金取引慣行のある地域であるにもかかわらず、権利金を支払っていないから、Aの夫の借地権は、通常の借地権よりは相当程度低く評価されることになる（「親族・同族会社が借地権を有する場合の不動産底地価格」88頁参照）。

3 注意点

以上の議論は、権利金取引慣行のある地域・時期を前提としている。

へき地のように権利金取引慣行のない地域では、権利金相当額の特別受益は認定できない。この場合は、最低借地権として、更地価格の2割程度が相場となることが多い。

権利金取引慣行そのものが、終戦後の土地不足、借地人保護の判例集積から生じた「慣行」だから、権利金取引慣行が発生していない時期だと、権利金相当額の特別受益は認定できない。ただ、その時期に、既に権利金取引慣

行が発生していたかどうかとなると、判断が難しい。

被相続人が借地権を有する底地を、相続人が底地価格で買い受けていた場合の特別受益

ポイント

被相続人が借地権を有していた底地を、相続人が底地価格で買い受けた場合、底地を買い受けた相続人に、借地権相当額の特別受益が認められる場合が多い。ただし、持戻し免除の意思表示が認められる場合もある。

設例

相続人Aは、借地権者である被相続人の依頼で地主から底地を底地価格で買い取った。以下の場合、相続人Aに借地権相当額の特別受益が認められるか。
① 相続人Aは、被相続人から地代を収受せず、そのまま被相続人は、建物を保有し続けた。
② 相続人Aは、その後、被相続人の同意のもと被相続人の建物を取り壊し、相続人Aの建物を建てた。相続人Aは、その家に被相続人を引き取り、献身的に介護していた場合とそうでない場合に分けて論ぜよ。

回答

① 借地権が相続時点で消滅しているか否かによる。相続時点で消滅していたなら、相続人Aに、借地権と使用貸借権の差額分の特別受益があることになる。
② 借地権相当額の特別受益があるが、献身的に介護していた場合、持戻し

免除の意思表示が認められる可能性がある。

■ 解 説 ■
---

1 底地買取後の法律関係（小問①）

小問①は、相続人が底地を取得した後、被相続人から地代を収受していなかった場合である。被相続人から地代を収受していなかった理由により結論が異なる。

被相続人が借地権を放棄し使用貸借に切り替えたからだと考えれば、相続人Aに借地権と使用貸借権の差額分の特別受益があることになる。被相続人に借地権放棄という財産価値の減少がある一方、相続人Aは底地価格で取得した土地が使用貸借減価で評価されるという利益が発生しており、贈与と同視できるからである。

借地権は放棄せず、あえて請求してこなかっただけだと考えれば、相続時点では借地権は存在し、あとは、相続人Aの金銭出資型特別寄与が検討されることになる。

なお、この場合、借地権は相続人全員の共有となり、底地は相続人Aの所有となるが、混同で消滅することはない。

現実には、上記のいずれによるかは判別が付かない場合が多い。生前のAと被相続人とのやりとり等から判断するしかないが、実務的には前者が多い。

2 借地権相当額の特別受益が認められる場合の持戻し免除の意思表示（小問②）

相続人に借地権相当額の特別受益が認められる場合、被相続人は、その見返りに介護等を期待していることが多い。

しかし、使用貸借と異なり、借地権は高価な場合が多いから、使用貸借権のように（「土地の無償利用が特別受益になる場合とならない場合」136頁参照）簡単に持戻し免除の意思表示を認めることはできない。

最終的には、介護の内容と借地権価格とのバランスから判断するしかない。

ほとんど介護らしい介護をしておらず、その一方で借地権が極めて高額な場合は、持戻し免除の意思表示を認めることはできない。しかし、借地権価格がそれほどでもなく、一方、献身的な介護がある場合は、持戻し免除の意思表示を認めるべきである。

生命保険金が特別受益になる場合とならない場合

ポイント

◆生命保険金の金額が特別受益に準ずるか否かは、遺産総額との比率が50～60％を超えるか否かを基準として考えるが、被相続人と受取人の生前の関係も重要である。

設 例

遺産総額は1億円であり、それとは別に、相続人Aを受取人とする5000万円の生命保険金がある。以下の場合に、相続人Aを受取人とする生命保険金は、特別受益になるか。
① 相続人Aは、被相続人の妻であるが、被相続人に最後まで献身的に介護してきた。
② 相続人Aは、被相続人の妹であるが、子供や配偶者のいない病気の被相続人を介護するとして引き取り、その際、被相続人が謝礼の意味も込めて相続人Aを受取人とする生命保険契約を締結した。しかし、その後、仲たがいをし、被相続人は、他の兄弟のところで息を引き取った。保険契約はそのままであった。

回 答

① 特別受益にならない。

② 特別受益になる。

―――――■ 解 説 ■―――――

1 原則

生命保険金を受領しても、それは被相続人と生命保険会社との第三者のためにする契約に基づき、生命保険会社から受領するものであり、被相続人からの贈与ではないから、特別受益にならない（最一小判平成14・11・5民集56巻8号2069頁）。

2 例外

不公平が民法903条の趣旨に照らし到底是認することができないほどに著しいときは持戻し計算の対象になる。

最高裁は、生命保険金は、原則として特別受益にならないが、例外として「民法903条の趣旨に照らし到底是認することができないほど」に不公平な結果となるときは、持戻し計算の対象になると判断している（最二小決平成16・10・29民集58巻7号1979頁）。

3 例外が適用されるか否かの基準

最高裁は、
① 保険金の遺産の総額に対する比率
が基準となるが、それだけではなく、
② 一緒に住んでいたのか
③ 被相続人に対し介護等でどれだけ貢献していたのか
④ 保険金受取人である相続人及び他の共同相続人と被相続人との関係
⑤ 各相続人の生活実態はどうだったのか
を判断要素として挙げ、そういう諸般の事情を総合的に判断すべきであるとしている。これらの事情を総合的に考慮して、被相続人の「当該相続人に遺産とは別枠で保険金を受領させる意思」が推測できるか否かを、合理的意思

解釈の問題として認定することになる。

4 設例

　設例は、いずれも、弊所で取り扱った事例をヒントにして作成した。共に遺産総額と生命保険金の比率は50％で同一である。

　しかし①の場合、保険金受取人は長年連れ添った配偶者であり、最後まで献身的に被相続人を介護していた。この場合、被相続人には、「当該相続人に遺産とは別枠で保険金を受領させる合理的意思」があったことが推認される。仮に、遺産総額と生命保険金の比率が50％超でも、特別受益に認定されることはなかっただろう。

　これに対し、②の場合は、今後介護してくれるという兄弟に対する感謝の意味で保険金受取人に指定したところ、その後、仲たがいをしたというケースであり、特別受益に組み込むのは当然である。この場合は、仮に、遺産総額と生命保険金の比率が50％未満であっても、特別受益と認定される可能性はあった。

審判例一覧

番号	相続時遺産総額	保険金額	比率	準・特別受益性
1	1億134万円	1億129万円	99.9％	○
2	6963万円	428万円	6.1％	×
3	8423万円	5154万円	61.1％	○
4	2億5000万円以上	約1億2750万円	50％超	○
5	約2億円以上	9138万4000円	40％	×
6	2007万円	176万円	8.79％	×
7	3111万円	500万円	16％	×
8	4億4000万円以上	約2000万円	4％	×

（注）　1～3は、片岡・菅野「第3版　家庭裁判所における遺産分割・遺留分の実務」261頁以下。4～7は、小林謙介「遺産分割事件における特別受益に関する基礎的な法的枠組みと審判例について」ケース研究326号189頁。

　一般的には、遺産総額の6割を超えると持戻しの対象となる傾向があると指摘されている（田中寿生ほか「遺産分割事件の運営（下）東京家庭裁判所

家事第5部（遺産分割専門部）における遺産分割事件の適用」判タ1376号57頁）が、60％という数字は絶対的なものではない。

　判例の傾向や、弊所の取扱い例から考えると、50％超か否かを一つの目安とし、それと被相続人に対する保険金受領者の貢献度などを中心として諸事情を総合的に考慮し、「不公平が民法903条の趣旨に照らし到底是認することができないほどに著しいか否か」を判断していることがうかがえる。

相続人の親族に対する贈与が特別受益になる場合とならない場合

ポイント

◆相続人以外の者への贈与は、その者が生計を同一にする親族であっても、特別受益に該当しない。
◆受贈者が不明なときは、相続人に対する贈与と認定される傾向がある。

設例

　被相続人は、生前、長男A夫婦の孫Cが某有名高校に合格したことに喜び、現金1000万円を贈与した。このうち、500万円は、孫C名義の口座に振り込まれ、残500万円は、長男Aが金庫に管理している。相続人は長男Aと次男B。
〔長男Aの主張〕
①　長男Aが金庫に管理する500万円は、孫Cの今後の生活資金として預かっているにすぎず、自分への贈与ではない。孫Cへの贈与である。
②　孫Cに振り込まれた500万円は孫Cに対する贈与だから特別受益に該当しない。
〔次男Bの主張〕

① 長男Aが金庫に保管している500万円は、長男Aの特別受益に該当する。
② 孫C名義に振り込まれた預金も、長男Aと生計同一者であるから、長男Aに対する特別受益に該当する。
いずれの主張が正しいか。

回答

長男Aが管理する500万円は特別受益に該当し、孫Cに振り込まれた500万円は特別受益に該当しない。

解説

1 原則

相続人の配偶者・子等に対する贈与は、生計を同一にする親族であっても、特別受益にならない。民法903条1項は、「共同相続人中に」とあり、相続人に限定している。相続関係は戸籍制度に従って厳格に運営されなければならないから、生計が同一等の理由で相続人以外の者に適用範囲を拡大できないからである。

2 例外

名義上は相続人以外でも、真実は相続人に対する贈与の場合は、相続人に対する特別受益となる（福島家白河支審昭和55・5・24家月33巻4号75頁）。

とはいえ、実務上、相続人の配偶者・子等への贈与を相続人への贈与と認定することはめったにない。上記の福島家白河支審昭和55・5・24は、極めて特殊なケースである。

3 設例の回答

設例について、長男A夫婦の孫Cが某有名高校に合格したことに喜び、現

金500万円を、孫Ｃ名義の口座に直接振り込んだものであり、「当該人に対して遺贈又は贈与するについての特別の理由がない」とはいえない。

一方、長男Ａ夫婦が、孫Ｃのために預かっているとして金庫に保管してある現金は、仮に孫Ｃのためだったとしても、長男Ａ夫婦が直接受領した以上、特別受益に該当する。

誰かに交付したか不明な場合は、特別の反証がない限りは、相続人に対して交付されたと認定される場合が多い。

土地の無償利用が特別受益になる場合とならない場合

ポイント

相続人が被相続人の土地の上に無償で建物を建てていた場合は、使用貸借権が特別受益となる。

その場合、非堅固の建物（木造・軽量鉄骨）なら、土地更地価格の１〜２割が特別受益となり、堅固な建物（重量鉄骨・コンクリート造）なら、土地更地価格の２〜３割が特別受益となる。

設 例

相続人Ａは、被相続人が所有する土地の上に、地代を支払うことなく、無償で自己所有の木造建物を建ててきた。

① 相続人Ｂは、相続人Ａが、使用貸借権を設定してもらったこと自体が、特別受益だと主張している。

② 相続人Ｃは、過去の地代相当額全額がＡの特別受益になると主張している。

③ 相続人Ｂの使用貸借権が特別受益になるという主張に対し、相続人Ａは、持戻し免除の意思表示があると主張している。

いずれの主張が認められるか。

> **回 答**
> ① 相続人Bの主張は認められる。
> ② 相続人Cの主張は認められない。
> ③ 相続人Aの主張が認められるか否かはケースバイケースである。

■ 解 説 ■

1 土地使用貸借権と特別受益（小問①）

使用貸借権の設定そのものが特別受益になる。

土地使用貸借契約は、「贈与契約」ではない。しかし、建物が存在するために使用貸借権の付着した土地は換価がされにくくなり、土地の価値が使用貸借権相当額分減価されてしまっている。一方、建物所有者である相続人は、無償で土地を利用でき、その権利は、相続人にも対抗できるという利益を得ている。そこで実務では、このような場合、被相続人の財産が減少し、他方で、相続人が無償使用という利益を得ていることから、被相続人から当該相続人に使用貸借権相当額の利益が無償で贈与されたのと同じだと考えて、特別受益に当たると考えている。相続人Bの主張は認められる。

2 特別受益の額の算定

使用貸借権の評価は、不動産競売執行の基準に従い、非堅固の建物（木造・軽量鉄骨）なら、土地更地価格の1割～2割（1割が多い）が特別受益となり、堅固な建物（重量鉄骨・コンクリート造）なら、土地更地価格の2～3割（2割が多い）が特別受益となる。

3 地代相当額が特別受益になるか（小問②）

土地無償利用という利益は、使用貸借権という本体から派生する利益にすぎず、使用貸借権評価の中に織り込み済みであり、地代相当額を特別受益の額とすることは相当でない（東京地判平成15・11・17家月57巻4号67頁）。

また、土地の無償利用が相当長期にわたっている場合など、地代相当額を特別受益として合算すると極めて高額になることもあるが、それは被相続人の意思に反することが普通だろう。相続人Cの主張は認められない。

4　土地の無償使用と持戻し免除の意思表示（小問③）

被相続人が、相続人からの「扶養の負担」を期待して、相続人が被相続人の土地の上に建物を建てることを許可した場合が少なくない。二世帯住宅を建てる、あるいは同居する等の場合は、多くは、この「扶養の負担」が見返りとなっている。

このような場合は、使用貸借権の設定と扶養の負担は対価関係になっているから、「受益」があったとはいえない。仮に「受益」があったとしても、持戻し免除の意思表示が認定されるだろう。

ただし、持戻し免除の意思表示が認定されるような場合は、相続人も土地の無償利用という対価を得ていたから、療養看護型特別寄与が認定されることは少ない。

5　使用貸借人が当該土地を相続する場合の評価

無償の土地利用権は特別受益になるが、普通は、受益者がその土地を相続する。本件でいえば、相続人Aが、この土地を相続する。この場合、その土地は、使用貸借減価分が減額されているから、受益者は、特別受益分、土地を安く取得できる。最終的には、特別受益を考慮することなく、更地価格で土地を相続することと同様の結果になる。

例えば、1000万円の土地で使用貸借権が100万円とした場合、受益者である相続人は、100万円の特別受益を認定されるが、900万円で土地を相続できるので、差し引き同じになる。

土地使用貸借人が、相続人と生計同一者の場合、例えば、設例でいえば、相続人Aの配偶者が建物を建てている場合がある。この場合、土地の使用貸借権を無償で取得したのは相続人Aの配偶者であり、Aではない。Aは特別受益を認定されることはない。

しかし、使用貸借権減価をするのは、「使用貸借権の付着した土地は換価がされにくい」という理由であるが、使用貸借人が生計同一者の場合、換価しにくいということはない。減価の理由はないから、使用貸借権減価をしないか、減価しても、わずかと解すべきである。

建物の無償利用と特別受益

ポイント

建物の無償使用は、家賃相当額の多寡に関係なく、いかなる場合も特別受益にならない。

設例

被相続人甲は、相続人Aに無償で建物を使用させてきた。以下の場合に、相続人Aに特別受益はあるか。
① 相続人Aは被相続人甲と同居していた。
② 相続人Aは被相続人甲とは同居せず、甲の所有物件に1人で住んでいた。
　ア　家賃相当額が月5万円の場合
　イ　家賃相当額が月50万円の場合

回答

いずれの場合も、特別受益にならない。

―――― 解 説 ――――

1　被相続人宅に無償で同居している場合（小問①）

独立の占有がなく、使用貸借権そのものが認められない。「受益」が存

せず、特別受益にならない。

2 被相続人とは同居せず無償で被相続人所有家屋に居住している場合（小問②）

　建物の無償利用は家賃相当額の多寡に関係なく、特別受益にならない。

　遺産分割実務では、建物に使用貸借の制約があっても、明渡しの執行が容易なことから、使用貸借減価をすることはない。つまり、遺産の価値が減額していない。減額されていない以上、その減額分を当該相続人が利益を得ているという関係も成り立たない。土地の使用貸借が、使用貸借分減価されるのとは異なる。

　したがって、家賃相当額の多寡に関係なく、建物の使用貸借は特別受益にならない。

　なお、得るべき家賃相当額を失ったという主張がされることがあるが、それによって遺産である不動産の価値が減少したわけではなく、そもそも、家賃を取得しなかったということは、「遺産の前渡し」とはいえない。

　「金額の多寡によってなる場合もある」という考えもあるが、現在の実務ではない。設例②イのように月50万円が家賃相場の場合でも、賃料を払わなかったことが特別受益になることはない。

　「無償で住まわせた」というのは「遺産の前渡し」とは類型が異なる。あくまでも、贈与類似の関係が必要で、使用貸借で相続時に建物の価値が減少していない以上、「贈与」類似の関係は成り立たない。

3 営業用建物の場合

　いかなる場合もならない。例外的に特別受益になる余地もあるとする説もあるが、実務では否定されている。

代襲相続人と特別受益

> **ポイント**
> ◆被代襲者の受けた利益は代襲者の特別受益になる。
> ◆代襲相続人が代襲原因発生前に受けた贈与は特別受益にならない。
> ◆贈与を受けたのちに婚姻等で推定相続人となった場合は、代襲原因発生前ではあるが、その贈与は特別受益になる。

設例

以下の1000万円は相続人Aの特別受益になるか。
① 被相続人甲は、生前、長男乙に1000万円生前贈与した。乙は甲より先に死亡し、長男の子Aが代襲相続した。
② 被相続人甲は、長男乙の生存中、長男の子（被相続人にとっては孫）Aに1000万円贈与した。その後、長男乙が甲より先に死亡し、Aが代襲相続した。
③ 被相続人甲は、婚約者Aに1000万円を贈与したが、その後、Aは甲と結婚した。

回答

①・③は特別受益になり持戻し計算の対象になるが、②はならない。

解説

1 被代襲者の受けた特別受益（小問①）

特別受益になる。代襲相続人は、被代襲者が生存していれば受けたであろう利益以上のものを取得すべきでない。

例外を認める審判例（鹿児島家審昭和44・6・25家月22巻4号64頁、徳島家審昭和52・3・14家月30巻9号86頁）が散見されるが、昭和時代の審判であり、一般化できない。

2　代襲者が代襲原因発生前に受けた贈与（小問②）

実務では、特別受益にならないと判断されている。贈与を受けた時点では、推定相続人ではなく、「遺産の前渡しをした」とはいえないからである（相続人間の不均衡是正という立法趣旨から反対する判例として、前掲鹿児島家審昭和44・6・25家月22巻4号64頁）。

例外として、被代襲者の死期が迫っていた状態での贈与等、明らかに「遺産の前渡し」と認定されるような特別な事情があれば、例外的に特別受益が認定されることもないではない。

3　受贈者が自分の意思で推定相続人となった場合（小問③）

贈与を受けた時点で、推定相続人でなかったとしても、その後、婚姻等、自分の意思で推定相続人となった場合は、特別受益に当たるというのが実務である。そうでなければ、推定相続人になる前に、多額の贈与を受けることで遺留分等の規定を潜脱できることになる。

再転相続と特別受益

> **ポイント**
>
> 遺産分割未了の間に再転相続が起きた場合、
> ◆第1次相続人が受けていた特別受益は、再転相続人が引き継ぐ。
> ◆第1次相続人が再転相続人に贈与していた場合、その贈与は再転相続において特別受益となる。
> ◆再転相続開始前に第1次被相続人から再転相続人が受けていた贈与は、特別受益に当たらない。

設例

被相続人甲は平成30年1月1日に死亡した。相続人は甲の子乙・丙である。

相続人乙は、遺産分割未了のまま、平成30年7月1日に死亡した。乙の再転相続人は乙の子A・Bである。

以上のケースで、

① 乙が生前1000万円を甲から贈与を受けていた場合、この1000万円は、甲の遺産分割に当たり再転相続人A・Bの特別受益になるか。

② 相続人乙は、平成30年4月1日、Aに1000万円を贈与した。乙（再転相続）での遺産分割で、この1000万円は、特別受益になるか。

③ 被相続人甲は、乙が生存中、Aに1000万円を贈与した。再転相続での遺産分割で、この1000万円は、特別受益になるか。

回答

① 再転相続人A・Bの特別受益になる。
② 再転相続での遺産分割で、この1000万円は、特別受益になる。
③ 特別受益にならない。

解説

1 第1次相続人が受けていた特別受益（小問①）

引き継ぐ。乙が生前1000万円を甲から贈与を受けていた場合、この1000万円は、甲の遺産分割に当たり再転相続人Aの特別受益になる。再転相続人は、独自の立場で相続するのではなく、第一次の相続人が有していた相続分を承継するからである。

2 第1次相続人（再転被相続人）の再転相続人に対する贈与（小問②）

特別受益になる。再転相続での遺産分割で、この1000万円は、Aの特別受益になる。

遺産分割未了でも、第1次相続人乙は、実体上の権利として遺産に対する遺産共有持分権を有していたのであり、乙の死亡により再転相続人Aは、この遺産共有持分権を乙から相続したものである（最三小決平成17・10・11民集59巻8号2243頁）。

3 再転相続人が再転相続開始前に受けた贈与（小問③）

特別受益は、相続開始時が判断基準であり、相続開始時は、第1次被相続人甲から再転相続人Aへの1000万円贈与は特別受益ではなかったから、Aへの1000万円の贈与が特別受益となる余地はない。

3 持戻し免除の意思表示

持戻し免除の意思表示が認められる場合と認められない場合

> **ポイント**
> ◆黙示の持戻し免除の意思表示が認定されるのは、①認めることが衡平であり、②それが被相続人の合理的意思とも合致する場合である。
> ◆新相続法の配偶者の持戻し免除の意思推定規定は、「明白に意思に反する場合」以外は、推定される。

設例

以下の設例で、持戻し免除の意思表示は認められるか。
① ア　被相続人は、他の子らが農業を嫌がる中で、共に農業を営んできた

三男Aに、農家を継がせるために農地を生前贈与した。
　イ　被相続人は、都心で会社を営んでおり、子らも会社で働いている中で長男Bにだけ会社の株を生前贈与した。
② ア　被相続人は、母子家庭で生活に困窮した長女Cに生活資金を援助した。
　イ　被相続人は、理由もなく、転職を繰り返し無職となった長男Dに生活資金を援助した。
③ ア　被相続人は、子ら全員に各1000万円贈与した。
　イ　被相続人は、長男Eには100万円、長女Fには1000万円を贈与した。
④ ア　被相続人の土地の上に長男Gが家を建てたが、被相続人を引き取り介護した。
　イ　被相続人の土地の上に長男Gが家を建てたが、格別、被相続人に介護等をすることはなかった。
⑤ ア　被相続人は、生前、相続人Aに金1000万円を贈与したが、その後、遺言で相続人AとBに、「全遺産を、それぞれ2分の1の割合で相続させる」旨の遺言をした。相続人Aは、「2分の1の割合で相続させる」という遺言には、持戻し免除の意思表示が含まれていると主張している。
　イ　「2分の1の割合で共有させる」と記載してある場合はどうか。
⑥ 被相続人は、30年連れ添った妻Hに居住用資産を贈与した。

回　答

① アは持戻し免除の意思表示が認められ、イは認められない。
② アは持戻し免除の意思表示が認められ、イは認められない。
③ アは持戻し免除の意思表示が認められ、イは認められない。
④ アは持戻し免除の意思表示が認められ、イは認められない。
⑤ アは持戻し免除の意思表示が認められず、イは認められる。

⑥ 旧相続法下でも認められる場合が多い。新相続法では、持戻し免除の意思表示が推定される。

■ 解説 ■

1 黙示の持戻し免除の意思表示

持戻し免除の意思表示は、口頭でもよく、黙示でもよい。実務上、多く争われるのは、この黙示の意思表示である。遺贈に関する持戻し免除の意思表示についても、遺言必要説があるが、実務では、遺言不要説を前提に運営されている。

2 黙示の意思表示が認められる場合

黙示の意思表示の認定は、事実認定の問題というより、認めることに「合理性」があるか否かという価値判断の問題である。

(1) 認める場合その1――特にその相続人を優遇する理由と必要性がある

小問①アは、他の子らが避けている中で三男だけが農業を継いできたものであり、持戻し免除の意思表示を認めることに合理性がある。

他方で①イは、子らが家業を継承している中で、長男Bにだけ株を生前贈与したもので、格別、長男Bを優遇する理由がなく、黙示の持戻し免除の意思表示を認めることができない場合が多い。

(2) 認める場合その2――親族としての扶養義務の履行と認められる

小問②アは、母子家庭となった娘を援助したもので、扶養義務の履行であって、そもそも「贈与」といえるかという問題がある。仮に、贈与だったとしても、黙示の持戻し免除の意思表示が認められる。

小問②イは、長男Dは、転職を繰り返し無職となったもので、長男Dに金銭援助をしても、扶養義務の履行とは認められないし、ましてや黙示の持戻し免除の意思表示など認めることは難しい。

(3) 認める場合その3——推定相続人全員に平等に贈与している

小問③アは、相続人全員に同額を贈与した場合で、このような場合、持戻し免除の意思表示が認められる。

一方、③イは、各相続人の受益額がかなり異なる。このような場合、あえてこのような不平等を是認する特別の事情がない限り、黙示の持戻し免除の意思表示を認めることは難しい。

(4) 認める場合その4——贈与に対する実質的な対価を支払っている

小問④アは、被相続人の介護という「対価」を支払っており、そもそも「受益」があったといえるかという問題がある。仮にあったとしても、黙示の持戻し免除の意思表示が認められる。

他方、④イは、被相続人の介護という「対価」がない。このような場合、黙示の持戻し免除の意思表示を認めることはできない。

(5) 認める場合その5——分割の指定がある

小問⑤で、「相続分の指定」があるといっても、それだけで持戻し免除の意思があるとは推測されない。あえて生前贈与に触れず相続分の指定をしたのは、前提として、「持戻し免除の意思表示」があるからだという見解もある（我妻榮・有泉亨「新版民法3　親族法・相続法」（一粒社、1992）297頁）が、実務では、遺言事項である持戻し免除の意思表示にあえて触れていない以上、相続分の指定の前提に「持戻し免除の意思表示」があるとは考えていない。

ただ、小問⑤イの場合、「共有させる」とある以上は、2分の1の割合で共有させるという「分割の指定」と解される。この場合、遺言者には、代償金を支払わせる意図は通常はないと考えられる。この場合は、持戻し免除の意思表示が含まれているか、相続分の指定も同時に行われていると解される。

3　妻に対する贈与

(1) 旧相続法下での居住用資産の譲渡

長年連れ添った妻に居住用資産を譲渡した場合、持戻し免除の意思表示が

認められる場合が比較的多い。東京高決平成8・8・26家月49巻4号52頁は、「妻に土地の共有持分を贈与したのは、長年にわたる妻としての貢献に報い、その老後の生活の安定を図るためのものであり、妻にはほかに老後の生活を支えるに足る資産もない事情の下では、黙示の持戻し免除の意思表示があると認定すべき」である旨判示している。

(2) 新相続法下での居住用資産の譲渡（2019年7月1日施行）

　新相続法903条4項で、婚姻期間が20年以上の夫婦の一方である被相続人が、他の一方に対し、その居住の用に供する建物又はその敷地について遺贈又は贈与した場合、持戻し免除の意思の推定規定を置いている。この規定により、持戻し免除の意思表示が広く推定されることになる。

(3) 適用上の注意点

① 「同居」は要求されない。
② 婚姻期間の算定は贈与の時点で計算する。
③ 遺贈の場合は、遺言書を書いた時を基準とする。
④ 離婚と再婚を繰り返しても、通算で20年なら差し支えない。
⑤ 近い将来において居住の用に供する目的で遺贈・贈与した場合も適用がある。

(4) 推定規定が適用されない場合

① 受益者が有責配偶者の場合
② 夫婦仲が極めて険悪で状況からして持戻し免除などあり得ない場合等

(5) 相続税法の贈与税の配偶者控除制度（相続税法21条の6）との異同

　配偶者控除制度とは、婚姻期間が20年以上である夫婦間で、居住用不動産又は居住用不動産を取得するための金銭の贈与があった場合に、贈与税の基礎控除110万円のほかに、2000万円までの控除を受けることができる制度である。

　婚姻期間が20年以上の夫婦である点は共通だが、以下の点で異なる。

① 税法は、購入資金も対象にしているが、相続法は、購入資金は対象にしていない。

② 税法は贈与に限定しているが、相続法は「遺贈」も含む。
③ 2000万円という上限枠が相続法にはない。

(6) 妻への居住用資産以外の贈与

新相続法下でも、居住用資産以外は、配偶者であることのみを理由として、他の推定相続人と認定を異にする理由はない。

4 超過特別受益者

超過特別受益者がいる場合の計算方法

> **ポイント**
>
> 超過特別受益者がいる場合、超過特別受益者以外の相続人の相続分計算式には具体的相続分基準説と本来的相続分基準説がある。

> **設 例**
>
> 被相続人が夫A、相続人が妻B、子C・D・Eである。この場合の相続分は、妻が2分の1、子が各6分の1。残された遺産は4000万円。子Cは、「特定財産承継遺言」で1500万円の遺産を相続取得し、子Dも「特定財産承継遺言」で500万円の遺産を相続取得した。
> 4000万円の遺産は、妻B、子C・D・Eでどのように配分すべきか。

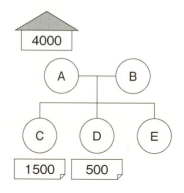

回答

具体的相続分基準説と本来的相続分基準説があり、どちらによるかはケースバイケースである。

解説

1 超過特別受益者がいる場合

設例に即していえば、みなし相続財産は、4000万円＋1500万＋500万円で6000万円になる。これを法定相続分で割ると各自の取り分は、本来は妻Bは3000万円、C、D、Eは各1000万円になる。

このうち、Cは、1000万円の権利しかないのに1500万円の特別受益があるから、超過特別受益者であり、取り分は0円となる。Dは、1000万円の権利のうち、500万円を先取りしているから、取り分は500万円である。

その結果、各人の取り分は、妻Bは3000万円、子Cは0円、子Dは500万円、子Eは1000万円になる。その合計額は4500万円である。

ところが、現存する遺産は4000万円しかない。Cは本来なら1000万円しかもらえないところ、1500万円を取得しており、500万円が超過特別受益になっているからである。

この500万円の超過特別受益は返還する必要はないから、残った相続人で、

この500万円のマイナス分を負担することになるが、誰が、どのような割合で、このマイナス分を負担することになるかという問題が生じる。

2　具体的相続分基準説

審判実務では、各人の具体的相続分に従って、マイナス500万円を負担してもらうという取扱いが多いようである（具体的相続分基準説）。

妻Bを例にとると、4500万円のうち3000万円を本来はもらえる権利があることになるが、これを遺産に対する割合と考えると、「全遺産に対し、9分の6の権利を持っている」と考えることができる。

そこで、現存する遺産4000万円の9分の6を妻Bの取り分と考える。計算式としては、4000万円×9分の6＝2666万6667円になる。

同じように、子Dは、遺言により先取りした500万円とは別に、4500万円のうち本来は500万円を取得する権利があることになるが、これを遺産に対する割合と考えると、「全遺産に対し、9分の1の権利を持っている」と考えることができる。

そこで、現存する遺産4000万円の9分の1を子Dの取り分と考える。

計算式としては、4000万円×9分の1＝444万4444円になる。

同じように、子Eは、4500万円のうち1000万円を本来はもらえる権利があることになるが、これを遺産に対する割合と考えると、「全遺産に対し、9分の2の権利を持っている」と考えることができる。

そこで、現存する遺産4000万円の9分の2を子Eの取り分と考える。

計算式としては、4000万円×9分の2＝888万8889円になる。

3　本来的相続分基準説

もっとも、こういう複雑な計算をしないで、もっと単純に計算すればよいという立場もある。不足額を、各人の法定相続分で計算する方法である（本来的相続分基準説）。

上記の例でいえば、法定相続分は、妻が2分の1、子らが各6分の1である。割合からいえば、妻3、子各1である。ただし、子Cは超過特別受益者

なので、相続分割合は、妻が5分の3、子D・子Eが各5分の1となる。

この割合で不足額を負担する。不足は500万円であるから、妻が5分の3の300万円、子D・Eが、各5分の1である100万円を負担することになる。その結果、各人の取り分は、妻Bは2700万円、子Cは0円、子Dは400万円、子Eは900万円になる。

4　調停実務

調停実務では、具体的相続分基準説や法定相続分基準説を意識することなく、超過特別受益者を相続人から除き、かつ、超過特別受益者の受益も考えず、それ以外の相続人で残余財産を分けている場合が多い。超過特別受益者やその受益は、「なかったもの」として、最初から計算から外してしまうというものである。

本件でいえば、分割対象遺産は4000万円であり、相続できるのは、妻B・子D・子Eである。そのうちDには500万円の特別受益がある。相続人を妻B・子D・子Eのみと考え、遺産には、Dの特別受益だけを持ち戻して計算する。

すると4000万円＋500万円で、みなし相続財産は4500万円になる。これを法定相続分で割ると、妻B 2250万円、子D・Eは各1125万円になる。ここから、Dの特別受益500万円を差し引くと、具体的相続分は、妻B 2250万円、子D 625万円、子E 1125万円になる。

子Cが取得した遺産を評価しないので、簡単に計算できる。

超過特別受益者の寄与分請求と
超過特別受益者への相続分譲渡

ポイント

◆超過特別受益者の具体的相続分はゼロなのか、マイナスなのかについては争いがある。

◆ゼロと考えれば、超過特別受益者に特別受益とは別に寄与分があれば、寄与分相当額は具体的相続分があるとして遺産を取得できることになる。

◆超過特別受益者が改めて相続分の譲渡を受ければ、いずれの説でも、その相続分については遺産を取得できる。

設例 1

遺産は3000万円。相続人はA・B・Cの3名。相続分は各3分の1。相続人Aには6000万円の特別受益があることについて異論はない。相続人Aには、療養看護型寄与分として1000万円の特別寄与が認定された。

相続人Aは、1000万円の特別寄与相当分を遺産として取得できるか。

回答

取得できるという判例があるが、実務としては、確立されていない。

――― 解説 ―――

1 超過特別受益者の超過部分の性質（ゼロかマイナスか）

(1) 問題の所在

特別受益が「一応の相続分」を超す相続人を超過特別受益者という。超過

特別受益者は、超過分を返還する必要はなく、ただ、その相続において新たに遺産を取得できない（民法903条2項）。

本件でいえば、相続人Aには、6000万円の特別受益があり、これを持ち戻すと対象財産総額は9000万円（特別受益6000万円＋遺産3000万円）になる。これを3名の法定相続分で割ると、1人当たり3000万円となり、6000万円を取得しているAは、3000万円だけ「一応の相続分」を超えている。しかし、民法903条2項により、Aは、新たに遺産を取得できないだけで、超過分を返還する必要はない。

このとき、Aの具体的相続分はマイナス3000万円と考えるのか、ゼロと考えるのか、が問題になる。

(2) 具体的相続分マイナス説（寄与分合算先行説）（片岡・菅野「第3版　家庭裁判所における遺産分割・遺留分の実務」399頁）

設例の場合、Aの具体的相続分をマイナス3000万円と考える。1000万円の特別寄与は、マイナス3000万円で相殺され、特別寄与分は取得できないことになる。

(3) 具体的相続分ゼロ説（特別受益控除先行説）

Aの具体的相続分をゼロと考える。Aは、遺産から特別寄与分1000万円を相続できることになる。

2　判例

東京高決平成22・5・20判タ1351号207頁は、特別受益控除先行説にたち、寄与分から超過部分を差し引くべきではないとしている。超過特別受益者も、寄与分は請求できる。

3　調停実務

相続人の1人に、特別寄与と特別受益がある場合、実務的には、「寄与分合算先行説」や「特別受益控除先行説」を意識することなく、これだけ特別受益があるから特別寄与など認められる余地はない、として処理するケースが多い（同趣旨　上原ほか「遺産分割〔改訂版〕」371頁）。

設例2

遺産は3000万円、相続人はA・B・Cの3名、相続分は各3分の1である。相続人Aには6000万円の特別受益があることについて異論はない。相続人Bは、Aに自己の相続分1500万円を譲渡した。相続人Aは、譲渡分について遺産として取得できるか。

回答

超過特別受益者といえども、他の相続人から相続分を譲り受ければ、その相続分で遺産を相続できる。

解説

超過特別受益者が他の相続人から相続分を譲り受けても超過部分が減るだけで、新たに他の遺産は取得できないのではないか。実務では、しばしば遭遇するケースである。

1 「具体的相続分ゼロ説」にたった場合

超過特別受益者Aの具体的相続分をゼロとする「具体的相続分ゼロ説」（前頁参照）にたつと、Aは、Bから譲り受けた相続分で遺産分割に参加できるのは当然である。

2 「具体的相続分マイナス説」にたった場合

「具体的相続分マイナス説」によると、マイナス3000万円がマイナス1500万円に減るだけとも考えられる。そうなると、Cは、遺産3000万円を全額取得できることになる。

しかし、民法903条は、具体的相続分の割合は、相続時で決めることとし、相続時に固定している。もし相続後の相続分譲渡によりBの相続分がAの超

過部分に吸収されてしまうと、相続時に確定したはずの具体的相続分が分割時には変動することになる。これは、民法の規定に反する。

「寄与分合算先行説」にたっても、結論は、「特別受益控除先行説」と同じになると思われる。

3　実務

代理人として、数件、この問題に直面したが、いずれも、具体的相続分の割合は相続時で固定されるという説明をし、当方の主張を認めてもらっている。「調停に代わる審判」だが、東京家裁で同様の意見で審判を出してもらっている。

Ⅵ　特別寄与

1　特別寄与総論

寄与分制度の意義

> **ポイント**
> 1　寄与分は、遺産の中に潜在する相続人の寄与を相続分とは別に寄与分として具体化する制度である。
> 2　特別寄与料請求権は、遺産の中に潜在する相続人以外の親族の寄与を相続人に対する金銭請求権として具体化する制度である。
> いずれも親孝行な相続人や親族に対する恩賞制度ではない。

> **設例**
> ① 被相続人は父で遺産は3000万円。相続人は長男A、次男B。相続分は

各2分の1。

　相続人Aは、貧乏だが、心優しく親思いであり、精神的に脆弱でわがままな被相続人と同居し精神的に支え続けた。被相続人は、転倒して骨折して病院に入院したが、Aは毎日見舞いに行き、亡くなるまで励まし続けた。なお、被相続人に要介護認定はなかった。

　一方、相続人Bは、金銭的に大成功をおさめたが、自分の仕事にしか興味がなく、被相続人の健康など全く気にかけず、被相続人が危篤の時も無視し、葬儀も来なかった。しかし、毎月、自分の部下に指示して、その都度、50万円～100万円の金銭を交付し、その総額は2000万円になった。

　A・Bの寄与は認められるか。
②　上記事案で、長男Aの子Cは、被相続人に次男B同様、50万円～100万円の金銭を交付し、その総額は2000万円になった。Cの寄与は認められるか。

回答

①　原則として、Bの特別寄与は認められるが、Aの特別寄与は認められない。
②　原則として、Cの寄与は認められない。

解説

1　寄与分制度（民法904条の2）について

(1)　**制度趣旨**　相続人の寄与を寄与分として具体化する制度

　被相続人名義の遺産には、親族の尽力により維持形成された部分が含まれている場合もある。寄与分の制度は、相続人について、遺産の中に潜在的に含まれている「相続人の尽力により維持形成された部分」を、家裁の審判手続で、寄与分として具体化する制度である。親孝行な相続人に対し、親孝行に報いて相続分を増加させるという制度ではない。

(2) 設例①の場合

本件でいえば、Aは、親孝行ではあるが、Aが長年にわたり被相続人を支えた精神的励ましは、遺産の維持形成とは具体的・直接的な因果関係はない。Aの親孝行は、遺産には寄与分として潜在していない。

一方、Bは2000万円送金しているが、この送金がなかったら、被相続人の資産を取り崩して生活するしかなかったから、遺産の中には「相続人Bの尽力により維持形成された部分」が潜在的に含まれている。

遺産が3000万円だと、A・Bは、遺産について下記図1のように各1500万円ずつの相続分を有していることになる。しかし、家裁の審判で、遺産の中に潜在的に含まれているBの寄与分を具体化すると下記図2のようになる。

図1

A相続分	B相続分
1500万円	1500万円

遺産合計3000万円

図2

A相続分	B相続分	B寄与分
500万円	500万円	2000万円

遺産合計3000万円

遺産の中に潜在的に含まれている寄与分が具体化した結果、AもBも、各1500万円の相続分は1500万円から500万円に縮んでしまう。しかし、Bは、遺産に対して相続分とは別に2000万円の寄与分を取得した。

その結果、具体的相続分は、A 500万円、B 2500万円（相続分500万円＋寄与分1500万円）となる（注　便宜上、送金全額を寄与としたが、実際は扶養義務を超えた範囲の送金額が寄与となる）。

(3) 調停条項

調停で合意できたときは、下記のとおり記載する。

□　当事者【全員・双方】は、目録記載の遺産につき、本件相続開始時における価格を＿＿＿＿円と評価した上、＿＿＿＿の寄与分を＿＿＿＿円と定める。

□　当事者【全員・双方】は、目録記載の遺産につき、本件相続開始時における価格を＿＿＿＿円と評価した上、＿＿＿＿の寄与分を遺産の＿＿分

の＿＿＿と定める。

【申立人・相手方】＿＿＿＿＿は、同人を除く当事者全員に対し、前項の寄与分のほかに不当利得返還請求権その他の財産上の請求をしない。

2　特別寄与料請求権（新相続法1050条）について（2019年7月1日施行）

相続人以外の親族の寄与を相続人に対する請求債権として具体化する制度である。

特別寄与料請求の制度は、相続人以外の親族について、遺産の中に潜在的に含まれている「当該親族の尽力により維持形成された部分」を、家裁の審判手続で、相続人に対する請求債権として具体化する制度である。親孝行な親族に対し、親孝行に報いて金銭給付をするという恩賞制度ではない。

小問②の場合、長男Aの子Cは2000万円送金しているが、この送金がなかったら、被相続人の資産を取り崩して生活するしかなかったから、遺産の中には「親族Cの尽力により維持形成された部分」が潜在的に含まれている。

しかし、特別寄与制度が「被相続人の事業に関する労務の提供又は財産上の給付」と対象範囲を規定しているのに対し、特別寄与料請求制度は、「被相続人の療養看護その他の労務の提供をした」場合に対象範囲を限定し、「財産上の給付」という文言はない。これは、特別寄与料請求制度は、療養看護型特別寄与のほか、家業従事型特別寄与等のうち、農業・漁業等の労務の提供を伴う寄与に限定され、金銭出資型特別寄与は、特別寄与料請求権では認めない趣旨と解するほかはない。

小問②の孫Cは、金銭出資型特別寄与はあっても、「被相続人の療養看護その他の労務の提供をした」わけではないから、原則として、特別寄与料請求権は認められないことになる。

ただ、孫Cの行為を長男Aの「履行補助者」ととらえ、Aの寄与分として具体化することが可能となる可能性はある（「相続人以外の者の寄与が認められる場合と認められない場合」162頁参照）。

特別寄与共通認定要件

> **ポイント**
>
> ◆特別寄与は、特別寄与共通認定要件に該当するかどうかを吟味する。次いで5つの類型（173頁以下）ごとに認定する。
> ◆特別かどうかは、他の相続人と比較して決めるものではなく、「通常期待される程度」を超えたかどうかで決める。
> ◆因果関係は、具体的直接的であることが要求される。

1 特別寄与共通認定要件

特別寄与共通認定要件は以下のとおりである。

(1) 被相続人存命中の寄与であること

寄与分の時間的限界といわれるもので、対象は被相続人存命中の行為に限定される。例外はない。

(2) 被相続人に対する寄与であること

被相続人以外の者、例えば被相続人の配偶者にいくら貢献しても特別寄与にはならないが、例外がある（「被相続人以外の者への寄与が特別寄与と認められる場合と認められない場合」167頁参照）。

(3) 相続人自身の寄与であること

相続人自身の行為であることが必要で、身内の者がした行為は寄与にはならないが、履行補助者論という例外がある（「相続人以外の者の寄与が認められる場合と認められない場合」162頁参照）。新相続法の特別寄与料請求権は、逆に、「相続人以外の親族」であることが要件となる。

(4) その寄与が「特別」なものであること

被相続人との関係において通常期待される程度を超える寄与であることが要求される。

(5) 被相続人の遺産の維持又は増加をしたこと
(6) 被相続人の遺産の維持・増加と寄与行為に因果関係があること
その寄与により遺産が維持・増加される具体的因果関係が必要である。
(7) 寄与に対する対価が支払われていないこと
寄与があっても、生前贈与等の実質的対価が支払われている場合は、寄与は認定されない。

2 「通常期待される程度」とは

(1) 「通常期待される程度を超える」とは
「通常期待される程度を超える」とは、「世間一般では、ここまでは普通はしない」というレベルである。認定ハードルは相当高い。
(2) 特別性と「通常期待される程度」との関係
特別か否かは、「通常期待される程度」か否かだけで判断し、他の相続人との比較で特別か否かを判断するのではない。相続人3人のうち、自分だけが親に寄与をしたとしても、「通常期待される程度」を超えていなければ、「特別」といえない。逆に相続人全員が寄与をして、3人とも「通常期待される程度」を超えていれば3人全員に特別寄与がある。
(3) 「被相続人との関係において通常期待される程度」
「被相続人との関係において通常期待される程度」であるから、身分関係で「程度」が異なる。夫婦間で配偶者が貢献をした場合と、兄弟間で貢献をした場合とでは、同じことをしていても、通常期待される程度の貢献か否かの判断に違いが生じる可能性がある（バヒスバラン薫「遺産分割事件の実務～遺産分割事件の法的枠組みを理解するために(2)」調停時報195号39頁）。

3 因果関係

寄与行為と財産上の効果が直接的に結びついていないと因果関係は認められない。社会生活における因果は無限につながっているが、そのうち寄与と認められるのは、具体的・直接的な因果関係である。
うつ症状を呈した被相続人を精神的に励ました場合、「もし励まさなかっ

たらうつ症状が悪化し、今の遺産は維持できなかったから因果関係はある」という主張がなされることがあるが、その程度の因果関係では認められない。

4　寄与に対する対価

　寄与に対する対価が支払われていても、対価として不十分なときは、対価を超える部分について寄与が認められる。例えば、相続人が被相続人に金銭を提供していても、被相続人から土地建物の無償使用という対価を得ていれば、土地使用の利益と提供金銭額とのバランスがとれている限り、無償とはいえず、寄与は認められない。しかし、土地建物の無償使用という対価をはるかに超える金銭提供なら、寄与と認められる。

　新相続法1050条には特別寄与料について「被相続人に対して無償で」という文言が使われているが、同様の趣旨と解される。

相続人以外の者の寄与が認められる場合と認められない場合

> **ポイント**
>
> 　相続人以外の者が相続人の履行補助者と認められる場合は、その者の寄与を寄与分として考慮できる。

> **設例**
>
> ① 　相続人長男Aは仕事が忙しく、専業主婦である妻Bが、要介護5の被相続人である義母を自宅で懸命に介護した。妻Bの行為を相続人長男Aは自身の寄与として主張できるか。
> ② 　被相続人の先妻Bが被相続人の介護に特別な寄与をした。相続人である先妻の子Aは、先妻（母）Bの寄与を、自己の寄与分として主張できるか。

回 答

①は認められ、②は認められない。

解 説

1 履行補助者論

家裁実務では、配偶者等相続人以外の者の寄与も考慮されることがある。ただし、あくまでも相続人の履行補助者と認められる場合でなければならない（東京高決平成22・9・13家月63巻6号82頁）。

2 履行補助者論認定要件

履行補助者と認定されるための要件は以下のとおりである。
① 相続人と第三者が緊密な協力関係にある。
② その第三者の寄与を相続人の履行補助者による寄与と評価できる。

3 相続人以外の者の寄与が認められる場合（小問①）

BをAの履行補助者と認めることには問題はない。

4 相続人以外の者の寄与が認められない場合（小問②）

小問②の場合は、自分の母の前夫に対する貢献であり、それは先妻Bとしての貢献であって、子Aの履行補助者として母（先妻B）が介護したと認めることはできない。

5 特別寄与料請求権との関係

履行補助者論は、特別寄与料請求権が制度化されても維持される。

コラム column

新相続法　特別寄与料請求権（2019年7月1日施行）

　新相続法1050条による特別寄与料請求権の概要は、以下のとおりである。

1　請求主体　被相続人の親族で相続人でない者
① 　被相続人の親族でも相続人は除かれる。
② 　被相続人の親族でも、相続権を失った者も請求できない。相続の放棄をした者、相続欠格事由該当者や廃除された者も、いくら貢献があっても、特別寄与料の請求はできない。
③ 　内縁の配偶者は除かれる。
④ 　同居は、要件ではない。

2　寄与態様（療養看護その他の労務の提供）
　従来の寄与分は、「被相続人の事業に関する労務の提供又は財産上の給付、被相続人の療養看護その他の方法」（民法904条の2）とあるのに対し、特別寄与料請求権者は、「療養看護その他の労務の提供」とある。
　これは、療養看護特別寄与のみを対象とし、労務の提供を伴わないような寄与、例えば、金銭出資型特別寄与は除く趣旨である。しかし、「その他の労務の提供」とあることから、労務の提供なら、療養看護特別寄与以外は一切認めない趣旨とは解されない。漁業、農業、町工場等の労務の提供を伴う寄与なら、家業従事型特別寄与等でも、認められる。

3　要件事実
　特別寄与と要件は同じである。「特別」の程度は、寄与分制度と異なり扶養義務の範囲を超える必要はないというのが部会の意見である。しかし、推定相続人以外の扶養義務のレベルは、推定相続人よりは低いから、「特

別」の程度は扶養義務の範囲を超えるものと考えたほうが実務上簡明である。

　無償性が条文上明記されているが、特別寄与制度と同じく、得ていた対価が提供した労務に比して著しく低いときは、無償といってよい。最終的には、裁量減価で調整することになる。

4　請求相手

　相続人である。

　複数の相続人がいる場合は、法定相続分又は指定相続分に応じて、各相続人に個別に請求することになる。親しい相続人には請求しないこともできる。

　その場合の割合は、法定相続分又は指定相続分であって、具体的相続分ではない。

5　請求金額

　寄与によって被相続人の財産が維持又は増加できた金額である。この計算式は、単価×(看護日数又は労務提供日数)×裁量割合となる。

　金額は、「被相続人が相続開始の時において有した財産の価額から遺贈の価額を控除した残額」である。特別寄与料請求権は、遺贈には対抗できないが、遺留分には対抗できる。

6　請求方法

　当事者で協議してもよいし、家裁に特別寄与料請求権を形成してもらってもよい。

7　期間制限

　相続の開始及び相続人を知った時から6か月を経過したとき、又は相続開始の時から1年以内(除斥期間)に家裁に申し立てる必要がある。この期間内に協議を申し入れても、遺産分割調停で事実上協議していても、関

係ない。期間を過ぎたときは、履行補助者論を検討する必要がある。

8　併合と管轄

管轄は、遺産分割調停・審判と同一であるが、寄与分の主張と異なり、遺産分割調停審判との併合は義務的でなく、遺産分割調停・審判が係属していなくても、請求できる。

9　税務

特別寄与料取得者は、遺贈により取得したものとみなして相続税の課税対象となり、支払う相続人の課税価格からは控除する。

代襲相続があった場合に、寄与が認められる場合と認められない場合

ポイント

◆被代襲者に寄与がある場合、代襲者はその寄与を主張できる。
◆代襲者が代襲前に寄与した場合、寄与を主張できるという意見が主流である。

設例

被相続人甲には、長男Aと長女乙がおり、長女乙には、甲にとって孫に当たる長女丙がいる。甲より先に乙が死亡して、すぐに甲も死亡した。
① 被相続人甲は、乙から多大な寄与を受けていた。丙は、遺産分割に当たり、乙の寄与を自身の寄与として主張できるか。
② 被相続人甲は、乙の生前中、丙から多大な寄与を受けていた。丙は、遺産分割に当たり、代襲前の寄与を主張できるか。

> 回答

①は可能である。

②は意見が分かれるが、可能であるという意見が有力である。

解説

1　被代襲者に寄与がある場合

　被代襲者に寄与がある場合、代襲者がその寄与を主張できることは、被代襲者の地位を承継する以上、当然である。これは、実務的には、ほぼ異論はない（上原ほか「遺産分割〔改訂版〕」369頁）。

2　代襲者が、代襲前の貢献を寄与として主張できるか

　実務の大勢はこれを認める傾向にある（最高裁判所事務総局編「改正民法及び家事審判法規に関する執務資料」家庭裁判資料121号29頁、バヒスバラン薫「遺産分割事件の実務～遺産分割事件の法的枠組みを理解するために(2)」調停時報195号38頁）など）。

被相続人以外の者への寄与が特別寄与と認められる場合と認められない場合

> ポイント

　被相続人以外の者への寄与は、原則として認められないが、被相続人が扶養義務を負う者に対する貢献は、被相続人への寄与と認められる場合がある。

設例

① 被相続人である父甲に代わって子である相続人Aが母乙の介護をした場合は、母乙への介護をもって被相続人父甲への寄与とは認められるか。母乙には、これといった遺産はない。
② 被相続人である父甲に代わって子である相続人Aが甲の親友丙を介護した場合は、親友丙への介護をもって被相続人父甲への寄与とは認められるか。

回答

①は認められる余地があり、②は認められない。

解説

寄与は、被相続人に対するものである。被相続人以外の者への寄与は、原則として、認められない。例外的に、①被相続人が扶養義務を負う者に対する貢献であり、②対象者が要扶養状態にあり、③被相続人が扶養可能状態にある場合は、特別寄与が認められる場合がある。

1 小問①

(1) 認められる場合

被相続人父甲が扶養可能状態にあるにもかかわらず、母乙を顧みず、そのため相続人Aが介護した場合は、上記3要件に該当するので、特別寄与が認められる余地がある。

(2) 認められない場合

ただ、被相続人父甲も生活資力がなく扶養可能状態でない場合は、それによって被相続人父甲の遺産に対する貢献があったとはいえないから、特別寄与は認められない。

2　小問②

親友丙に対する扶養義務はないから、特別寄与は認められない。

会社に関する寄与が特別寄与になる場合とならない場合

ポイント

被相続人の経営する会社への寄与、相続人の経営する会社から被相続人への金銭援助は、いずれも、原則として被相続人への寄与とならない。

設例

① 相続人Aは、被相続人甲の経営する会社に資金援助をしてきた。特別寄与となるか。
② 相続人Aは、被相続人甲を名目役員として、自ら経営する会社から役員報酬を支払ってきた。特別寄与となるか。

回答

①・②いずれもならない。

解説

1　被相続人の会社に対する資金援助について

原則として、「会社」に対する貢献で、「被相続人」の事業に関する労務の提供に当たらない。例外的に、「経済的に極めて密接な関係」があれば、認められる。

ただし、日本の中小零細企業のほとんどは法人とは形ばかりで実質は個人

企業である。それだけで「経済的に極めて密接な関係」があるとはいえない。「経済的に極めて密接な関係」だとして認めた判例（高松家丸亀支審平成3・11・19家月44巻8号40頁、高松高決平成8・10・4家月49巻8号53頁）もあるが、実務では、被相続人への寄与と認定されることは、レアケースである。

2　相続人の経営する会社が被相続人に役員報酬を支払っていた場合

会社からの貢献は寄与にならない。その理由は、以下のとおりである。
① 相続人の経営する「会社」は「推定相続人」でなく、相続人の履行補助者とみることも難しい。
② 被相続人を会社の一員としているのは、業者や顧客の信用維持の意味がある場合もある。経営者である相続人は信用維持等の無形の恩恵を受けている。
③ 役員報酬も給与も、経費とすることで節税の恩恵を受けている。

寄与分の時間的限界と上限（遺留分・遺贈との関係）

> **ポイント**
>
> 寄与は、相続開始時までという時間的限界と、遺産から遺贈を引いた額の範囲内でしか考慮されないという限界がある。しかし、遺留分には優先する。

> **設例**
>
> ① 相続人Aは、相続開始後も、相続財産の固定資産税を支払い続けるとともに、面倒な相続手続一切を負担した。寄与は認められるか。
> ② 遺産は3000万円。相続人は、長男Aと次男Bである。相続人Aには、合計3000万円の寄与がある。次男Bは、遺留分減殺請求権を行使できる

か。

回答

① 寄与は認められない。
② できない。

――――■ 解説 ■――――

1 寄与分の時間的限界

寄与として認められるのは、相続開始前までの行為である。

民法904条の2第1項「被相続人が相続開始の時において有した財産の価額から」という文言は、相続開始時までの寄与しか考慮されないことが前提になっている。相続開始後の行為は、遺産管理費用の清算の問題であり、相続人全員の合意がない限り、遺産分割手続の中では考慮されない。訴訟で解決すべき事柄である。なお、始期には制限がない。

2 寄与分の上限と遺留分・遺贈との関係

(1) 寄与分と遺贈との関係

民法904条の2第3項には「寄与分は、被相続人が相続開始の時において有した財産の価額から遺贈の価額を控除した残額を超えることができない。」とあり、遺贈と抵触する寄与分を定めることはできないことは明らかである。

寄与分は、遺産から遺贈を差し引いた金額を上限とし、遺贈は寄与分に優先する。

(2) 寄与分と遺留分との関係

遺留分については遺贈のような明文規定がないことから、寄与分は遺留分に優先すると解するほかはない。ただ、実務上は、遺留分を侵害するような寄与分の定めは好ましくないとされている（上原ほか「遺産分割〔改訂版〕」380頁）。

3 特別寄与料請求権

同様の時間的限界と上限がある。

2 特別寄与手続論

特別寄与の主張方法

> **ポイント**
> ◆5つの寄与のどの類型にあたるかを主張し、要件事実に従って立証する。
> ◆寄与は、金額で主張するのが原則である。
> ◆審判に移行する際は、裁判官の指定期日までに特別寄与の申立てをする。
> ◆新相続法1050条2項に注意する。

設例

相続人Aの代理人弁護士甲は、相続人Aの寄与分を主張立証するに当たり、相続人Aがこれまでどれだけ被相続人のために苦労し、他の相続人は人格的に問題があることを記載した数十頁に及ぶ大量の陳述書を提出した。また、寄与を全遺産の8割と主張している。

弁護士甲の弁護活動に問題点はあるか。

回答

これでは寄与を立証することにはならない。
① 寄与の類型を明示する。
② 当該寄与の要件事実に従って主張する。

③ それを裏付ける資料を提出する。
④ 寄与は、遺産に対する割合ではなく、金額で主張する。
⑤ 他の相続人の人格等を陳述書で非難することはしない。

■ 解 説 ■

1 寄与の類型を明示する

特別寄与には以下の5類型があり、類型ごとに要件が決まっている。
① 療養看護型特別寄与（詳細は176頁参照）
② 家業従事型特別寄与（詳細は190頁参照）
③ 金銭出資型特別寄与（詳細は196頁参照）
④ 財産管理型特別寄与（詳細は206頁参照）
⑤ 扶養型特別寄与（詳細は212頁参照）

代理人弁護士は、この5つの寄与のうち、まずどの寄与に該当するかを明示した上で、その寄与の要件に従い主張し、裏付け資料を提出する。

2 金額方式と割合方式

(1) 原則としての金額方式

寄与分の算定方法には、金額方式と割合方式があるが、金額方式が原則である。これは特別寄与の類型ごとに考慮されるべき基本要素を算出し、特定の数式を使って金額を出し、これに裁量割合を取り込み、最終的な寄与分を具体的な金額で算出する方法である。

古い判例には割合方式が目立つが、現在は金額方式が主流である。寄与の類型ごとに要件と計算式が決まっている。特別寄与に関しては、古い判例は参考にならないことが多い。

(2) 例外としての割合方式

例外は農業の家業従事型特別寄与における割合方式である。家業従事型特別寄与の場合、年間平均給与額から寄与金額を算出するのが普通だが、農業の場合は、年間給与額を算出して計算するのは難しいからである。大阪高決

平成27・10・6判タ1430号142頁は、みかん畑を維持した貢献について、農地の相続開始時の評価額の30パーセントを特別寄与と評価している。

(3) 新相続法「特別寄与料」請求権

農業の家業従事型特別寄与でも、金額方式によるしかない。

3　主張方法

主張書面は、できるだけ簡略にし、A4用紙2、3枚程度とし、どんなに長くても10頁以内に収める。また、他の相続人の人格的非難は記載しない。

寄与分を定める手続

ポイント

◆昭和56年1月1日以降の相続については「寄与分を定める処分の審判申立て」が必要になる。指定期日は守ること。
◆「寄与分の処分を定める調停申立て」は、必要がない場合が多い。
◆当事者主義的に運営されている。
◆特別寄与請求権は、短期の除斥期間がある。

設例

① 相続人Aは、遺産分割調停で寄与分を主張しているところ、相続人A代理人は、寄与分の処分を定める調停申立てをしようとしているが、妥当か。
② 遺産分割審判で、裁判所から寄与分の申立期間を指示されたが、相続人A代理人は、調停で寄与分の主張をしていたから、あえて申し立てる必要はないといっているが、どうか。
③ 相続人A代理人は、遺産分割審判は職権主義だから、家裁が調査すべき事柄で、当事者は主張・立証する必要はなく、家裁の指示を待てばよいとアドバイスしているが、どうか。

回答

① 申立ては不要である。
② 誤りである。
③ 誤りである。

解説

1 小問①について

調停時に申立てをすることもできるが、家裁実務では、審判移行に伴い、申立てをするよう指示している。

「寄与分の処分を定める調停申立て」という手続はあるものの、遺産分割調停をしている以上、必要はない。審判移行に伴い、申立てをすればよい。

2 小問②について

審判移行したら、裁判所の指示する期間内に申立てをする。

遺産分割調停で寄与分の協議をしていても、審判移行に際しては、寄与の申立てが必要になる。

審判移行に際し、家裁は、1か月を下らない範囲内で寄与分を定める処分の申立てをすべき期間を定めることができ、普通は、期間を定めている。この期間を経過すると、申立てを却下「できる」し、普通は、却下している（家事事件手続法193条2項）。却下は義務的ではないとはいえ、寄与の審判申立期日は厳守すべきである。

3 小問③について

遺産分割調停・審判は、当事者主義的に運営されており、とりわけ特別寄与は当事者主義である。申立てをする必要がある。

ただし、昭和55年12月31日以前の相続事件は、「寄与分を定める処分の審判申立て」制度がなかったので、申立ては必要ない。審理の中で判断され

4 遺産分割調停・審判が係属していること

遺産分割調停・審判が係属している場合に限り、申立てができる。この場合は、調停でも審判でも併合が義務的である。

5 遺産分割の調停が成立しないが、寄与分の合意ができた場合

寄与分だけの調停を成立させることはできないので、遺産分割に先立ち寄与分だけ合意ができた場合は、中間調書に記載するか、寄与分だけ合意を成立させて、遺産分割そのものは審判に移行させることになる。

3 特別寄与各論

療養看護型特別寄与が認められる場合と認められない場合

ポイント

療養看護型特別寄与は、要件に従い、医療記録・介護記録で立証する。

設例

① 療養看護型特別寄与は、いかなる場合に認められるか。
② 看護のため会社を辞めた場合、退職時までの休業補償を請求できるか。

回答

① 原則として要介護2以上で、1年以上専従し、無償で看護した場合である。「どんな看護をしたか」より、「どういう症状で、どのような療養看護

が必要だったか」を立証する。
② できない。

■ 解 説 ■
---

1 認定要件と立証方法
(1) 要件
療養看護型特別寄与の要件は、以下のとおりである。
① 療養看護の必要性（原則要介護2以上）
② 特別な貢献
③ 無償性
④ 継続性（1年以上）
⑤ 専従性
⑥ 財産の維持・増加との因果関係
(2) 立証方法
① 要介護認定通知書・要介護認定資料等（どういう症状だったかの証明）
② 介護サービス利用票・ケアプラン・施設利用契約書・介護利用契約書等（どういう介護が必要とされたかの証明）
③ 医療記録等（対象期間の証明）
④ 報告書（具体的にどういう看護をしたのかの証明）
⑤ 写真・日記・手紙・家計簿等（具体的にどういう看護をしたのかの証明）
(3) 報告書に記載すべき事項
① 看護内容と負担の程度、具体的にどのような看護をしたか（扶養の程度を超える寄与か）
② 家計の分担割合（無償性の判断のため）
③ 看護に至った経緯、同居の有無、他の相続人の協力度（裁量割合に影響する）

2　認定される場合

　財産の維持・増加との因果関係は、「療養看護の対価の支払を免れた」という因果関係、すなわち、①相続人が看護したので、被相続人は、職業看護人を雇わずに済んだ→②療養看護の対価の支払を免れた→③相続財産が維持されたという直接的で具体的な因果関係が必要である。

　療養看護のため、会社を辞めた、パートに行けなかった等による経済的・時間的損失を補償する制度ではない。会社を辞めた、パートに行けなかったことと、相続財産の維持増加には、因果関係はない。

3　相続人が第三者に療養看護を依頼した場合

　金銭出資型特別寄与として構成する。

療養看護型特別寄与要件の「必要性」と「特別な貢献」が認められる場合と認められない場合

ポイント

　療養看護型特別寄与が認定されるためには、疾病や障害のため要介護2以上だったことが必要である。ただし、認知症は、この限りでない。

設例

　相続人Aは、以下のとおり被相続人甲を看護した。Aの看護は療養看護型特別寄与として認められるか。
① 　平成25年1月1日〜同年12月31日　要介護1
② 　平成26年1月1日〜同年12月31日　要介護3
③ 　平成27年1月1日〜同年12月31日　要介護5だが、施設に入所していた。

回答

①は要介護1であり、③は施設に入所していたから、特別寄与は認められない。②は認められる。ただし、介護サービスを受けていた期間は、除外される。

━━━━━■ 解 説 ■━━━━━

1　必要性の認定要件

(1)　原則　要介護2以上

療養看護型特別寄与の「必要性」が認定されるためには、
① 　疾病や障害があること
② 　原則として、それによる要介護度が2以上であること
が必要である。

要介護2以上であれば、日常生活を周りの人、近親者の援助を受けなければ1人では生活できない状態、療養看護の必要性が認められ得る状態に達していると解釈されている（バヒスバラン薫「遺産分割事件の実務〜遺産分割事件の法的枠組みを理解するために(2)」調停時報195号43頁）。

(2)　例外1　対価がある場合等

①居住の利益等の対価がある場合、②夫婦間の場合は、要介護3以上が要求される場合がある。

(3)　例外2　認知症

認知症では、要介護1以下でも、徘徊行為の見守りが必要なときは、「介護に準ずる行為」として例外的に「必要性」が認められることがある。

なぜなら、要介護度の判定は身体機能に着目しており、認知症の場合の身体的負担・精神的負担は、判断基準に入っていない。認知症では、通常の介護よりも身体的、精神的負担が大きい場合がある。

この場合は、介護記録や陳述書で、具体的な状況を説明する。診断書を1枚出せばよいというものではない。陳述書で、徘徊等の具体的事実を主張す

る。認知症にはいろいろな態様があり、常に徘徊行為の見守りが必要とは限らないからである。

2 疾病・障害の存在について
(1) 精神的支え・家事援助・身の回りの世話
① 原則

特別寄与に該当しない。療養看護型特別寄与は、疾病や障害の存在を前提とするからである。援助内容は親族として通常期待される範囲内であり、財産の維持・増加との因果関係も弱い。疾病・障害の存在がない場合は、扶養型特別寄与を検討する。

② 例外

高齢の被相続人が、自己の配偶者を自宅で介護していることから日常の家事に支障が生じており、そのために遠方に居住する相続人が、長期間にわたって、毎日のように被相続人宅に出向き、広範囲に及んで家事を援助した場合は認められる余地がある（片岡・管野「第3版　家庭裁判所における遺産分割・遺留分の実務」350頁）。

(2) 具体的な身体的支障が出ていること

疾病があったことに加えて、歩行困難、食事介助、排泄介助が必要である等、日常生活に具体的な身体的支障が出ていたことを、介護記録・介護認定資料等で主張立証する必要がある。うつ病などは、具体的な身体的症状がなく、対象にならない（バヒスバラン薫「遺産分割事件の実務～遺産分割事件の法的枠組みを理解するために(2)」調停時報195号43頁）。

(3) 入院・入所期間
① 平成9年9月末以降

要介護2以上でも、入院・入所の期間は、「必要性」が否定される。病院で介護をしていても、それは親族の扶養の範囲内と考えられる。

これは、平成9年9月末からは、すべての医療機関において付添い看護が廃止され、完全看護体制になったためである。

② 平成9年9月末以前

平成9年9月末以前は、付添い看護制度があった。当該病院が、その時点で付き添い看護を廃止しておらず、病院から付添いの要請があり、あるいは広範囲な援助が必要だった場合は、「必要性」が認められることがある。
③　平成9年9月末以降でも例外的に認められるケース

被相続人が親族以外の介助を受け付けない等の理由により、施設や病院からの要請で、遠方で独立している相続人が頻繁に往来せざるを得ず、結果的に長期間のホテル暮らしを強いられた、というような例外的な場合は、特別の寄与と認める余地がある（上原ほか「遺産分割〔第3版〕」376頁）。

(4)　介護サービスを受けた期間

原則として、寄与分計算に当たり、介護保険制度上の介護サービスを受けた期間は、看護日数の中に算入しない。

親族だけではできない部分、職業看護人に依頼するのが通常であると考えられる部分については、国から保障を受けているのであるから、因果関係が認められないし、それ以外の分については、身分関係上通常期待される程度の貢献であるとされる（バヒスバラン薫「遺産分割事件の実務〜遺産分割事件の法的枠組みを理解するために」調停時報195号46頁）。

例外として、介護の負担があまりに重いと認められる場合など、介護日数の認定を緩やかに考えることも事案によっては可能である（バヒスバラン薫「遺産分割事件のケース研究(2)」ケース研究332号174頁）。

(5)　立証方法

看護資料を添えて要介護2以上だったことを証明する。よく被相続人が病院に行くことや要介護認定を受けることを嫌がったため、要介護度の認定が遅れたとの主張がなされるが、ほとんどの場合、同事実を認めるに足りる証拠がない（バヒスバラン薫「遺産分割事件のケース研究(2)」ケース研究332号173頁）。

(6)　介護保険制度導入（平成12年3月）前についての立証

当時の介護日誌、医療記録、カルテから証明するしかないが、記録が残っていないことが多く、療養看護の必要性の立証は難しい。

平成12年3月時点で要介護5なら、かなり前から要介護2以上だったと

推定されるが、被相続人が、平成12年3月より以前に死亡している場合は、介護日誌が保管されていない限り、証明する手段はなかなかない。

3　要件2　特別な貢献

(1) 看護の必要性の立証程度

看護の必要性が証明できれば、特別な貢献があったものと推定される。要介護状態にある中で生活してきたということは、要介護の必要性に応じた特別な寄与がされたと考えられるからである。「どんな看護をしたか」より、「どういう症状で、どのような療養看護が必要だったか」を立証する（バヒスバラン薫「遺産分割事件の実務〜遺産分割事件の法的枠組みを理解するために(2)」調停時報195号43頁）。

(2) 立証方法

どういう療養看護をしたのか、医療記録や介護記録等ではわからないので、具体的な看護の態様を報告書に記載して提出する。

療養看護型特別寄与の「無償性」が認められる場合と認められない場合

ポイント

無償性が認められるか否かは、看護の態様とのバランスで決まる。

設例

①〜③の場合に、相続人Bの主張は認められるか。いずれも、療養看護時、被相続人は要介護4だったとする。

① 相続人Aは、被相続人の家に同居し、要介護4の被相続人を療養看護してきた。相続人Bは、「相続人Aは、居住の利益を得ていたから無償性の要件を欠く」と主張している。

② 相続人Ｂは、「相続人Ａは、同居していたばかりか、自分の生活費も被相続人に分担させていたから、無償性の要件を欠く」と主張している。
③ 相続人Ａは、被相続人の療養看護と金銭管理をしてきたが、相続後、多額の使途不明金が出てきた。相続人Ｂは、相続人Ａは使途不明金問題があるから、「無償性」の要件を欠くと主張している。

回答

① 無償性が認められる。
② 無償性が認められる場合と認められない場合がある。
③ 無償性が認められる。

解説

1 居住の利益と無償性（小問①）

(1) 居住の利益がある場合も、柔軟に判断する

相続人Ａは、被相続人の家に無償で住んでいるから、居住の利益がある。無償とはいい難い。しかし、対価を得ていても、その対価が療養看護の態様と比較して明らかに対価性を欠くときは、無償性が認定される。その対価が療養看護の態様と比較して明らかに対価性を欠くか否かは、①看護度との兼ね合いや、生活費援助の度合いによって判断し、②白か黒かではなく裁量割合を組み入れて柔軟に判断しているのが実務である。

(2) 要介護３以上が必要な場合が多い

看護者が得ていた利益が「居住の利益」だけのときは、排泄に介助が必要となる要介護３以上なら寄与が認められることが多い。

(3) 要介護３以上か否かは絶対的な基準ではない

居住の利益といっても、看護者が安定した居住を確保していたにもかかわらず被相続人が懇願し同居が始まった場合と、相続人が家賃等を支払えないので同居に至った場合とでは、居住の利益の程度が大幅に異なる。

実務では、同居の具体的な経緯や看護の具体的内容・程度から総合的に無償性を判断している。「排泄の介助が必要とならない要介護２以下だから、同居の利益を得ている以上、無償性を欠く」とは、一律にいえない。

家裁実務では、最終的には、裁量割合でバランスをとるようにしている。

２　家計の同一性と無償性（小問②）

小問①と異なり、「家計の同一性」があるときは、「居住の利益」だけの場合に比較して、相当程度の看護が要求される。

(1) 無償性が認められない場合

水道光熱費から日常生活費まで、あるいは娯楽費まで、全部被相続人負担となると、無償性の要件の充足性は難しい。

(2) 無償性が認められる場合

被相続人に生活費の一部を負担してもらっているというのであれば、裁量割合で寄与分の減額をして、ある程度の寄与を認めることになる。この点は、家計の分担割合を報告書で述べることになる。

３　使途不明金と無償性（小問③）

療養看護型特別寄与の場合、財産管理もしていることが多いため、使途不明金問題が同時に発生することが多い。看護者が被相続人からもらったと主張すれば特別受益となり、無償性の要件を欠く場合が多いことになる。しかし、贈与を否認すれば、使途不明金問題となる。

この場合、実務では、使途不明金問題があっても、それは別途訴訟で解決してもらい、無償性の問題とは関係ないと考えている。使途不明金となると、仮に無断引き出しがあっても、引き出した金額と同額の不当利得返還請求債務や損害賠償債務を負担したことになり、無償性の要件は満たされるからである。

使途不明金を追及する代理人としては、使途不明金を追及するのか、被相続人の同意がある出費だとして療養看護の無償性を否定するのか、事案の性質を考慮して判断することになる（バヒスバラン薫「遺産分割事件の実務～

遺産分割事件の法的枠組みを理解するために(2)」調停時報 195 号 44 頁)。

療養看護型特別寄与の「専従性」が認められる場合と認められない場合

ポイント

専従性は要求されるが、「専業」や「専念」までは要求されない。

設例

以下の場合、療養看護型特別寄与の要件である「専従性」は認められるか。
① 相続人Aは、昼は会社に勤務しながら夜は被相続人の看護をしていた。
② 相続人Bは、週に2、3度コンビニでパートをしながら被相続人の看護をしていた。
③ 相続人Cは、週3回ヘルパーの利用をしながら、パートの合間に被相続人宅に通って、おむつ交換、清拭、食事の介添、入浴介助をした。
④ 相続人Dは、介護保険の利用限度額を超える介護サービスを利用した。
⑤ 相続人Eは、Eの妻が昼間看護し、夜は相続人Eが看護した。

回答

①は専従性が認められず、②は認められる。③・④はケースバイケースである。旧相続法では⑤は認められる。なお、⑤は、新相続法では、妻は、独自に金銭の支払を請求できる（新相続法 1050 条）。

解説

1 看護者が働いていた場合（小問①・②）

　昼間は会社に勤め、その間、職業看護人等に看護を頼み、夜は、自分で看護をしていたという場合は、専従性の要件を欠く。もっとも「専業」や「専念」までは要求されないというわけではなく、たまにパートをするというレベルなら認められる。

　設例①は専従性を欠き、②は専従性がある。

2 介護サービスを利用していた場合（小問③）

　介護サービスは短時間であることが多く、利用限度内であり、かつ、看護が長時間にわたる場合は、③の場合でも、認められる。しかし、看護が週末の昼間だけや毎日朝 30 分程度なら、認められない。

3 介護保険の利用限度額を超える介護サービスを利用している場合（小問④）

　程度による。多額だと財産の維持増加に貢献したとはいい難い。

4 夫婦による看護（小問⑤）

　旧相続法では、妻が相続人の履行補助者として看護した場合であるから、相続人Ｅの寄与とみなされる。ただし、寄与分が２人分になるわけではない。

　新相続法においては、妻は、自分の寄与分を、夫を含む相続人らに独自に金銭請求できる（新相続法 1050 条）。

コラム *column*

要介護度判断基準

　要介護度は、総合的に判断される。以下は、一応の基準である。

●軽度

要支援1　日常生活の「一部」に何らかの介助が必要・改善の見込みが高い

　排泄や食事はほとんど自分一人でできるが、要介護状態とならないように身の回りの世話の一部に何らかの介助（見守りや手助け）を必要とし、適切にサービスを利用すれば改善の見込みが高い。

要支援2　日常生活に何らかの介助（見守りや手助け）を必要・改善の見込みが高い

　排泄や食事はほとんど自分一人でできるが、身の回りの世話に何らかの介助（見守りや手助け）を必要とし、適切にサービスを利用すれば改善の見込みが高い。

要介護1　「日常生活」や「身の回りの世話」に何らかの介助（見守りや手助け）が必要

　排泄や食事はほとんど自分一人でできるが、身の回りの世話に何らかの介助（見守りや手助け）を必要とする。

●中度

要介護2　排泄や食事に何らかの介助が必要

　排泄や食事に何らかの介助（見守りや手助け）を必要とすることがあり、身の回りの世話の全般に何らかの介助を必要とする。

　歩行や移動の動作に何らかの支えを必要とする。

要介護3　①排泄ができない②問題行動や理解の低下がときおりある

　身の回りの世話や排泄が自分一人でできない。移動等の動作や立位保持が自分でできない「ことがある」。

　いくつかの問題行動や理解の低下がみられることがある。

●重度

要介護4　①排泄ができない②問題行動や全般的な理解の低下がある

　身の回りの世話や排泄がほとんどできない。移動等の動作や立位保持が

自分一人ではできない。

多くの問題行動や全般的な理解の低下がみられることがある。

●最重度

要介護5　①食事・排泄ができない②問題行動や全般的な理解の低下がある

排泄や食事がほとんどできない。身の回りの世話や移動等の動作や立位保持がほとんどできない。

多くの問題行動や全般的な理解の低下がみられることがある。

療養看護型寄与分の計算式

> **ポイント**
>
> 療養看護型寄与分の計算式は、以下のとおりである。
> 介護日数（要介護2以上の期間－入院期間・施設入所期間・介護サービスを受けた期間）×介護報酬相当額（介護保険制度で要介護度に応じて定められている介護報酬基準額）×裁量割合＝寄与分

> **設例**
>
> 被相続人甲の介護度は以下のとおりである。
> ①　平成24年12月31日以前は、要介護1であった。
> ②　平成25年1月1日から同年12月31日までは要介護5で、在宅していた。
> ③　平成26年1月1日からは死亡まで入院していた。
>
> 被相続人甲は、平成27年1月1日死亡した。相続人は長女A・次女Bの2名である。長女Aは、持家はあるが、介護のため家を出て被相続人甲宅に泊まり込み介護した。入院後は、病院に毎日通い、付き添った。長女Aの寄与分の計算式はどのようになるか。

回答

要介護2以上の在宅期間365日×介護報酬相当額×裁量割合（0.3～0.9　0.7が多い）で計算する。平成25年1月1日から同12月31日までは要介護5で、在宅しており、それ以前は、要介護1であり、それ以降は入院していた。

計算式は、365日×7,500円×0.7＝1,916,250円となる。

1 対象日数について

入院期間・施設入所期間・介護サービスを受けた期間は除く。この間は、介護しても扶養義務の範囲内で特別とはいえない。設例では、入院期間は除かれる。

2 介護報酬相当額

単価は、介護保険制度で要介護度に応じて定められている介護報酬基準額による。家政婦紹介所が派遣しているときの報酬金額ではない。

こういう方式だと、非常に苦労しても、金銭に換算すると、期待するほどの金額にならない。一部では、「精神的側面が無視され衡平が図れない」として、この日当額を多額に計算する審判例もあるようだが、本来、特別寄与に該当しない行為が「衡平」の名のもとに寄与分判断に入り込んでしまう。少なくとも、東京家裁等大規模庁では、介護報酬基準額で計算する。

介護報酬基準額は、平成24年4月現在の基準では以下のとおりである。

要介護1（4020円）
要介護2（5840円）
要介護3（5840円）
要介護4（6670円）
要介護5（7500円）

3　裁量割合について

　特別な貢献に該当しても、扶養義務があること、職業的付添人ではないこと等から裁量割合（0.5 〜 0.9）で減価する。

　この割合については、介護の内容や程度、居住の利益や生活費の分担、療養看護に従事するに至った経緯等が考慮される。

　一応の目安として、「0.7あたりを平均的とする意見」（片岡・管野「第3版　家庭裁判所における遺産分割・遺留分の実務」360頁）と「法定相続分を基準とする見解」（バヒスバラン薫「遺産分割事件の実務〜遺産分割事件の法的枠組みを理解するために(2)」調停時報195号47頁）があるが、対立する意見ではない。法定相続分を含めて総合的に判断するということである。相続人が多数いるのに1人で介護した場合と、そうでない場合とでは、裁量割合に差が出るのは自然だろう。

　ただ、実務的には0.7が多く、本設例でも0.7で計算している。

家業従事型特別寄与が認められる場合と認められない場合

ポイント

　家業従事型特別寄与の主張がなされても、ほとんどの場合、無償性の要件を欠く。調停・審判では、事業の収支性と給与の支払い状況を裏付ける資料で立証する。

設例

以下の設例で家業従事型特別寄与は認められるか。
① 　相続人長男Aは、ときおり、被相続人甲の事業の電話番などをした。
② 　結婚以来、数十年、被相続人甲と妻である相続人Bは、夫婦として農業に同程度従事してきたが、相続人Bは、このほか、家事を一切負担してきた。

③ 相続人長男Cは、病気がちな被相続人甲に代わり事業を手伝ってきた。ただし、世間相場の給与はもらっていた。
④ 相続人長女Dは、結婚して家を出てから10年間にわたり、平日は、ほぼ、毎日、小売を営む被相続人甲の店に行き、無給で、販売の手伝いをしたり、帳簿をつけたりしていた。

回答

① 認められない。子供として当然行う行為で「特別」とはいえない。
② 認められる。
③ 認められない。無償性の要件を欠く。
④ 認められる。

解説

推定相続人が家業に従事した場合の寄与が、家業従事型特別寄与だが、療養看護型に次いで主張されることが多い。

1 要件と立証方法

(1) 要件
① 特別な貢献（「被相続人との身分関係に基づき通常期待される程度」を超える寄与）
② 無償性（無償か著しく低い給与）
③ 継続性（明確な基準はないが、少なくとも3年以上）
④ 専従性
⑤ 財産の維持・増加との因果関係

(2) 立証方法
① 確定申告書等経営内容のわかる資料（事業の収支性を明らかにするため）

② 給与台帳、給与明細書、確定申告書等給与の支払状況がわかる資料（無償だったことを証明するため）

③ 報告書

(3) 報告書に記載すべき事項

- 家計の状況（生活費控除割合を算出するため）
- 他の相続人の労務提供状況（遺産に対する貢献比率を明らかにするため）
- 家業に従事するに至った経緯、労務の内容（裁量割合を算出するため）

2　特別な貢献（小問①②）

「被相続人との身分関係に基づき通常期待される程度」を超えるか否かは、次の観点が重要になる。

(1) 被相続人との身分・扶養関係・法定相続分割合

法定相続分が多い人ほど、その相続分で寄与が評価されていると考えられる。特に配偶者の場合、「特別」の基準が高くなる。配偶者でなくても、被相続人と同居していれば、居住の利益を得ているから、やはり、「特別」の基準が高くなる。

(2) 労務を提供するに至った経緯

被相続人から頼まれたか、自分から志願したか。他に仕事がないので家業を継いだか、既にほかに有用な業務についていたのに、むりやり家業を継がされることになったのか。ここもポイントになるが、相続人間の認識の違いが大きい場合がある。

家族としてのお手伝い等は「特別」といえない。小問①は、家族としてのお手伝いであり、寄与は認められない（上原ほか「遺産分割〔改訂版〕」374頁参照）。一方、小問②は認められる（法務省民事局参事官室編「新しい相続制度の解説」223頁）。

具体的事案にあたっては、小問①②のいずれに近いかを検討されたい。

3　無償性（小問③）

無償か著しく低い給与が要件である。相続人が被相続人から世間並みの給

付を受けている場合には、寄与分を認めることはできないが、世間一般並みの労務報酬に比べて著しく少額である場合には、無償性の要件を満たす。家業従事型では、この点が最も問題になる。

家業を継いだ相続人の場合、たいていは役員報酬とか給料をもらっているから、実務では、この要件で特別寄与の主張がはねられるケースがほとんどである。小問③は、世間相場の給与はもらっていたから、無償性の要件を欠く。

無償でも、相続人に他に安定的な収入がなく、被相続人の収入や資産で相応の生活をしていれば、無償性が認められない場合がある（上原ほか「遺産分割〔改訂版〕」374頁）。

4 継続性

明確な基準はないが、少なくとも3年以上が必要である。

5 専従性

専任である必要はないが、片手間でないことが求められる。週1回から2回ぐらい、土日に仕事が休みの日に家業を手伝ったというだけでは足りない（バヒスバラン薫「遺産分割事件の実務〜遺産分割事件の法的枠組みを理解するために(2)」調停時報195号40頁）。

6 財産の維持・増加との因果関係

労働して被相続人の事業を成功に導いた、事業経営により被相続人の資産が増えた等は、財産の維持・増加との因果関係は直接的・具体的とはいえず、因果関係はない。事業の成功は、いろいろな原因に左右されるからである。

あくまでも、給料を支払わずにすみ、その分支出を免れた、という点で因果関係のある寄与が認められる。

7 家裁実務の現状

家業従事型特別寄与は、療養看護型寄与と並んで、しばしば主張されるが、

多くが無償性の要件を満たさず、認定されるケースは少ない。認められるとしたら、小問④のように、例えば、専業主婦の親孝行な娘が、頻繁に被相続人の店や事業所に来て、家業を手伝っていたというケースだろう。

8　被相続人の経営する会社への寄与

ならない（「会社に関する寄与が特別寄与になる場合とならない場合」169頁参照）。

9　特別寄与料請求権

新相続法の特別寄与料請求権は、主として、療養看護型特別寄与を念頭に置いたものだが、「その他の労務の提供」とあることから、家業従事型寄与分の一部も対象になる。「その他の労務の提供」とは、立法時の議論では、「被相続人の事業に関する労務の提供」を指しているからである。

したがって、被相続人が営む農業、林業、漁業や自営業などに、推定相続人とともに従事した推定相続人の配偶者等は、相続人に対し、特別寄与料を請求できる場合がある。

「特別」は、寄与分制度のように「扶養義務」を超えるレベルは要求されないというのが立法時の見解である。

家業従事型特別寄与の計算式

> **ポイント**
>
> 家業従事型特別寄与分は、年間給与額×（1－生活費控除割合）×寄与年数×裁量割合の計算式に従い、計算する。

> **設例**
>
> 家業従事型特別寄与は、どのように算出するか。

回答

計算式は、以下のとおりである。
寄与者の受けるべき相続開始時の年間給与額×(1－生活費控除割合)×寄与年数×裁量割合

解 説

1 寄与者の受けるべき相続開始時の年間給与額

相続開始時の賃金センサスで、同種同規模同年齢の年間給与額を算出する。

事業の収益性が著しく低い場合には、その従業員に対する報酬も当然に低くなるのが普通で、家業に従事する相続人についても事情は同じである。この点は、申告書、損益計算書等で確認する（片岡・管野「第3版 家庭裁判所における遺産分割・遺留分の実務」340頁）。

2 生活費控除割合

家業従事の場合、労働に対する報酬が、相続人の住居や生活費等の形で、家業収入の中から支出されていることが多いので控除する。

基準としては、実額だが、不明なときは交通事故の生活費控除率としたり、5割とする場合もある。

裁量割合は、療養看護型寄与分と同じである（188頁ポイント参照）。

金銭出資型特別寄与が認められる場合と認められない場合

ポイント

金銭出資型寄与は、一番認められやすい寄与であるが、扶養の範囲内か否かが問題になる。
継続性、専従性、必要性は要件ではない。

被相続人に対し、財産上の利益を給付した場合が金銭出資型特別寄与である。
　(1)　要件
①　特別な貢献（扶養の範囲を超えること）
②　無償性
③　財産の維持・増加との因果関係
　(2)　立証方法
①　預金通帳、振込明細書、領収書等（金銭贈与の場合）
②　登記簿謄本、査定書、契約書等（不動産の貸与・贈与の場合）
　(3)　報告書に記載すべき事項
①　金銭出資等を必要とした事情と経緯、金額
②　他の相続人の援助の程度

設例 1

〔無利息貸与〕
　相続人Aは、無利息で被相続人に1000万円を貸し付けた。金銭の貸与、無利息であることが特別寄与になるか。

回答

原則として、ならない。

解説

　金銭の貸与により貸与者である相続人は、返還請求権を取得するので、金銭の貸与そのものには「寄与」自体が存在しない。

　無利息の場合、利息相当額が特別寄与になるか問題になる。貸与金額にもよるが、原則として、その程度は扶養の範囲内であり、「特別」とはいえない。ただ、非常に高額な貸与の場合は、利息相当額が特別寄与になる場合もある。

　なお、貸金返還請求権を免除すれば、その免除行為が特別寄与になる。また、放置したため消滅時効にかかった場合は、何かの処分行為があるわけではないので、寄与行為自体が存在しない。

設例2

〔融資のための担保提供〕

　被相続人の銀行融資借入れに当たり、相続人Aは、被相続人のために、自己所有不動産に抵当権を設定させた。特別寄与になるか。

回答

ならない。

解説

　保証や担保設定それ自体は、寄与とはいえない。ただ、保証債務を履行し

たり、担保権を実行されたりしたら特別寄与という余地はある。もっとも、求償権を行使して回収できるなら「寄与」はない。

設例3

〔賃貸マンションの無償貸与〕

相続人Aは、所有する賃貸マンションを被相続人に無償で貸した。賃料相当額が特別寄与になるか。

回答

なる。

解説

家の使用貸借は、家賃相当額が特別寄与になる。「家屋の無償使用」は特別受益にはならないが、特別寄与にはなる。

設例4

〔共働き夫婦だが単独名義で家を購入した場合〕

被相続人は、結婚後、単独名義で家を購入し、単独名義でローンを組んだが、相続人である配偶者も働き、ほぼ同じ収入があり、2人でローンを返済してきた。相続人である配偶者の行為は、特別寄与になるか。

回答

なる。

解説

　相続人である配偶者は、被相続人名義の不動産取得に、自己の収入を提供しているから、特別寄与になる。配偶者の2分の1という法定相続分は、ある程度の寄与を前提としているが、この点は、裁量割合で考慮されることになる。この場合の寄与部分は、金銭の贈与であり、不動産の贈与ではない。

設例 5

　被相続人名義の自宅の、被相続人名義の住宅ローンを、相続人が被相続人に代わって月12万円、16年間返済した。特別寄与になるか。

回答

　なる場合とならない場合がある。

解説

　原則として特別寄与に当たる。
　ただし、寄与者自身が連帯保証人の場合は、自己の債務を履行しただけであり被相続人に対し、求償権を取得するから、寄与にはならない。同居の場合は、自分の住んでいる家の使用料を支払っていただけで、特別寄与にはならないことが多い。仮に認められるとしても、裁量割合による相当な減価は避けられない。金額が少額な場合は、扶養の範囲で、特別寄与にはならない。

設例 6

〔家のリフォーム代〕
　在宅介護のために被相続人名義の家をリフォームした場合の費用を相続人

が負担した。特別寄与になるか。

回答

なる場合とならない場合がある。

解説

リフォームの高度な必要性があれば、特別寄与になる。しかし、自分も同居することを考えてのリフォームなら、認められないか、認められても、居住の利益分が減額される。

設例7

〔倉庫の無償利用〕

相続人の倉庫を、被相続人の個人事業に無償で提供した。特別寄与になるか。

回答

なる。

解説

その無償提供が事業利益に結びついていれば寄与行為に当たる。

無償提供が事業利益に結びついていない場合、被相続人の事業が法人の場合は、ならない。

設例 8

〔被相続人の相続人所有家屋の無償利用〕

　被相続人が、相続人所有の家屋に長年無償で住み、古い自宅は売却して利益を得た。特別寄与になるか。

回答

　なる。

--- 解説 ---

　家屋の無償使用は、特別受益にはならないが、特別寄与にはなる。

設例 9

〔設例8で土地は被相続人所有の場合〕

　被相続人名義の土地の上に相続人が家を建て、その家に被相続人を長年住まわせた。特別寄与になるか。

回答

　ならない。

--- 解説 ---

　被相続人の土地を無償で使用していることになり、無償使用の利益があるので、無償性の要件を欠く。特別寄与にはならない。

設例 10

〔被相続人家屋の修繕費〕
　被相続人所有建物の外壁補修費用として相続人が200万円を支払った場合、200万円が特別寄与になるか。

回答

　特別寄与にはなるが、全額とはいかない。

解説

　建物の時価と出資額を比較して、低い金額を上限として特別寄与を認めることになる。
建物の時価が500万円……200万円×裁量割合
建物の時価が100万円……100万円×裁量割合
　ただし、建物の時価が100万円でも、以下の場合は、200万円×裁量割合として計算する可能性がある。
① 　寄与者に同居の利益がないこと
② 　被相続人にとって、その修理が不可欠なこと
③ 　出資した額を上回る流動資産や現金があること

設例 11

〔名字しか記載のない領収書〕
　相続人は、家の修理代を立て替えたとして金銭出資型特別寄与を主張している。相続人は、その証拠として、工務店の領収書を提出してきたが、領収書に名字しか宛先の記載がない。

回答

宛先の明らかでない領収書では、相手が同意しない限り、立証できたとはいえない。

解説

金銭出資型特別寄与の立証に際し、宛先のない領収書、名字しか記載されていない領収書、金額しか記載のない領収書等が出されるが、これでは、立証に成功したとはいえない。このような領収書しかない場合は、その工務店等に再度、領収書の発行を頼むことになる。

金銭出資型特別寄与の計算式

ポイント

金銭出資型特別寄与は、態様により計算式が異なる。

設例

以下の場合に、特別寄与の計算式はどうなるか。
① 相続人Aは、20年前に被相続人に1000万円の家を贈与した。相続時には500万円に値下がりしていた。
② 相続人Aは、20年前に被相続人に1000万円の家の購入資金1000万円を贈与した。
③ 相続人Aは、20年前から被相続人に無償で家を貸していた。相続時は、家の価格は500万円に値下がりしていた。一方、貨幣価値に変動はなかった。賃料相場は、貸したときは月1万円だったが、相続時は月5万円だった。

回答

① 相続開始時の不動産価格 500万円 × 裁量割合
② 贈与時の金額 1000万円 × 貨幣価値変動率（消費者物価指数参照）× 裁量割合
③ 相続開始時の賃料相当額（賃料相当額との差額）5万円 × 使用年数 × 裁量割合

解 説

1 不動産の贈与・無償貸与（小問①③）

不動産の贈与は、相続時の不動産価格による。相続時に不動産が値上りしていれば、寄与分は増額し、値下がりしていれば寄与分は減少する。不動産の使用貸借も、相場家賃は、相続時の価格による。

2 金銭贈与（小問②）

金銭贈与は、貨幣価値変動率を掛けることになるが、貨幣価値変動率そのものは算出が困難だから、消費者物価指数等を便宜的に用いる。

3 消費者物価指数

2016年を100とした場合の消費者物価指数は、概ね以下のとおりである。
① 1997年までは消費者物価指数は、ほぼ同一である。
② 1996年～1991年までは消費者物価指数は、概ね95％程度である。
③ 1990年・1989年は、消費者物価指数は、概ね90％程度である。
④ 1988年～1982年までは、消費者物価指数は、概ね90％～80％程度である。
⑤ 1981年～1970年までは、消費者物価指数の変動が大きく、年数％程度変動している。

消費者物価指数は、総務省統計局のウェブサイトに掲載されている

(http://www.stat.go.jp/data/cpi/)。

先行相続における相続放棄・相続分譲渡が寄与になる場合とならない場合

ポイント

◆先行相続における相続放棄は原則として特別寄与にならない。
◆先行相続における相続分譲渡は、特別寄与になる。

設例

被相続人は夫で、相続人は、妻Aと長男B。相続人妻Aは、夫の相続に際し、長男Bに全部単独相続させた。その後、長男Bが死亡した。長男Bには子がおらず、Bの相続人は、Bの妻Cのみである。
① Aが夫の相続に際し相続放棄をした場合、Bの相続で、Aは相続放棄を寄与分と主張できるか。
② Aが夫の相続に際しBに相続分譲渡をした場合、Bの相続で、Aは相続分譲渡を特別寄与と主張できるか。

回答

① 原則として主張できない。
② 特別寄与になる可能性がある。

―――― 解 説 ――――

1 相続放棄と特別寄与

金銭出資型寄与の1つとして問題になる。

(1) 家裁実務

実務では、「先行相続における相続放棄は特別寄与にならない」というのが常識である。相続放棄に至った理由・動機は様々であるうえ、そもそも寄与行為について民法は「被相続人の事業に関する労務の提供又は財産上の給付、被相続人の療養看護その他」と定義していることから、「寄与行為」に相続放棄を含めることなど予定していないと考えられる。

(2) 例外的に寄与と認められる場合

設例のような場合、長男BとBの配偶者の夫婦関係は破綻していたのか、遺産はどれくらいあるのか、妻Aの老後の生活確保は大丈夫か等を考え、杓子定規的に寄与分なしと割り切ることが著しく妥当性を欠くときは、極めて例外的に、相続放棄を「寄与」と認める余地もあるだろう（片岡・菅野「第3版　家庭裁判所における遺産分割・遺留分の実務」313頁）。

2　相続分譲渡と特別寄与

相続分の無償譲渡は贈与に当たる（最二小判平成30年10月19日裁判所時報1710号3頁）。特別受益に関する判断であるが、特別寄与も、同様に考えられる場合が多い。

財産管理型特別寄与が認められる場合と認められない場合

ポイント

　財産管理型特別寄与の要件は①財産管理の必要性②特別な貢献③無償性④継続性⑤財産の維持・増加との因果関係があることだが、専従性は不要である。

設例

① 被相続人のアパート経営につき、相続人Aは、管理会社に依頼せず、自

分で管理業務一切（募集、契約、滞納家賃催促、訴訟、内装、入居者入替時の立会い、補修など全般）をしていた。財産管理型特別寄与は認められるか。

② ①のケースで、相続人Aが、被相続人の有する家で同居していた場合はどうか。

③ ①のケースで、相続人Aが、会社に勤務しながら管理していた場合はどうか。

④ 管理会社に依頼していたものの、相続人Aが、管理会社の管理があまりにもいい加減なので自分で管理していた場合はどうか。

⑤ 相続人Aが、被相続人の預金をFX取引で倍にした場合、財産管理型特別寄与は認められるか。

⑥ 相続人Aが自分で賃借人の立退きの示談、本人訴訟の支援をしたり、損害金を取得したりした。財産管理型特別寄与は認められるか。

⑦ 被相続人が入院している数か月間だけ、相続人Aが被相続人に代わって、管理業務一切（募集、契約、滞納家賃催促、訴訟、内装、入居者入替時の立会い、補修など全般）をしていた。財産管理型特別寄与は認められるか。

⑧ 被相続人の死後、相続人Aが被相続人の家屋の掃除、修繕、庭の手入れなどをし、固定資産税等も支払っていた。財産管理型特別寄与は認められるか。

回 答

① 原則として認められる。
② 原則として認められない。
③ 原則として認められる。
④ 認められない。
⑤・⑥・⑦・⑧ 認められない。

■ 解 説 ■

1 要件と立証方法

　被相続人の財産を管理することで財産の維持形成に寄与する場合を、財産管理型特別寄与という。アパートの管理が典型例である。不動産管理会社に管理行為を委託していた、時折手伝っていたという程度では認められない。

　もっとも、当事者の主張する管理の頻度が、具体的な管理の内容に比してあまりに過大であるという場合には、そもそもそのような頻回あるいは長時間に及ぶ管理をする必要性自体が否定される可能性もある（バヒスバラン薫「遺産分割事件のケース研究(2)」ケース研究332号176頁）。

　(1) 要件
① 財産管理の必要性
② 特別な貢献
③ 無償性
④ 継続性
⑤ 財産の維持・増加との因果関係

　(2) 立証方法
① 相続人が自分で財産管理をした場合
- 金銭出納帳、賃貸不動産の賃貸借契約書等（財産管理に要した費用を示す資料）
- リフォーム業者の標準工事費用、庭木の手入れ等に関するシルバー人材センターの基本料金、不動産管理業者の請負料等（第三者への財産管理委託報酬を示す資料）

② 相続人が財産管理費用を負担した場合
　寄与者の預金通帳、金銭出納帳、家計簿

　(3) 報告書に記載すべき事項
① 被相続人の財産状況や必要だった財産管理内容（必要性の立証）
② 被相続人との身分扶養関係や財産管理を行った経緯、管理内容（特別の貢献）

③　報酬の有無や内容、居住の利益（無償性）

2　アパートの管理（小問①）

　管理する賃借人の数、不動産の面積等も考慮対象になるが、相当な規模で、無償性の要件を満たすなら、原則として、「扶養の範囲」を超え、「特別な貢献」といえる。

〔具体例〕
　10数室のアパートの3棟程度のレベル→「特別な貢献」である。
　部屋数が8室程度のアパート1棟→「特別な貢献」ではない。

3　被相続人と同居していた場合（小問②）

　居住の利益を得ているから、無償性の要件を欠き、「特別な貢献」とはいえない。

　ただ、本来の管理報酬に比べて、その対価が少額なら、使用利益分を控除した金額の限度で無償性が認められる。例えば、非常に規模の大きい賃貸住宅なら、居住の利益があっても、居住の利益を控除した額が「特別な貢献」といえる場合がある。

4　相続人が他に仕事をしていた場合（小問③）

　専従性は要件ではないので、特別寄与の認定には関係ない。他の要件を満たすなら、他に仕事があっても、財産管理型特別寄与は認められる。

5　管理会社の管理不十分による管理（小問④）

　管理会社がいた以上、必要性はない。管理がなっていなかったという主張は、遺産分割調停・審判でしばしばなされるが、その程度では、「必要性」の要件を欠く。認められることはない。

6　投資による財産増加（小問⑤）

　投資により財産を増加させても、特別寄与は認められない（大阪家審平成

19・2・26家月59巻8号47頁）。損失によるリスクは負担せずに、たまたま利益の生じた場合には寄与と主張することは、衡平でないからである。

7　立ち退き交渉等の代行（小問⑥）

立ち退き交渉、建物の取壊し、滅失登記手続、土売売買契約締結等に努力し土地の売買価格を「増加」させた場合でも、因果関係は認められない場合が多い。被相続人ではなく、その相続人がやったからこそ、「増加」させたという因果関係の立証は困難である。下級審の判決で、これを認める判決（長崎家諫早出審昭和62・9・1家月40巻8号77頁、大阪家審平成6・11・2家月48巻5号75頁）もあるが、古い判例であり、一般化はできない。

8　短期間の財産管理（小問⑦）

財産管理は片手間でも可能だから、専従性は要件でない。しかし、継続性は要求される。「被相続人が入院した数か月間だけ財産管理をした」というのでは、財産管理型特別寄与は認められない。

9　相続開始後の財産管理（小問⑧）

特別寄与は、相続開始前の行為に限定される。相続開始後、被相続人の空き家となった住居に定期的に通い、家屋や庭の管理をしているほか、固定資産税を支払っていても、相続後の問題だから、特別寄与になる余地はない。

財産管理型特別寄与の計算式

> **ポイント**
>
> 　財産管理型特別寄与の計算式は、態様により異なるが、賃貸アパートの管理は賃料の5％を基準とし、裁量減価をかけることが多い。

設例

以下の財産管理型特別寄与は、どう計算するか。

① 相続人Aは、遺産である大規模収益物件の総合的管理を管理業者も頼まず、自分でしてきた。

② 相続人Aは、遺産であるアパートの掃除、共用廊下の照明器具の取換え、退去後のリフォームなどの費用を自分で負担してきた。

回答

① 相当と思われる財産管理費用×裁量割合

② 現実に負担した額－「被相続人との身分関係に基づいて通常期待される程度の負担」

解説

(1) 相続人が<u>自分で財産管理をした</u>場合の寄与額

第三者に委託した場合の費用が参考になるが、専門家への委託料をそのまま認めることはできず、裁量割合による減価が行われる。

〔建物管理〕

賃料の5％×裁量割合

（5％が一応の基準だが、地域により異なる。また、大規模マンションやビルの管理は、3％以下になる場合もある。相場を業者に確認する）

〔建物リフォーム〕

リフォーム業者の標準工事費用×裁量割合

(2) 相続人が<u>財産管理費用を負担した</u>場合の寄与額

現実に負担した額×裁量割合

扶養型特別寄与が認められる場合と認められない場合

> **ポイント**
>
> 「扶養の必要性」があれば認められる。疾病等の存在は要件ではない。

> **設例**
>
> 以下の寄与は扶養型特別寄与と認められるか。
> ① 稼働能力のない無収入の夫を妻が働いて生計を維持し財産を維持してきた。
> ② 月6万円の年金収入しかない被相続人に毎月10万円を10年間送金した。
> ③ 被相続人の家に同居しながら、無収入の被相続人の生活費を長期間全額負担した。
> ④ 年収1000万円の被相続人に月10万円を送金した。

> **回答**
>
> ①・②・③は認められるが、④は認められない。②・④は金銭出資型特別寄与と構成できる余地もある。

―――――■ 解 説 ■―――――

1 要件と立証方法

相続人が被相続人を扶養し、被相続人が出費を免れた場合、扶養型特別寄与が認められる。扶養義務者に対する求償の問題として否定説もあるが、認めるのが相当なケースも現実に存在することから、実務は認めている。

(1) 要件
① 扶養の必要性

療養看護型と異なり、疾病等の存在は要件ではない。しかし、扶養の必要性が要求される。扶養の必要性はないが、引き取って生活の面倒をみた場合や、小遣いを渡していたという場合は認められない。

小問①・②・③は扶養の必要性がある。一方、④は扶養の必要性がない。しかし、金銭出資型特別寄与は認められる余地はある。

② 特別な貢献

被相続人との関係で通常期待される程度を超える特別な貢献が必要であり、単に同居した、又は小遣いを渡したという程度では「特別」とはいえない。

小問①は、夫婦は「互いに」協力扶助するものであるところ、「一方的な」協力扶助となっているから、特別な貢献といえる。

③ 無償性

扶養が無報酬又はそれに近い状態でなされていることが必要だが、対価が扶養の態様に比してわずかである場合も含まれる。小問③は居住の利益を得ているから、同居・扶養に至った経緯、家賃相当額を考慮することになる。

④ 継続性
⑤ 財産の維持・増加との因果関係

(2) 立証方法
① 要扶養状況を証明するための証拠

被相続人の非課税証明書、年金額決定・改定通知書、被相続人の収支がわかる預金通帳

② 扶養に要した費用を証明するための証拠

家計簿、被相続人の預金通帳、被相続人の生活に関わる各種証明書、領収書、金銭出納帳、振込明細等

③ 扶養料の給付を証明するための証拠

寄与主張者の預金通帳等

④ 報告書（扶養の具体的態様）

(3) 報告書に記載すべき事項

報告書には、以下の事項を簡潔に記載する。
① 被相続人の当時の生活状況と必要とされた扶養の内容（必要性の証明）
② 被相続人との身分関係や扶養開始事情・扶養の内容（特別の貢献）
③ 扶養の時期・期間（継続性）
④ 報酬の有無と内容（無償性）
⑤ 他の相続人らの費用義務と能力・同居の有無と期間や生活費の負担割合（裁量割合算出）

2 扶養型特別寄与計算式

(1) 計算式

<u>扶養のため負担した額×裁量割合</u>

裁量割合は、「一切の事情」を考慮するが、「1－寄与主張者の法定相続分割合」とすることもある（片岡・管野「第3版 家庭裁判所における遺産分割・遺留分の実務」374頁）。

(2) 同居生活の中で家計費と共に支出していた場合

送金していた場合と異なり、「扶養のため負担した額」の認定が難しい。

① 調停での取扱い

弊所の取扱い例では、金額の特定が困難なことから、給与額の何割と当事者間で合意し、遺産分割調停を成立させたことが数件ある。

② 審判での取扱い

審判では、厚生労働大臣の定める「生活保護基準」や総務省統計局による「家計調査」を参考として、被相続人の扶養に要する金額を算定する場合もある（片岡・管野「第3版 家庭裁判所における遺産分割・遺留分の実務」374頁）。

〔参考〕

生活保護基準……「生活保護基準」に掲載されている。総務省統計局による「家計調査」ウェブサイト参照。

http://www.stat.go.jp/data/kakei/

Ⅶ 具体的な分割方法

不動産の現物分割方法

ポイント

　一筆の土地、一棟の建物等の現物分割は、全相続人の同意と協力がないと事実上できない。

設例

　相続人はAとB。両名とも、遺産である不動産を現物分割することに同意している。遺産は、100坪の土地。
① 　両名が不動産の現物分割を調停で成立させるためには、いかなる書類を提出すべきか。
② 　分筆に当たり、隣接地所有者の確認を得られないときどうするか。
③ 　現物分割の審判を出してもらうためにはどうすべきか。

回答

① 　分筆登記が可能な地積測量図が必要である。できれば、分筆登記を終えてから調停を成立させることが望ましい。
② 　「額縁分筆」をする。
③ 　全相続人が合意した分筆登記が可能な地積測量図を提出する必要があるが、審判に移行するような事件で全相続人の同意を得るなど非常に困難である。

解説

1 不動産の現物分割が少ない理由

遺産分割では、現物分割が原則といわれているが、不動産に関する限り、現物分割は、全相続人の協力のもと、一団の土地を分筆・合筆するしかなく、時間や費用もかかることから、実務では例外的な分割方法になっている。現物分割の現実的必要性があり、当事者全員が協力できる場合に限り採用される。

2 調停による現物分割の方法

(1) 筆界確定と地積測量図の作成

土地を分筆するには、境界を明示した地積測量図の作成が必要となる。そのためには、官・民、民・民の筆界が未確定の場合は、筆界確定を先行させる必要がある。

(2) 隣地所有者の承諾書

地積測量図をもとに分筆登記するためには、分筆登記申請書の添付書面として、隣地所有者の承諾書が必要となる。

3 隣地所有者の同意が得られない場合

官・民の筆界はともかく、民・民の筆界は、境界画定に争いがあったり、隣地所有者が立合いを拒否したり、いろいろとトラブルが多い。このような場合は、筆界特定制度を利用するか、「額縁分筆」をするしかない。ただ、筆界特定手続は、時間がかかるし、「結果」を訴訟で争うこともできる。現実的な選択肢は、額縁分筆だろう。

額縁分筆とは、以下の図のように争いのある部分を残して、分筆する方法である。争いのある部分の土地は切り捨てることになり、経済的にはマイナスとなるが、やむを得ない。

隣地所有者
××× 紛争
相続地

→

隣地所有者
甲地（共有のまま）
乙地（遺産分割）

　額縁分割は、隣地所有者の承諾を省く脱法的な方法だから、登記官が受領するとは限らない。登記官に対しては、なぜ額縁分筆をしなければならないのか、丁寧に説明する必要がある。隣地所有者との間に境界線で争いがあるわけではなく、こちらから持ち掛けた隣地境界にただ同意しないという反論のない同意拒否の場合（多くの場合は、金銭目的）などは、額縁分筆を受理してくれる確率は高い。

4　具体的な分割に当たっての注意点

(1)　建築基準法の遵守

　分筆に当たっては、建築法令に注意する。分筆の仕方によっては、当該土地が「建築不可」物件になってしまうことがある。この点は、土地家屋調査士と相談しながら境界線を定める。

(2)　価格差

　一団の土地を分筆すると、分筆後の土地の総額と分筆前の土地の総額との間には価格差が生じ、多くは、分筆後の土地の総額は、分筆前の土地の総額よりも価格が下がる。この点は、依頼者に十分説明する。

　土地の形状、公道面との接し方、方向等で、同じ面積でも、価格がかなり異なることになる。不動産鑑定士や仲介業者などのアドバイスをもとに、できるだけ価格差が生じないよう分筆する必要がある。

(3)　借地権の現物分割と地主の承諾

　借地権を現物分割するときは、地主の承諾が必要となる。借地人が2人以上となり、地主に新たな負担を生じさせることになるからである。

5 現物分割で調停を成立させるときの手順

遺産分割調停では、以下の①②いずれかの方法で調停を成立させる。
① 分筆登記を完成させたのち、新地番で土地を特定して調停を成立させる。
② 分筆登記の完成を待たず、分筆登記可能な程度の測量図面を作成し、取得者を決めて調停を成立させる。後日、分筆登記やさらには再測量も必要となる場合もあるから、これらの手続への相続人全員の協力を確認する条項も入れる。

①は万全だが、調停成立まで、更に数か月を要することになる。②は迅速に調停が成立するが、後日、トラブルが発生する場合もある。とりあえずは、分筆登記可能な程度の測量図面を添付して遺産分割の中間調書を作成して、登記終了後に遺産分割の成立調書を作成するのが望ましい。この点は、調停委員会と十分協議する。

調停条項

土地の分筆による現物分割

☐ 【申立人・相手方】＿＿＿＿＿は、目録記載＿＿＿＿の土地のうち、別紙図面イ、ロ、ハ、ニ、イの各点を順次直線で結んで囲まれた部分を取得する。

☐ 【申立人・相手方】を除く当事者全員は【申立人・相手方】に対し、別紙図面イ、ロ、ハ、ニ、イの各点を順次直線で結んで囲まれた部分の土地につき、本日付遺産分割を原因とする持分移転登記手続をする。

---

6 審判での現物分割

審判で一団の土地の現物分割をすることは非常に困難である。

審判書には、分筆登記が可能な地積測量図を作成する必要がある。当事者は、この審判書に添付された地積測量図をもとに、分筆登記と相続登記を単独申請するからである。この地積測量図の作成には関係者全員の合意を得る必要があるが、調停が成立せず審判に移行するケースにおいて、全当事者の合意を得ることは困難である。

また、具体的相続分が争われるときは、その具体的相続分を確定したうえで、これに対応した分割方法となる。
　こうした理由から、当事者全員の協力が得られない限り、審判での不動産の現物分割は、非常にレアケースである。

代償分割の注意点

> **ポイント**
>
> 　相続人が遺産である不動産の取得を希望しても、代償金支払能力が疑わしいときは、代償金支払能力の証明を要求すべきである。審判では、取得の前提条件として要求される。

> **設 例**
>
> 　遺産分割調停で、相続人Aは、唯一の遺産である時価3000万円の土地建物の取得を希望し、もう1人の相続人Bも、異論はない。しかし、相続人Aは、無職であり代償金が支払えるか疑問である。相続人Bの代理人は、どのように行動すべきか。
> 　相続人Aが、代償金の分割払を申し出てきた場合はどうか。

> **回 答**
>
> 　相続人Bの代理人は、相続人Aに対し、代償金支払能力の証明を要求すべきである。代償金は一括支払が原則であり、分割払の場合は、最長でも2～3年程度である。

■ 解 説 ■

1 遺産分割では、代償分割が多い

　不動産に関しては、現物分割が現実には難しい（「不動産の現物分割方法」215頁参照）ことから、実際は、各相続人に単独取得希望があるかないかを確認し、希望する相続人に当該不動産を単独取得させている。

　他の相続人が、その他の遺産の取得を希望せず、あるいは希望する遺産の価格だけでは、その相続人の具体的相続分に達しないときは、その不動産の取得を希望する相続人が、他の相続人に代償金を支払うことで調整を図ることになる。

　金融資産も、相続手続を簡便にするため、1人の相続人に寄せ、他の相続人に代償金を支払う形式をとることが多い。

2 代償金支払能力の証明

　不動産で代償分割をする場合、審判では、取得希望の相続人に融資証明書・預金残高証明書等を提出させ、代償金支払能力を証明させている。支払能力を証明できないときは、取得できない。

　調停では、代償金支払能力を証明させる必要はないが、その相続人の代償金支払能力に疑問があるときは、相手方代理人としては、当該相続人の代償金支払能力の証明を要求すべきである。

　なお、金融資産等の代償分割では、代償金支払能力の証明は不要である。

3 代償金不履行への対応策

　代償金の支払不履行を理由として遺産分割は解除できない。安易に遺産分割調停を成立させたのち代償金が支払えなくなったときは、代理人の責任問題になる可能性もあるから、代理人は、積極的に支払能力の証明を要求すべきである。

4 代償金支払能力の証明ができないとき

　代償金支払能力の証明ができない場合、遺産が単独所有のときは、審判では、競売の許可が出て競売となる。遺産が共有持分のときは、共有持分では競売にかけても落札価格がおちることから、審判では「共有」とする審判を出す。このあとは、共有物分割訴訟で最終決着を図ることになる。代理人は、代償金支払能力が証明できないときは競売になってしまうことを説明して任意売却を促すことになる。

5 代償金の支払方法

(1) 一括払

　代償金は、一括支払が原則であり、期間は、調停成立後、1か月以内が原則である。多くの代償分割は、以下の条項によることが多い。

調停条項

□　【申立人・相手方】＿＿＿＿は、【申立人・相手方】＿＿＿＿に対し、第＿＿項の遺産を取得した代償として、＿＿＿＿万円を支払うこととし、これを、平成＿＿年＿＿月＿＿日限り、下記の口座に振り込む方法により支払う。(□なお、振込手数料は振込人の負担とする。)

記

　　　　　　　＿＿＿＿銀行＿＿＿＿支店

　　　口座名義「＿＿＿＿＿＿」

　　　普通・当座（口座番号＿＿＿＿＿＿）

---

(2) 引換給付

調停条項

> □ 【申立人・相手方】＿＿＿＿＿は、【申立人・相手方】＿＿＿＿＿に対し、遺産分割の代償として＿＿＿＿＿円を支払うこととし、これを平成＿＿年＿＿月＿＿日までに、＿＿＿＿＿が第＿＿項の建物明渡しを受けるのと引換えに、＿＿＿＿＿銀行＿＿＿＿＿支店の＿＿＿＿＿名義の普通預金口座（口座番号＿＿＿＿＿）に振り込む方法により支払う。
> 　【申立人・相手方】＿＿＿＿＿は、【申立人・相手方】＿＿＿＿＿に対し、平成＿＿年＿＿月＿＿日までに、前項の金員の支払を受けるのと引換えに、目録記載＿＿＿＿＿の建物を明け渡す。
>
> □ 【申立人・相手方】＿＿＿＿＿は、【申立人・相手方】＿＿＿＿＿に対し、遺産分割の代償として、＿＿＿＿＿円を支払うこととし、これを平成＿＿年＿＿月＿＿日までに、【申立人・相手方】＿＿＿＿＿が第＿＿＿項記載の共有持分移転登記手続をするのと引換えに、＿＿＿＿＿銀行＿＿＿＿＿支店の＿＿＿＿＿名義の普通預金口座（口座番号＿＿＿＿＿）に振り込む方法により支払う。
> 　【申立人・相手方】＿＿＿＿＿は、【申立人・相手方】＿＿＿＿＿に対し、平成＿＿年＿＿月＿＿日までに、前項の代償金の支払を受けるのと引換えに、目録記載＿＿＿＿＿の建物の共有持分＿＿＿分の＿＿＿につき、本日付遺産分割を原因とする共有持分移転登記手続をする。共有持分移転登記手続に要する費用は、【申立人・相手方】＿＿＿＿＿の負担とする。

(3) 席上授受

調停条項

> □ 【申立人・相手方】＿＿＿＿＿は、本日、【申立人・相手方】＿＿＿＿＿に対し、本調停の席上で、第＿＿＿項の遺産を取得した代償として、＿＿＿＿＿万＿＿＿＿＿円を支払い【申立人・相手方】はこれを受領した。

(4) 分割払

代償金を分割払にする場合もあるが、代償金の分割支払はレアケースであ

る。仮に分割支払に合意するとしても2～3年が最長である。まれに5年の分割払も、ないではない。

　20年とか、30年という提案がなされることもあるが、ほぼ100％受け入れられない。

　代理人は、分割払の場合は、担保を設定したり、支払を怠ったりした場合の期限の利益喪失約款、遅延損害金条項を入れることも検討する必要がある。

調停条項

> □　【申立人・相手方】＿＿＿＿＿は、【申立人・相手方】＿＿＿＿＿に対し、第＿＿項の遺産を取得した代償として、＿＿＿＿＿万円を支払うこととし、これを、以下のとおり分割して下記の口座に振り込む方法により支払う。
>
> 　①　平成＿＿年＿＿月＿＿日限り、＿＿＿＿＿万円
> 　②　平成＿＿年＿＿月＿＿日限り、＿＿＿＿＿万円
> 　③　平成＿＿年＿＿月＿＿日限り、＿＿＿＿＿万円

(5)　担保設定

　支払能力に不安があるときは、担保を設定することもある。

調停条項

> □　当事者【全員・双方】は、第＿＿項記載の代償金の支払を担保するため目録記載＿＿＿＿の土地につき、抵当権者を＿＿＿＿＿、債権額を＿＿＿＿＿円とする順位1番の抵当権を設定する。
> 　【申立人・相手方】＿＿＿＿＿は、【申立人・相手方】＿＿＿＿＿に対し、前項記載の本日付抵当権設定契約を原因とする抵当権設定登記手続をする。抵当権設定登記手続に要する費用は、【申立人・相手方】＿＿＿＿＿の負担とする。

代償分割と税

> **ポイント**
> ◆代償金は取得原価に算入されない。
> ◆代償金は、時価をベースに決めるので、相続税申告書の不動産価格との間に齟齬が生じることがある。

設例

遺産は時価6000万円（路線価3000万円）の不動産で、相続人は長男A・次男B・長女Cの3人である。不動産業を営む長男Aは、次男B・長女Cに各2000万円、合計4000万円の代償金を支払い、相続不動産を取得した。
① 後日、長男Aが、相続で取得した宅地を販売するとき、次男B・長女Cに支払った4000万円の代償金は、取得原価に算入できるか。
② 長男Aは、路線価3000万円の不動産を取得するために4000万円の代償金を支払ったことを理由として、自己の相続取得分をゼロとして更正の請求をしたい。認められるか。

回答

①・②共に認められない。

―――― 解説 ――――

1 代償分割と取得原価

代償金は取得原価に算入できない。相続人の1人が代償金を交付して単独で相続した不動産を売却したとしても、遺産分割の一態様として代償金を支払ったにすぎず、取得のための費用とはいえないから、譲渡所得の計算上、

右代償金を右不動産の取得費に算入することはできない（最三小判平成6・9・13家月47巻9号45頁）。

その結果、含み益に対する課税を現物取得者が全面的に負担することになる。取得者が、自ら希望して取得したときは問題ないが、やむを得ない事情で取得せざるを得なかったときは不均衡な結論となる。

代償分割を選択しながら含み益課税を相続人に公平に配分するには、以下の方法がある。

(1) 調停成立時に譲渡所得税の価格を推計して、その分を差し引く。
(2) 当該不動産を時価ではなく路線価で評価する。

長期譲渡に対する国税・地方税の総額は、現在、約21％である。一方、路線価は、都市近郊の市街地では、概ね時価の8掛けが多い。路線価で評価することは、含み益課税を各相続人で負担するに近い結果となる。

(3) 共有分割で遺産相続し、その後、共有物分割として全面的価格賠償で持分を取得する。

共有物分割には、現物分割、換価分割のほかに、全面的価格賠償方式がある。全面的価格賠償方式は、遺産分割における代償金と同じ分割方法だが、法律的には、持分権の売買であり、譲渡所得税等が課税される。

2 代償分割と相続税

(1) 時価按分方式

遺産分割における代償金は不動産の時価で決めるが、相続税法上は、不動産は路線価で評価する。そこで、設例のような事態が生ずる。この場合、「時価按分方式」により計算することになる（相基通11の2-9、11の2-10）。

設例では、路線価は時価の2分の1であるから、代償金を路線価ベースに引き直すと、相続税法上は2分の1、つまり各1000万円、合計2000万円の代償金を支払ったものとして、全員で協議し申告することになる（国税庁タックスアンサー（よくある税の質問）https://www.nta.go.jp/m/taxanswer/4173.htm）。

(2) 調停条項化する際の注意点

この方法は、「代償債務の額がその財産の代償分割の時における通常の取引価額を基として決定されている」ことを国税庁に証明し、かつ、相続人全員の同意が必要である。できれば、遺産分割調停条項に、「代償分割の対象となった財産の取引価格」及び「その取引価格を基にして決定された代償金の評価額」を明記し、「時価按分方式」で申告することに全員が同意していることも付け加えた方がよい。ただ、家裁は、税金問題には関わらないというスタンスだから、調停条項化することに難色を示す場合がある。

換価分割

> **ポイント**
>
> 換価分割で任意売却をするときは、競売条項を入れるのが望ましい。

> **設例**
>
> 相続人は長男Aと次男B。次男Bは、遺産である家屋に居住している。遺産分割調停で、家屋を売却し、売却代金を等分することになった。調停成立に当たり、調停委員、代理人として、注意すべき点は何か。

> **回答**
>
> 次男Bの確実な退去の確保と確実な売買である。

── **解説** ──

換価分割とは、遺産を売却等で換金した後に、価格を分配する方法である。現物分割、代償分割が困難なときに行われる。

1　換価分割の方法

①競売による換価、②任意売却による換価、③競売権を付した任意売却があり、調停実務では、③の競売権を付した任意売却形式が圧倒的に多い。

(1)　競売による換価

競売による換価の場合の調停条項は、以下のとおりとなる。土地が都心の一等地で、高価なため、業者買取りしか想定できず、しかも、不動産市況が非常に好況なときは、私的入札よりも高価で売却できるときがある。

調停条項

> □　競売条項　当事者【全員・双方】は、目録記載＿＿＿＿の不動産を裁判所の競売によって換価する。

(2)　任意売却による換価

以下の2つの形式がある。

① 代表者一任型任意売却

相続人の代表者又はその代理人に、相続人全員が、その売買を一任する。

調停条項

> □　当事者【全員・双方】は、平成＿＿年＿＿月＿＿日までに目録記載＿＿＿＿の不動産につき、その売却に関する一切の手続を【申立人・相手方・代理人】＿＿＿＿に委任してこれを売却した上、売却代金から不動産仲介手数料及び測量費等の売却に要する費用を控除した残代金を【□法定相続分の割合で・□各＿＿分の＿＿の割合で】取得する。（□同代理人は、上記手続に同意した。）
>
> □　【申立人・相手方】＿＿＿＿は、当事者【全員・双方】に対し、目録記載＿＿＿＿の土地の売却後直ちに第＿＿項記載の残代金を引き渡す。

② 相続人全員型任意売却

相続人全員が、共同して売却する。

調停条項

> □ 当事者【全員・双方】は、目録記載＿＿＿の不動産を相互に協力して売却するものとし、その売却代金から不動産仲介手数料及び測量費等の売却に要する費用を控除した残代金を【□法定相続分の割合で・□各＿＿分の＿＿の割合で】取得する。なお、売却における期限を平成＿＿年＿＿月＿＿日とし、最低売却価額を＿＿＿＿万円とする。

③　共通調停条項

いずれの場合も、下記調停条項を記載する。

調停条項

> □ 当事者【全員・双方】は、目録記載＿＿＿の土地の売却に際し、測量その他一切の手続に協力し、かつ、相続分の譲渡、本件建物に対する共有持分の譲渡、又は担保権の設定その他売却代金の分配手続を害する一切の行為をしないことを約束する。

④　私的入札による売却

　相続人全員で、複数の業者から買取希望価格を提出させ、その中で1番高値を付けた業者に売却するという方式である。入札期間、入札条件、開札期日を相続人全員で合意し、できるだけ多くの業者に声掛することになる。

　ただし、この方式は、業者の買取りを前提とするから、都心の一等地にあり、売却価格が1億円を超えるような物件に限られる。ファミリータイプのマンションなどは、業者買取りでは買取価格が下がるから、エンドユーザーを対象とした通常の任意売却方式がよい。

(3)　競売権を付した任意売却形式による換価

　一定期間（多くは半年～1年）任意売却を試み、その期間を経過したら各相続人が競売権を取得する方法である。任意売却による換価では、この方式が多い。高値で売りたい相続人と早く売りたい相続人、適正価格の認識の違い等から、調停成立後、相続人間で、意見の対立が表面化し、売却が困難になる恐れがあるためである。

Ⅶ　具体的な分割方法　229

調停条項

> □　当事者【全員・双方】は、目録記載_____の不動産につき、平成___年___月___日以降、単独で競売申立てをすることができる。ただし、平成___年___月___日までに売却できた場合にはこの限りではない。
>
> □　当事者【全員・双方】は、任意売却期間が経過したときは、目録記載_____の不動産につき、単独で競売申立てをすることができる。

(4)　建物に相続人が入居している場合

　換価までの不動産の無償使用とその期間、公租公課の負担等を調停条項で定める。

　なお、換価分割の場合、入居者は、明け渡す相手がいないから、文言は、「明渡し」ではなく「立退き」になる。明渡しの強制執行はできても、立退きの強制執行はできないから、不退去の場合のペナルティも検討する。

2　換価分割後の課税

　相続税の申告期間後3年を経過する日までの間に、相続税額の基礎となった不動産等の遺産を譲渡した場合は、譲渡所得税の計算に当たり、相続税相当額を取得費として算入できる（相続税の取得費加算の特例・租税特別措置法39条）。

「共有分割」の審判が出される場合

ポイント

> 　共有分割は、全相続人の同意があるか、他に選択肢がない場合の最後の分割方法である。

> **設例**

以下の設例で、家裁はいかなる審判を出すか。
① 相続人AとBは、共に雅楽の家元であり、正当な承継者は、代々伝わる「秘伝書」を承継することになっている。AとBは、共に、「自己が正当な承継者であり、秘伝書は自己が相続すべきだ」と主張し、家裁の審判を求めている。
② 広大な土地が遺産だが、相続人間で現物分割の配分の合意ができず、かといって、全体について、代償金を支払える相続人もいない。換価分割にも、全員が反対している。
③ 広大な土地の共有持分が遺産だが、取得希望者はいても、代償金を支払える相続人がいない。

> **回答**

いずれも「共有分割」の審判が出る場合が多い。

――――― 解説 ―――――

1 遺産分割の最後の選択肢としての共有

分割の順序は、調停では決めないが、審判では①まず現物分割を検討し、②現物分割が無理なときは代償分割、③代償分割も無理なときは換価分割の順番で行い、④それも無理なときは共有分割で行う。この順序に従わない審判は、抗告審で破棄される。

【大阪高決平成14・6・5要旨　家月54巻11号60頁】
「遺産分割の方法の選択に関する基本原則は、当事者の意向を踏まえた上での現物分割であり、それが困難な場合には、現物分割に代わる手段として、当事者が代償金の負担を了解している限りにおいて代償分割

> が相当であり、代償分割すら困難な場合には換価分割がされるべきである。共有とする分割方法は、現物分割や代償分割はもとより、換価分割さえも困難な状況があるときに選択されるべき分割方法である。」

2 調停での共有分割

調停では、相続人全員の同意があれば、相続人の共有とする「共有分割」をすることに問題はない。しかし、「共有分割」は問題を先送りするだけであり、最終的な解決にならない場合が多い。調停でも、「共有分割」は、できるだけ回避すべきである。特に金融資産などは、準共有にする必要性はない。

仮に準共有にする場合は、以下のとおりである。

調停条項

□ 【申立人・相手方】＿＿＿＿及び【申立人・相手方】＿＿＿＿は、遺産目録記載＿＿の【預貯金・株式・債権】を、各＿＿分の＿＿の割合で準共有取得する。

不動産などは、現物分割、代償分割が無理なら換価分割となる。しかし、換価分割も全員が反対しているなら共有分割にせざるを得ない。

調停条項

□ 【申立人・相手方】＿＿＿＿及び【申立人・相手方】＿＿＿＿は、目録記載＿＿の不動産を、【持分各＿＿分の＿＿の割合で・下記持分割合で】共有取得する。

3 審判で「共有分割」になる場合

(1) 当事者が共有形態での審判を希望したとき

他に選択肢があるときでも、当事者全員が「共有」を希望するときは、裁判所は共有の審判を出すが、その場合、当事者全員から「共有でよい」とい

(2) 価格不明のとき

　価格の判断が難しい、当事者の誰も鑑定費用を分担しない等の場合で、価格が判定できないとき、かつ、具体的相続分の争いがないときは、共有分割となる。

(3) 不動産が共有持分のとき

　不動産で現物分割も代償分割も無理な場合は、原則として、換価分割となる。しかし、共有持分が遺産の場合は、共有物分割手続内で全体で換価する方が合理的だから、換価分割ではなく共有分割の審判を出す場合が多い。

4　設例について

　小問①については、「秘伝書」の価格が不明であり、価格が不明な遺産は、「共有分割」を選択するしかない場合が多い。

　小問②についても、共有分割しか選択肢がない場合が多い。

　小問③については、遺産が共有持分であり、共有物分割訴訟で全体的に換価した方が合理的だから、共有審判となる。

複数の相続人の取得希望が競合した場合

ポイント

　不動産について取得希望の相続人が数人いるときは、その当該不動産との関わりの度合いから判断することが多い。

設例

① 　相続人Aは、被相続人の配偶者であり、子供はいないが、居住していた家屋の取得を希望している。相続人である被相続人の兄弟Bは、「嫁」には家を取得させないと主張している。審判では、どちらが取得するか。

② 相続人Aは、被相続人のアパート建築の連帯保証人となり、被相続人の生前から、高齢の被相続人に代わってそのアパートを管理してきた。相続人Aは、そのアパートの不動産の取得を希望しているが、相続人Bも、そのアパートの取得を希望している。ほかに遺産はない。審判では、どちらが取得するか。

③ 相続人Aは、被相続人の配偶者であり、子供はいないが、生前から被相続人とともに、相続財産である駐車場を管理してきた。しかし、被相続人の兄弟Bは、子孫のいない嫁に我が家代々の土地をやるわけにはいかないと主張し、やはり駐車場の取得を強く希望している。調停委員会は、AとBの共有を提案している。この調停委員の提案は正しいか。

④ アパートが2棟あり、1棟は公道に面し、もう1棟は私道に面している。相続人A・Bは、互いに公道に面したアパートの取得を希望して譲らない。調停委員会は、どのようにすべきか。

回答

① 審判ではAが取得することが多い。
② 審判ではAが取得することが多い。
③ 「共有」での解決は、問題を先送りするだけであり、調停委員の提案は間違いである。本件では、Aの単独取得の審判が出る確率が高いので、A単独取得の提案をすべきである。
④ 調停では、AとBで入札し、より高値を提示した方を取得者とするのも1つの提案である。

■ 解 説 ■

1 相続人の1人が居住している場合（小問①）

遺産分割で現状変更することはめったにない。入居者の取得希望を優先する。複数の相続人が、その不動産について取得を希望しているときは、その

不動産に現実に居住している相続人が取得する審判となるケースが多い（バヒスバラン薫「遺産分割事件のケース研究(2)」ケース研究332号177・178頁）。もっとも、その占有開始が違法な場合、その管理がひどく、近隣に迷惑をかけている場合等、特段の事情がある場合は、別である。

2 遺産の現況から判断できる場合（小問②・③）

どの相続人が、より遺産物件との関係性が深いのかという観点から取得者を決定する。

小問②の場合、Aは、管理し、かつアパートローンの連帯保証人になっている。現況はAの支配下であり、代償金支払能力を証明できれば、Aが取得する審判が出ることが多い。

小問③の場合、兄弟Bの主張は、「子供のいない嫁Aには、我が家の土地は相続させることはできない」という、前近代的な発想であり、論外である。代償金支払能力を証明できれば、Aが取得する審判が出ることが多い。調停委員会が「共有」を提案するなど、問題を先送りするだけである。

3 入札方式

現況・現状からは優劣をつけがたいとき、高い値段を付けた人に取得させるという入札方式をとることがある。

小問④では、相続人A・B、どちらも遺産であるアパートの距離とは等しい立場にある。このような場合、近時は、調停段階で、相続人A・Bに入札させ、より高額な代償金を提示させた相続人に取得させる方法が行われることもある（バヒスバラン薫「遺産分割事件の実務～遺産分割事件の法的枠組みを理解するために(2)」調停時報195号51頁）。

動産の分割方法

> **ポイント**
>
> ◆自動車以外の動産は、特定も、評価も難しく、「遺産分割」よりも、形見分けをするほうが合理的である。
> ◆税務申告で用いられる「家財道具一式〇〇円、現金〇〇円」は、税務申告用の「お決まり項目」であることが多く、遺産分割の対象から外すのが普通である。

設例

被相続人の遺産には、多数の刀剣類、金の延べ棒、水墨画、呉服があり、さらには相続税申告書には、家財道具一式40万円、現金20万円とある。被相続人と同居していた相続人Aは、家財道具はほとんど価値がなく、現金20万円などは知らないと回答し、遺産分割の対象にならないと主張している。これに対し、相続人Bは、それなら、なぜ相続税申告書に署名・押印したのか、遺産分割の対象にすべきだと反論している。
① 家財道具と現金について、どちらの主張が正しいか。
② 多数の刀剣類、金の延べ棒、水墨画、呉服などは、代理人として、どのように分割案を提示すべきか。

回答

① 「家財道具一式〇〇円、現金〇〇円」は、税務申告用の「お決まり項目」であることが多いから、遺産分割の対象にすることはあまりない。もっとも、現実に多額のタンス預金がある場合は、「現金」という動産が遺産分割の対象になる。
② あみだくじ方式、入札方式、オークション方式等、諸々検討すべきであ

る。

解 説

1　家財道具一式・現金の取扱い

　相続税申告書には、往々にして、「家財道具一式○○円」「現金○○円」という記載があり、これをそのまま家裁に提出する遺産目録に記載する相続人や代理人がいる。しかし、これは税務当局の「生活していて現金ゼロはおかしい」「家財道具が無価値はおかしい」という伝統的な見解から、総遺産との兼ね合いで「推定値」を記載しているだけで、遺産分割の対象にはならない。

2　現金の分割

　民法上、遺産目録に記載する「現金」は、動産としての現金、例えば、貸金庫内に存する現金や、いわゆるタンス預金のことである。一方、例えば今後の出費に備えて、全相続人の同意を得て、被相続人の死亡直前に普通預金から引き出したお金も相続税申告書には「現金」と表示するが、民法上の遺産としては、引き出した相続人の「預り金」と表示する。

　「現金」は、遺産分割の対象になるが、「預り金」は、可分債権であり、全相続人の同意がない限り、遺産分割の対象にはならないから、この区別は重要である。

3　金の延べ棒の分割

　金の延べ棒は、それぞれ番号があり、それで特定できるが、価格は日々変動するから、いつの時点の価格とするか合意する必要がある。できれば、特定の相続人が取得し、他の相続人に代償金を支払う形式をとった方が賢明である。

4 絵画や刀剣類、書画骨董品の分割

大量の絵画や刀剣類、書画骨董品などを家裁の遺産分割調停・審判に持ち込んで分割してほしいと申し立ててくる相続人がいる。このうち、刀剣類は、記号、作者、大きさ等で特定するが、評価合意をする必要がある。水墨画は特定しやすいが、真贋(がん)の問題、評価の問題がある。一方、呉服は特定が困難であるうえ、市場価値があるかはかなり疑問である。この種の遺品は、あみだくじ、じゃんけん等で、取得順位を決め、各自が、その順位に従って、取得希望の品を順次獲得するのが理想である。

それでも、特定の遺品に取得希望者が集中し、互いに譲らないときは、入札方式（それぞれ入札価格を提示し、高い価格を付けた方が取得する）・オークション方式をとる。

遺産分割調停の成立と登記

ポイント

遺産分割調停を成立させる場合、相続登記が未了なら問題はないが、法定相続分で相続登記されている場合は注意を要する。

設 例

相続人Ａが相続不動産を取得し、相続人Ｂが相続人Ａから代償金1000万円をもらうことで遺産分割が成立した。単独登記するためには、
① 当該不動産の相続登記が未了の場合、どのような調停条項にすべきか。
② 当該不動産に、法定相続分で相続登記がされている場合、どのような調停条項にすべきか。

回答

① 単に「相続人Aが相続する」と記載すれば足りる。
② 調停条項に相続人Bの登記義務の履行に関する条項を記載する。

解説

調停条項は、確定した判決と同一の効力（形成力及び執行力）がある。

1 不動産の名義が被相続人のままになっている場合

調停分割により権利を取得した相続人は、単独申請できる。ただし、調停分割があったことを証するため、調停調書の謄本を添付する必要がある。「証する」ためだけだから、正本は不要である。

この場合、改めて戸籍謄本等で相続関係を明らかにする必要はない（昭和37年5月31日民事甲1489号民事局長回答）。

なお、遺産分割協議書を公正証書で作成した場合も同様である（東京登記実務協議会決議（昭和59年12月10日決議）東京法務局だより162号）。

2 法定相続分で登記がされている場合

この場合は、相続人Aを登記権利者とし、相続人Bを登記義務者として、「○年○月○日遺産分割」を登記原因として、共同申請をすることになる。

もっとも、調停調書に登記義務者の履行に関する条項がある場合は、調停調書の執行力に基づき、登記権利者として単独申請できる。その場合は、調停調書の執行力を使うため、正本を添付する必要がある（不動産登記法63条1項、不動産登記令7条1項5号ロ(1)）。

3 相続人の代償金の支払能力が不安な場合

遺産分割調停を成立させる際、代償分割による取得を希望する相続人の代償金支払能力が不安な場合がある。この場合、調停成立前に、法定相続分に

基づく相続登記をしておいて、共同申請でなければ相続登記できないよう調停を成立させるのも1つの方法である。

4 調停条項

次のとおりとなる。

(1) 共同相続登記が入っているとき

調停条項

> □ 【申立人・相手方】_____は、【申立人・相手方】_____に対し、目録記載の不動産の各持分につき、本日付遺産分割を原因とする持分全部移転登記手続をする。ただし、登記手続費用は【申立人・相手方】の負担とする。
>
> □ 当事者【全員・双方】は、別紙目録記載の不動産につき、甲区順位____番登記の所有者を【申立人・相手方】_____、持分____分の____とする更正登記手続をする。

(2) 相続人の単独登記が入っているとき

> □ 【申立人・相手方】_____は、【他の当事者・当事者全員】に対し、目録記載の不動産の____法務局平成____年____月____日受付第_____号をもってなされた被相続人から【申立人・相手方】_____に対する所有権移転登記につき、錯誤を原因とする抹消登記手続をする。
>
> □ 【申立人・相手方】_____は、他の当事者に対し、目録記載の不動産の____法務局平成____年____月____日受付第_____号をもってなされた被相続人から【申立人・相手方】_____に対する所有権移転登記につき、錯誤を理由とし、所有者を当事者【全員・双方】とし、その持分を各____分の____とする____番所有権更正登記手続をする。
>
> □ 【申立人・相手方】_____は、それぞれ【申立人・相手方】_____に対し、目録記載の不動産の持分____分の____につき、

本日付遺産分割を原因とする持分全部移転登記手続をする。

☐ 【申立人・相手方】＿＿＿＿は、平成＿＿年＿＿月＿＿日限り、真正な登記名義の回復を原因として、被相続人名義に所有権移転登記をする。

(3) 第三者の登記が入っているとき

☐ 参加人は、当事者全員に対し、目録記載の不動産の＿＿＿＿法務局平成＿＿年＿＿月＿＿日受付第＿＿＿＿号をもってなされた被相続人から参加人に対する所有権移転登記につき、錯誤を原因とする抹消登記手続をする。

☐ 【申立人・相手方】＿＿＿＿は、参加人に対し、目録記載の不動産の＿＿＿＿法務局平成＿＿年＿＿月＿＿日受付第＿＿＿＿号をもってなされた参加人から【申立人・相手方】＿＿＿＿に対する所有権移転登記につき、錯誤を原因とする抹消登記手続をする。

☐ 参加人は、平成＿＿年＿＿月＿＿日限り、平成＿＿年＿＿月＿＿日付売買を原因とする被相続人への所有権移転登記をする。

遺産の一部分割を行う場合と注意点

ポイント

　遺産の一部分割は、遺産分割の早期解決、節税のための利用、貸金庫の開扉等のために行われるが、協議・調停で一部分割をする場合は、必ず、遺産の一部分割協議書又は調書を作成し、後に行われる最終的な遺産分割との関係を明示する。

設 例

　相続人は配偶者Ａ・長男Ｂ・次男Ｃで、遺産は預金と不動産である。

Ⅶ 具体的な分割方法　241

① 遺産分割調停を行っており、預金の分割方法に異論はないものの、不動産の分割方法をめぐって紛糾し、相続税納期限までに納税資金が準備できない。どうすればよいか。
② 配偶者Ａが自宅の敷地を取得することに当事者間で異論はないが、他の遺産の分割で紛糾し、分割が長期化しそうである。配偶者の税額軽減制度、小規模宅地等の特例の適用を受けるためには、どうすればよいか。なお、「申告期限後３年以内の分割見込書」の提出は考慮しないものとする。

■ 回 答 ■

① 預金のみを一部分割し、相続分に従って配分する。
② 配偶者Ａが自宅の敷地を取得する一部分割協議書を作成して、税務署に提出する。
　いずれの場合も、必ず、遺産の一部分割協議書を作成し、後に行われる最終的な遺産分割との関係を明示する。

■ 解 説 ■

1　一部分割の実務と根拠法

(1)　家事事件手続法73条2項

　家事事件手続法73条2項に、一部分割の規定があり、この規定を根拠に、従来から一部分割の審判・調停が行われていた。ただし、この規定は、遺産全部が審判に係属していることを前提とし、裁判所の判断で一部の分割を行う場合である。

(2)　新相続法907条

　新相続法は、907条で一部分割を明示した。これは、家事事件手続法73条2項とは異なり、相続人が自ら遺産の一部の審判・調停を申し立てる規定である。

(3) 新相続法の実務への影響

調停実務では、全相続人同意の下、早期解決を目的として、頻繁に行われていた。調停実務では、現状の大幅な変更はない。審判では、今後は一部分割審判がより積極的に利用されるだろう。

2 一部分割が行われる場合

(1) 早期の金銭確保

相続税の支払、生活資金の必要性から、早期に遺産分割をする必要性があるが、早期成立が見込めない場合は、預金等流動資産だけ一部分割し、現金化することにより、納税資金・相続人の生活費確保ができるようになる。

(2) 遺産分割の早期成立

遺産の一部は分割方法に異論はないが、残余の分割方法をめぐって分割協議がまとまらない場合などは、とりあえず合意のできた部分だけ一部分割を成立させることで、論点が整理され、合理的で迅速な遺産分割が成立する。また、遺産の範囲について争いがあるときも、争いのある部分を除いて遺産分割をすることもできる。

調停実務では、一部分割が行われるのは、生活資金の確保よりも、事件の早期の解決という観点から行われる場合が非常に多い。

(3) 減税制度の利用

配偶者の税額軽減制度、小規模宅地等の特例の適用を受ける遺産について分割方法には異論がないが、他の遺産で分割が紛糾している場合、全部の分割を待っていると、特例制度が利用できなくなる場合がある。このような場合は、特例の適用を受ける遺産だけ一部分割を成立させることで減税制度を利用できるようになる。

(4) 貸金庫の開扉

「貸金庫の開扉ができないとき」参照（29頁）

3 一部分割ができない場合

具体的相続分について争いがあるときで、残余の遺産だけでは具体的相続

分に基づいた遺産分割ができないときは、一部分割は行うべきではない。

4　残余遺産との関係の確認

　調停・協議で、一部分割をする際は、必ず残余の遺産分割の関係について、遺産の一部分割とその余の遺産分割との関係を明示する。もし、この条項が抜けているときは、当事者の意思解釈の問題になるが、「相続人は、一部分割の効力が残部に影響するものという意思だった」と認定されることが多い。

調停条項

一部分割の効力が残部に影響しない場合の条項

> □　当事者全員は、別紙遺産目録記載の遺産について、前項の分割とは別個独立にその相続分に従って分割することとし、上記遺産の一部分割がその余の遺産分割に影響を及ぼさないことを確認する。

一部分割の効力が残部に影響する場合の条項

> □　当事者全員は、別紙遺産目録記載の遺産について、①残余の遺産分割において、前項により分割された遺産を含めて、遺産の総額を評価し、②その総額に各共同相続人の法定相続分を乗じて算定された具体的相続分額（特別受益・寄与分による修正を含む。）から前項により取得した遺産額を控除した額に基づき、各共同相続人の残余の遺産に対する具体的相続分率を算出し、③引き続き本件手続において、残余遺産の分割を協議することを確認する。

Ⅷ 遺産分割の特殊問題

死後認知と遺産分割・遺留分侵害額（減殺）請求権

ポイント

認知しないまま父が死亡した場合、死後認知の方法をとる。遺産分割がすでに終了している場合は、民法910条の価額支払請求をすることになる。

設例

被相続人甲には、配偶者乙との間に長男A・長女Bがいたが、配偶者以外の女性との間にも隠し子Cがいた。しかし、甲は、家族に発覚することを恐れてCを認知しないまま死亡した。Cの存在を知らない乙・A・Bは、既に遺産分割を終了している。
① Cが相続権を取得するにはどうすればよいか。
② Cが相続権を回復した後、どうすれば遺産を取得できるか。
③ 甲が全遺産を乙に相続させるという遺言を残していた場合、Cはどうすればよいか。

回答

① 死後認知訴訟をする。
② 民法910条の価額支払請求をする。
③ 遺留分侵害額（旧法　遺留分減殺）請求権を行使するが、旧相続法のもとにおいても、価格の支払しか請求できない。

解説

(1) 死後認知の手続

死後認知の被告は、検察官であり、調停前置の適用はない。DNA 鑑定を行うが、兄弟から採取し、兄弟がいないときは、「父」の兄弟（おじ・おば）から採取する。精度は 99％といわれる。「父」の死後 3 年以内という期間制限があるから注意する。

(2) 価額の支払請求

死後認知を受けたとき、遺産分割が未了なら遺産分割に参加できるが、遺産分割が終了している場合は、相続分に相当する「価額」を請求できるだけである（民法 910 条）。この場合の価格算定基準時は、価格の支払を請求した時であり、その翌日から遅滞になる（最二小判平成 28・2・26 民集 70 巻 2 号 195 頁）。

(3) 遺留分の請求

遺言があり、遺産相続が終了しているときは、新相続法では、遺留分侵害額の請求となるが、旧相続法下でも、価格弁償しか請求できない。

① 遺留分侵害の有無、侵害割合の算定は、相続開始時を基準とする。
② 価格弁償金は、価額支払の請求時点における遺産の価格を基準とする。
  相続人の価額の支払債務は、履行の請求を受けた時に遅滞に陥る。
③ 各相続人に対し、遺留分額を超える価格の割合（算定基準時は相続開始時）に応じて請求する（東京高判平成 29・2・22 判タ 1446 号 99 頁）。

仮払制度と仮分割制度（2019年7月1日施行）

ポイント

新相続法では、生活費や葬儀費用の支払にあてるため、家裁の審判を経ずに、預金の一部を独自に解約する権利を認めている。これを超える金額が必要なときは、家裁に仮分割の申立てをする。

設例

相続人Aは、相続はしたものの、相続人間で相続をめぐって紛糾し解決の目途がたたない。しかし、相続人Aは、当面の生活費にも困窮し、被相続人の葬儀費用も捻出できない。相続人Aは、どうすればよいか。

回答

旧相続法適用事件であれば、遺産分割の保全処分として、「仮分割の仮処分」を利用する。

新相続法適用事件であれば、新相続法909条の2の単独払戻制度・新家事事件手続法200条3項の仮払制度を利用する。

―― 解説 ――

1 預貯金債権の一部行使と仮分割

最高裁が、預金債務を遺産分割対象財産としたことから、各相続人が遺産分割前に、法定相続分で預金債権の支払いを受けることができなくなったため、これによる不都合を回避すべく、認められた制度である。

2 旧相続法

最高裁判決後、「仮分割の仮処分」の制度が整備されたが、「急迫の危険を防止するため必要があるとき」という極めて厳格な要件が必要なため、実務上は、ほとんど利用されていなかった。

3 単独払戻制度（新相続法909条の2）

(1) 預貯金債権についてのみ、以下の制限で、直接、金融機関への払戻しが認められている。

① 預貯金ごとの制限

相続開始時の預金債権額の3分の1に各相続人の法定相続分を掛けた金額
（注　相続後、他の相続人がキャッシュカードを使って払戻しを受けていても、基準は相続開始時の預金残高である）

② 金融機関ごとの制限

法務省令で定める額（150万円）
（注　複数の金融機関に口座がある場合は、下記例2のように上限額が増えることになる）

〔例1〕

相続人は2人で相続分は各2分の1。A銀行に900万円の定期預金と300万円の普通預金がある。

各預金の払戻制限は、以下のとおりとなる。

900万円の定期預金　900万円 $\times \dfrac{1}{3} \times$ 法定相続分 $\dfrac{1}{2}$ ＝ 150万円

300万円の普通預金　300万円 $\times \dfrac{1}{3} \times$ 法定相続分 $\dfrac{1}{2}$ ＝ 50万円

しかし、1つの金融機関の払戻上限は150万円だから、150万円しか払い戻せない。

〔例2〕

相続人は2人で相続分は各2分の1。A銀行に900万円の定期預金、B銀行に300万円の普通預金がある。

各預金の制限は、以下のとおりとなる。

A銀行　900万円の定期預金　900万円 × $\frac{1}{3}$ × 法定相続分 $\frac{1}{2}$ ＝ 150万円

B銀行　300万円の普通預金　300万円 × $\frac{1}{3}$ × 法定相続分 $\frac{1}{2}$ ＝ 50万円

いずれも1つの金融機関の払戻上限内だから、合計200万円払い戻せる。
(2)　仮払いではなく、遺産の一部分割として処理する。もし具体的相続分を超えて払戻しを受けたときは、代償金支払義務を発生させる。
(3)　この単独払戻請求権は、行為上の一身専属性があり、譲渡や差押えの対象にならない。

4　仮分割仮払制度（新家事事件手続法200条3項）

(1)　対象は預貯金債権のみであり、他の相続人の利益を害しない場合に限られる。
(2)　新家事事件手続法200条3項で、「必要性」があれば、利用できる。「急迫の危険を防止するため」という必要性は、要求されなくなった。
(3)　金額は、遺産のうち「市場性のある遺産総額」の法定相続分が上限となることが予定されているが、相続債務があるときは、遺産総額の計算にあたり考慮する。
(4)　仮払い制度であり、遺産分割調停・審判では、仮払いされた預金を含めて調停・審判をする。

在日韓国人を被相続人とする遺産分割調停

> **ポイント**
>
> 　日韓相続法の相続人の範囲、相続分の違いに注意する。韓国にある遺産は、分割対象から外すことも検討する。

設例

　被相続人は、韓国籍。相続人は、配偶者甲、長男Ａ、次男Ｂ、長女Ｃである。長男Ａは日本国籍を取得しているが、他は全員韓国籍である。長女Ｃは韓国に居住しているが、他は全員都内に居住している。遺産のほとんどは日本にあるが、韓国にも、不動産と金融資産がある。被相続人は、ビデオで、「長女Ｃには遺産を相続させない」と遺言していた。長女Ｃも、韓国に行くに際し、遺留分は放棄するという念書を被相続人に提出していた。
　配偶者甲から、遺産分割調停の依頼を受けた弁護士は、どのように処理すべきか。

回答

　日本の家裁に遺産分割調停を申し立てる。準拠法は韓国相続法であるから、韓国相続法に基づいて遺産分割調停をすることになる。韓国相続法の相続人の範囲、法定相続分、遺言書方式は、我が国とは異なる点に注意する。
　韓国にある遺産は、遺産分割の対象から外した方が早期に解決できる場合がある。

解説

1　管轄と準拠法の確認
　まず管轄と準拠法を確認する。
　(1)　管轄　日本
　被相続人の最後の住所地が日本なら、日本に管轄がある（法の適用に関する通則法36条）。相続人の一部が韓国に居住していても同様である。ただし、遺産である不動産が、ほとんど韓国にある場合は、韓国には、日本に管轄を認めない裁判例がある。

(2) 準拠法　韓国法

　法の適用に関する通則法36条→韓国国際私法49条により、韓国法が準拠法になる。相続人の一部が日本国籍を取得していても同様である。
　なお、韓国相続法は、相続分等で大改正が行われているので、相続時の適用法令に注意する。以下は、現行法である。

2　韓国相続法の相続人の確認

　韓国相続法と我が国の相続法は、基本的枠組みは同じだが、重要な点で違いがある。
　相続人の範囲は、
第1順位　被相続人の直系卑属＋配偶者
第2順位　被相続人の直系尊属＋配偶者
　ここまでは同じだが、以下の2点が日本法と異なる。
① 　被相続人の兄弟姉妹は、配偶者及び先順位者がいない場合のみ相続人となれる。
② 　兄弟姉妹も含めて先順位者や配偶者がいないときは、被相続人の4親等内の傍系血族も相続人になれる（韓国相続法1000条・1003条）。
　本件では、配偶者甲と長男A、次男B、長女Cの直系卑属が相続人となる。

3　韓国相続法の法定相続分の確認

　日本とは法定相続分が異なる。相続分は均分だが、配偶者のみ、直系卑属や尊属の1.5倍になる。
〔例1〕
　遺産が4500万円。相続人が配偶者と3人の子の場合
　配偶者1500万円、3人の子供たち各1000万円となる。
〔例2〕
　遺産が2500万円。相続人が配偶者と子1人の場合
　配偶者1500万円。子1000万円となる。

4 韓国相続法による遺言「書」有効性の確認

本件では、ビデオで遺言が残され、韓国家庭法院で検認を受けている。日本法では無効だが、韓国法ではビデオ遺言も有効になる（法の適用に関する通則法37条・韓国相続法1067条・1091条）。

5 韓国相続法による遺留分の放棄の有効性確認

長女Cは、被相続人の生前、韓国に行くに際し、遺留分を放棄している。しかし、韓国法でも、遺留分の事前の放棄は無効であり、長女Cの遺留分放棄は無効になる。「長女には相続させない」という遺言は、「長女Cの相続分をゼロとする相続分の指定」だが、長女Cが、遺留分を行使すれば、その限度で効力を失うことになる。長女Cは、その他の相続人の2分の1の相続分を有することになる。

6 相続人の調査　除籍謄本・家族関係証明書の取り寄せ

法令を確認した後は、遺産分割調停申立て準備にとりかかる。まず除籍謄本・家族関係証明書の取り寄せからスタートする。

韓国では、2007年5月17日に「戸籍法」が廃止され、代わりに「家族関係の登録等に関する法律」が制定され、2008年1月1日から施行されている。遺産分割調停を申し立てるには、この除籍謄本・家族関係証明書の提出が必要となる。

かつては、東京・大阪・福岡の総領事館でしか申請できなかったが、現在、日本全国どこの韓国総領事館でも請求（交付申請）を行うことが可能である。「公認電子郵便方式による証明書発給サービス」という方法が導入されたためである。ただし、即日発行を希望するなら、東京・大阪・福岡の総領事館に行くことになる。

7 遺産分割調停の申立て・進行

(1) 在日韓国人を被相続人とする遺産分割調停

以上の準備を経て遺産分割調停を日本の家裁に申し立てることになる。財

産が日本国内のみで、相続人も全員国内なら、問題はない。しかし、相続人の一部が海外にいる、遺産の一部が海外にあるとなると難しい問題が生ずる。

(2) 相続人の一部が海外にいるケース

国内の弁護士を代理人として選任してもらうと迅速に処理できる。

国内の弁護士を代理人として選任しない場合、以下の問題が生じる。

〔問題点１〕

当該相続人は、調停に出席しないから、国内の相続人で全員合意したとしても、調停を成立させることができない。この場合は、国内の相続人全員の同意のもと、事前に海外にいる相続人に根回しして同意を得ておいて、「調停に代わる審判」をすることになる。

〔問題点２〕

「代わる審判」を出すとしても、送達で問題が生ずる。当該国の総領事館を通じて送達することになり、「代わる審判」の送達に半年から１年かかることもあるからである。しかし、その間に、国内の相続人の１人に再転相続が起きたときは、全てが無駄になる。日本（例えば相手方代理人弁護士事務所）に送達場所を定めてもらうべきである。

(3) 海外の資産があるケース

韓国等海外に資産がある場合、以下の問題がある。

① 金融資産などは、その国特有のものが多く、どういう内容の金融資産なのか、把握できないことが多い。

② 為替レートが絶えず変動し、正確な評価ができない。特に不動産などは、鑑定士を選任するわけにもいかず、ほとんどお手上げである。

③ 判決・審判と異なり、我が国の調停条項では韓国で相続登記をすることはできない。

8　簡便な解決

本件でいえば、

① 国内の財産だけで一部遺産分割をし、韓国内にある遺産は、韓国の弁護士に頼んで処理してもらう。

② 韓国の財産は、全て韓国在住の相続人長女Cに配分し、国内の相続人は、国内の遺産を配分する。

弊所の取扱い例では、②の方法をとることが多い。

債務不履行・錯誤による遺産分割協議の失効

ポイント

債務不履行に基づく遺産分割の解除は認められないが、遺産分割の錯誤無効（改正民法施行後は取消し）は認められる。

設 例

相続人は高齢の母甲・長男A・長女B。長男Aが母甲と同居し、長男A一家が母を療養介護するという約束で、全遺産を長男Aに相続させる遺産分割をした。

① 長男Aは、遺産分割が終了すると、態度を一変させ、母甲と同居しないばかりか、療養看護を全くしない。母甲と長女Bは、債務不履行を理由として遺産分割を解除できるか。

② 遺産分割後、被相続人父乙の遺言書が発見され、そこには母甲に全遺産を相続させると記載してあった。母甲は、錯誤を理由として、遺産分割の無効を主張できるか。

③ 長男Aが、やはり介護はできないということで遺産の再分割を申し入れてきたので、全員の同意の下、母甲が全遺産を取得するという再度の遺産分割をした。有効か。

回 答

① 債務不履行を理由として遺産分割協議を解除できない。

② 遺産分割に要素の錯誤があれば遺産分割の無効を主張できる（改正民法施行後は取消権行使の問題となる）。
③ 遺産の再分割も可能だが、税務上は、再分割は認められず、譲渡・贈与として処理される。

■ 解 説 ■

1 債務不履行による遺産分割解除

親の介護をするという約束で、特定の相続人に相続させたのに介護しない、あるいは代償金を支払わないといった理由で、遺産分割協議を解除できないか、というトラブルは少なくない。しかし、最高裁は、債務不履行を理由とする遺産分割の解除を認めていない（最一小判平成元・2・9民集43巻2号1頁）。遺産分割協議書に、債務不履行の場合の修正条項を詳細に規定しておくことが必要な場合もあろう。

2 錯誤による遺産分割協議の無効（小問②）

(1) 遺言書が後日発見された場合

重要な錯誤があれば、遺産分割は無効になる。例えば、遺言書が後日発見された場合は、要素の錯誤として遺産分割協議が錯誤無効になる（最一小判平成5・12・16家月46巻8号47頁。改正民法施行後は、錯誤を理由とする取消しとなる）。

(2) 相続人が遺言書を隠匿した場合

相続人の1人が遺言書を隠して遺産分割をしたときは、その者は相続欠格になり、相続欠格者を交えての遺産分割となるから、当然に無効である。

(3) 相手の法律的無知に付け込んだ場合

遺産分割で相手の法律的無知に多少付け込んだからといって直ちに錯誤無効になることはない。しかし、相手の無知に付け込み、遺産分割協議に同意させたときは、錯誤により無効となる場合もある（改正民法施行後は「取消」となる）（東京地判平成11・1・22判時1685号51頁）。

3 小問③について

遺産の再分割は民事上有効だが、税務上は再度の遺産分割を認められず、改めて贈与や譲渡があったものとして課税される（「再度の遺産分割と遺言書とは異なる遺産分割の課税関係」438頁参照）。

無効な遺産分割協議が信義則上有効になる場合とならない場合

ポイント

遺産分割協議に無効原因があっても、別の目的で遺産分割協議の無効を主張するときは、信義則上、無効主張が認められないことがある。

設 例

〔設例①〕

相続人は母甲、長男A、次男B、三男Cで、母甲は遺産分割当時、重度の認知症で法律行為能力はなかった。しかし、3兄弟で遺産分割協議をし、母甲の署名を兄弟全員の同意のもとに長男Aが代筆して押印し遺産分割協議書を作成した。母甲は、遺産分割協議書作成後、20年ほどして他界したが、そのころ長男Aの取得した不動産が大幅に値上がりした。次男Bと三男Cは、遺産分割協議の無効を主張している。

〔設例②〕

被相続人は父。相続人は長男A、養子縁組をした長男の子B（被相続人からすると孫）当時5歳である。長男の子Bは、相続人として、長男Aと利益相反だから、本来は、特別代理人を選任して遺産分割協議をしなければならない（民法824条）が、それをしないまま、家族全員で協議して、長男Aが全遺産を相続させるという遺産分割協議書を作成し、相続登記、預金解約などをした。その後、長男Aと長男の妻Cが離婚し、元妻Cが長男の子Bの親

権者となった。元妻Cは、長男の子Bの親権者として、特別代理人を選任していない以上、先の遺産分割協議が無効であり、長男の子Bは、被相続人の遺産に対し、半分の権利を有すると主張した。

回答

いずれも遺産分割協議の無効を主張することは信義則違反になり、認められない。

解説

弊所での取扱い例を参考にして作成した題材である。

設例①は法律行為能力がなく、設例②は、利益相反行為があり、いずれも遺産分割協議は、理屈上は無効であるが、東京高裁の判決では、いずれも、無効を主張することは信義則違反だと判断されている。

共通点は、無効な遺産分割協議に自ら関わりながら、後日、遺産分割協議の無効を主張することである。このような場合は、信義則違反を認定されるリスクは高い。

もっとも、どこまでが信義則違反になるかならないか、微妙ではある。設例①は、1審の東京地裁も、信義則違反を認定したが、設例②では、1審の東京地裁は遺産分割協議の無効を認めていた。これは、離婚に至る経緯や、元妻と子供が母子家庭であることを考慮したのだろう。

無効な遺産分割協議に自ら関わりながら、後日、遺産分割協議の無効を主張する場合に、どこから信義則違反になるかは個々に判断するしかない。

第 2 編

その他の相続手続

第1章　相続放棄・限定承認

親権者・後見人による相続放棄が利益相反になる場合とならない場合

ポイント

◆相続放棄の申述受理には既判力がない。
◆法定代理人による未成年者の相続放棄が利益相反行為になるか否かは、外形的・形式的に判断する。

設例

　被相続人である父Aが多額の負債を残して死亡した。母Bは自身の相続放棄とともに、4歳の子Cと2歳の子Dの相続放棄を親権者法定代理人として、家裁に申述し、その申述は受理された。債権者甲は、訴訟を提起し、子の相続放棄については、特別代理人を選任しないまま行っており、利益相反だから無効であると主張している。
① 相続放棄の申述が受理されているにもかかわらず、甲が、訴訟の中で相続放棄の無効を主張することは認められるか。
② Bが、特別代理人を選任しないまま、法定代理人として、子らの相続放棄を代理できるか。

回答

① 訴訟を提起することは可能である。

② 全員が相続放棄しているから、利益相反にはならない。

■ 解 説 ■
---

1 相続放棄の既判力

　相続放棄の申述受理には既判力がない（最三小判昭和29・12・24民集8巻12号2310頁）から、債権者甲が、訴訟で相続放棄の無効を主張すること自体は認められる。相続放棄の申述受理審判は、相続放棄の申述が手続上の要件を満たしているか確認して受理したというだけで、既判力はなく、相続放棄の法的効力が確定したことにはならないからである。

2 利益相反

(1)　親子が共に相続人で、親が相続放棄をしないまま子の相続放棄をする場合は、民法826条1項の利益相反となり、特別代理人の選任が必要となる。しかし、本件では、全員が相続放棄をしているから、826条1項違反にはならない。これに対し、子Dは相続放棄をせず、母Bと子Cのみが相続放棄をした場合は、826条2項に違反する利益相反行為となる。

(2)　設例の事案で、母Bが多額の生前贈与があり、C・Dからの遺留分侵害額請求を防止するためC・Dに放棄させたもので、行為の動機が子を害するものであっても、利益相反か否かは形式的・外形的に判断する（最判昭和42・4・18民集21巻3号671頁）から、特別代理人の選任は必要ない。

処分行為が単純承認になる場合とならない場合

> **ポイント**
>
> 財産的価値がない遺産の形見分けをしても、単純承認にならない。

設例

以下の場合は、相続人が単純承認をしたものとみなされるか。
① 相続人が、相続人を受取人とする保険金を受領した。
② 相続人が、個人財産から被相続人の負債を支払った。
③ 相続人が、遺産から葬儀費用を支払った。
④ 相続人間で、遺産の形見分けをした。

回答

①・②は、いずれも原則として単純承認にはならない。③・④はケースバイケースである。

解説

1 処分行為に該当するかの判断基準

処分行為に該当すると単純承認とみなされるが（民921条1号）、処分行為か否かは、「単純承認を擬制するのにふさわしい処分か否か」で判断する。

2 小問①・②について

小問①は、民法上の遺産に該当しない税法上の遺産を取得したケース。小問②は、相続債務を、相続人個人の資産で弁済したケース。いずれも、判例（福岡高宮崎支決平成10・12・22家月51巻5号49頁）は、処分行為に該当

しないとしている。

3 小問③について

これは、小問②と異なり、遺産から費用を支払ったケースである。民法921条1号所定の「相続財産の一部を処分した」場合には該当しないという判例（大阪高決昭和54・3・22家月31巻10号61頁）もあるが、火葬費用並びに治療費残額の支払のみというケースであり、この判例を一般化はできない。少なくとも高額な葬儀費の場合などは、「相続財産の一部を処分した」場合に該当する。

4 形見分け

実務では、どこまでが形見分けで、どこからが処分行為が問題になる。「背広上下、冬オーバー、スプリングコートと位牌を持ち帰り、時計・椅子二脚の送付を受けても信義則上処分行為に該当しない」とする判例（山口地徳山支判昭和40・5・13家月18巻6号167頁）がある一方、「被相続人のスーツ、毛皮、コート、靴、絨毯など財産の価値を有する遺品のほとんど全てを自宅に持ち帰る行為」は、処分行為とする判例（東京地判平成12・3・21家月53巻9号45頁）がある。多少でも財産的価値のあるものは、いくら遺品でも形見分けすべきでない。

5 その他注意すべき行為

準確定申告で被相続人の所得税が還付される場合、「相続財産の処分」に当たり、単純承認となるリスクがある。

後遺障害保険金、入院給付金、通院給付金、傷害医療費用保険金などは、相続財産に当たるから、受領すると、相続放棄ができなくなる。生命保険金とは異なる。

別表　単純承認判例一覧

	裁判年月日・出典	処分行為	判断	事案
1	名古屋高判平成26・9・18裁判所ウェブサイト	不在者財産管理人による処分行為	単純承認に該当する	不在者財産管理人が、不在者が相続した財産を家裁の許可を得て売却した行為が、不在者にとって、民法921条1号の単純承認に当たるため、後に、不在者が相続の開始があったことを知ったときから3か月以内にした相続放棄は無効であるとされた事例
2	東京地判平成21・9・30ウエストロー・ジャパン	形見分け（贈与）	単純承認とはならない	相続人が、被相続人が所有していたノートパソコン、ブラウン管式テレビなどを無償で譲渡した行為は、経済的に重要性を欠く形見分けのような行為として「処分」とは認めなかった事例
3	東京地判平成21・8・26ウエストロー・ジャパン	相続財産である建物の取壊し、滅失登記	単純承認に該当する	遺産である本件建物を取り壊し、滅失登記の申請をしているから、相続について単純承認したものと認められるとした事例
4	大阪高決平成14・7・3家月55巻1号82頁	相続財産からの葬儀費用の支出	単純承認とはならない	預貯金等の被相続人の財産が残された場合で、相続債務があることがわからないまま、遺族がこれを利用して仏壇や墓石を購入することは自然な行為であり、また、本件において購入した仏壇及び墓石が社会的にみて不相当に高額なものとも断定できない上、それらの購入費用の不足分を遺族が自己負担していることなどからすると、「相続財産の処分」に当たるとは断定できないとした事例
5	福岡高宮崎支決平成10・12・22家月51巻5号49頁	死亡保険金の受領	単純承認とはならない	被保険者死亡の場合はその法定相続人に支払う旨の約款により支払われる死亡保険金は、特段の事情のない限り、被保険者死亡時におけるその相続人であるべき者の固有財産であるから、抗告人（申述人）らによる同保険金の請求及び受領は、相続財産の一部の処分にあたらないとし、また、抗告人らの固有財産である死亡保険金をもって行った被相続人の相続債務の一部弁済行為は、相続財産の一部の処分にあたらないとした事例
6	東京地判平成10・4・24判タ987号233頁	相続財産の株式に基づく株主権の行使	単純承認に該当する	被相続人の遺産である株式に基づいて、取締役を選任するにあたり議決権を行使した行為は、遺産の管理にとどまらず、その積極的な運用という性格を有するとして「処分」に該当するとした事例
7	同上	被相続人所有の不動産について、入居者の賃料振込口座名義の変更	単純承認に該当する	被相続人の口座への支払名義を、相続人名義の口座に変更することは、この相続人の債権者が賃料の差押えを可能とするものであり、相続財産の管理行為にとどまらず、その積極的な運用という性質を有するとして、「処分」に該当するとした事例

	裁判年月日・出典	処分行為	判断	事案
8	東京高判平成元・3・27 判タ709号230頁・判時1311号69頁	相続財産にかかわる訴訟の提起	単純承認に該当する	相続人が被相続人の有していた建物賃借権を相続したとして賃貸人に対し当該賃借権の確認を求める訴訟を提起、追行した事案で、相続人が遺産についてその権利義務が自己に帰属するとして訴訟を提起することは、その当然の前提として、これを相続し、ひいては相続放棄はしないことが内包されているとみるのが相当とした事例
9	最一小判昭和41・12・22 家月19巻4号53頁	相続財産の無償貸与	単純承認とはならない	被相続人所有財産である作業用スコップ、自転車等を、相続人が元々被相続人の営む左官業会社に無償貸与した事例
10	東京高決昭和37・7・19 東高民時報13巻7号117頁	形見分け（贈与）	単純承認とはならない	相続人が、被相続人が着古した衣類（上着とズボン）を、被相続人の使用人に贈与した行為は、衣類の経済的価値は皆無といえないにしても、いわゆる一般的経済価格あるものの処分とはいえないから、「処分」に該当しないとした事例
11	最一小判昭和37・6・21 家月14巻10号100頁・判タ141号70頁	相続財産の債権行使	単純承認に該当する	被相続人の有していた売掛代金債権について取り立てて収受領得した行為は、処分行為に該当するとした事例

コラム column

相続放棄制度を利用することで資産だけを引き継ぐ方法

民法上は遺産ではないが、税法上は遺産となる資産を引き継がせる。特定遺贈の制度を利用する。

●民法上の遺産と税法上の遺産の違いを利用する方法
(1) 死亡退職金・遺族基礎年金などは、遺産ではないので、相続放棄しても受領できる。
(2) 「税法上の遺産だが民法上の遺産ではない資産」を相続時に相続人に承継させ、相続時に相続放棄するようにすれば、負債を承継せず遺産だけを承継できる。ただし、相続放棄は行使上の一身専属性はあるにせよ、権利の乱用や遺留分の問題は残る。
① 相続時精算課税制度を利用する
　生前に遺産を譲り受けて相続時精算課税制度を選択し、当該受贈者が相続時に相続放棄をする。
② 生命保険を利用する
　推定相続人を受取人とする生命保険をかけ、当該受取人が、相続時に相続放棄する。
③ 相続開始前3年以内の贈与
　生前贈与は、贈与税の問題が生ずるが、開始前3年以内の贈与なら相続時に精算できる。ただ、いつ相続が発生するかは予測不能であり、この方法は、事実上、不可能だろう。
(3) 注意点として、相続税の申告がある。税法上の遺産だが民法上の遺産ではない資産を相続人が承継しても、税法上の遺産を承継した以上、相続放棄をしても、相続税申告は必要となる。また、相続人が受領したことにはならないから、相続人が生命保険金を受領した場合の軽減措置は受けられない。

●特定遺贈制度を利用する方法

　多額の負債があって借金は相続させたくないが遺産を渡したいときは、特定の相続人に「特定の遺産」を「遺贈」し、その相続人が相続放棄することで、遺産だけを相続することも可能になる。ただし、詐害行為取消（民法424条）の問題が生ずる。包括遺贈・特定財産承継遺言では、この方法はとれない。

●相続財産管理人を選任する方法

　特定の遺産が欲しいが、相続債務が多額な場合、相続人全員が相続放棄して、相続財産管理人を選任し、その相続財産管理人から当該取得希望遺産を買い取るということも可能である。買い取らず特別縁故者の申立てをすることも可能だが、この場合、特別縁故者と認定されないリスクもある。

熟慮期間経過後の相続放棄と相続放棄の取消し

> **ポイント**
>
> 　3か月の熟慮期間は、相続人が資産か負債の全部又は一部の存在を認識した時から進行する。
> 　騙されて相続を放棄したときは相続放棄の取消しができる。

設例1

〔熟慮期間経過後の相続放棄〕

　夫Aが死亡し、妻Bが唯一の相続人である。夫Aは、妻Bとは、長年にわたり音信不通だった。しかるところ、熟慮期間経過後、夫Aには多額の負債があることが判明した。以下、①・②の場合、判明してから3か月以内なら、妻Bは、相続放棄できるか。
① 　夫Aには負債も資産もないと思ったので、熟慮期間内に相続放棄をしな

かった。
② 夫Aには資産はあるが負債がないと思ったので、熟慮期間内に相続放棄をしなかった。

回答

① 相続放棄の申述ができる。
② 原則としてできない。

解説

1 原則

「資産も負債もないから、相続放棄手続など無用である」と信じ、かつそう信じたことに相当な理由がある場合は、熟慮期間経過後も相続放棄できる（最二小判昭和59・4・27民集38巻6号698頁）。この場合は、資産又は負債の存在を知ったときから熟慮期間内なら、相続放棄ができる。

2 例外

資産の存在を認識していても、債権者から、負債はないとの誤った回答で、債務が存在しないものと誤解して限定承認又は放棄をすることなく熟慮期間が経過した場合には、「単純承認に錯誤がある」として、負債の存在を知った時を熟慮期間の起算点とする判例もある（高松高決平成20・3・5家月60巻10号91頁）。

3 熟慮期間延長の申請

熟慮期間内に決断が付かないときは、熟慮期間中、最大、更に3か月熟慮期間の延長申請ができるし、再延長の申請も可能である（民法915条）。
裁判所は、延長する合理的理由があるか否かを判断し、合理的理由があれば延長申請を許可する。その際の考慮要素は、主に以下のとおりである。

① 相続財産が、負債を含めて複雑で容易に全体を把握できない。
② 相続人が、遠隔地や外国にいる。
③ 財産が、遠隔地や海外にある。

弊所の経験からすると、判断基準は裁判官による個人差が激しい。ただ、1回目は認める傾向にあり、2回目以降は審査が厳しくなる。

4　熟慮期間を経過した場合

熟慮期間を経過したら相続放棄はできないが、家裁は、受理の形式的不備を審査するだけで、厳格な審査があるわけではない。相談を受けたら、簡単に放棄は無理とは決めつけず、柔軟な対応方法を検討する。

設例2

〔相続放棄の取消しができる場合とできない場合〕

夫甲が死亡し、相続人は、妻Aと子B。遺産は居住用家屋のみ。妻Aと子Bで相続するつもりでいたところ、夫甲の叔父Cが「夫甲は莫大な借金を残して死んだ。家もとられる。相続放棄した方がよい」と言ったので、妻Aと子供Bは、相続放棄をした。しかし、実は、夫甲には何も借金がなく、叔父Cが相続するために妻A・子供Bをだましたことが発覚した。

妻A・子供Bは、叔父Cの欺罔を理由として、相続放棄の取消しができるか。

回答

妻A・子供Bは、相続の放棄の取消しができ、この場合は、家裁に相続放棄取消しの申述をしなければならない（民法919条2項・4項）。

― 解説 ―

1　放棄の取消し

民法919条2項に規定がある。ただし、時効の期間は、だまされたと知った時から6か月と非常に短く制限されている（知らなくても、放棄の時から10年経過すれば同じである）。

2　取消しの手続

相続放棄の取消しをするときは、家裁に申述する必要がある。しかし、家裁に対する放棄取消しの申述には既判力がないから、既に叔父Cが登記しているときなど、申述とは別に叔父Cを被告として訴訟を提起する必要がある。

弁護士注意点

相続放棄で注意すべき点として、以下のものがある。
① 相続の放棄は、原則として相続の開始を知ったときから3か月以内に判断するが、相続人が未成年者・成年被後見人等の制限行為能力者のときは、法定代理人が制限行為能力者のために相続開始があったことを知ったときから3か月以内に判断する。
② 相続放棄は代襲原因とならない。
③ 相続放棄をしても、次の相続人が管理を始めるまでは、相続財産を管理する必要がある。
④ 特定遺贈の放棄はいつでも可能だが、包括遺贈の放棄は、3か月以内の期間制限がある。
⑤ 遺留分を放棄しても相続できる。

遺言による利益の放棄ができる場合とできない場合

> **ポイント**
>
> 包括遺贈の受遺者、特定財産承継遺言の受益者は、相続放棄をしないまま遺言の利益のみの放棄はできない。特定遺贈の場合は、できる。

設 例

被相続人甲は、甲家の後継者と期待する相続人Aに、へき地の田畑、山林、広大な底地を承継させると遺言した。しかし、Aは、その遺産の取得を希望せず、預金だけ他の相続人と平等に配分したいと希望している。Aの主張は認められるか。
① 特定財産承継遺言（相続させる遺言）形式で承継されている場合はどうか。
② 遺贈形式で承継されている場合はどうか。

回 答

① 全相続人の同意がない限り、Aは、相続放棄をするか、その遺産を相続するしかない。
② 包括遺贈の場合はできないが、特定遺贈の場合は、相続放棄をしないまま遺言の利益のみを放棄できる。

―――― 解 説 ――――

1 特定遺贈の放棄

相続人である受遺者は、相続放棄をすることなく、いつでも遺言による利益を放棄できる（民法986条）。受贈者たる地位は、相続人たる地位とは

セットになっていないからである。家裁の申述も必要ない。

本件でいえば、相続人Aは、田畑、山林、広大な底地はいらないと意思表明しつつ、相続人として、遺産分割に参加できる。

2 「特定財産承継遺言（相続させる遺言）」の場合

特定財産承継遺言（相続させる遺言）の承継人たる地位は、相続人たる地位とセットになっているから、全相続人の同意がない限り、相続放棄することなく、遺言の利益のみの放棄はできない（東京高決平成21・12・18判タ1330号203頁。反対、原審前橋家太田支部審平成21・4・27）。

3 包括遺贈

包括遺贈の場合、包括受遺者が遺贈の利益を放棄するときには、家裁に対し、相続放棄の申述と同様の手続を行う必要がある（民法990条）。特定の遺産についてだけ放棄することはできない。

なお、割合的包括遺贈の場合は、相続人である受遺者が遺贈を放棄しても、相続人としての地位まで放棄したことにはならない。

いわゆる空き家問題と相続放棄者の責任

ポイント

◆相続放棄をしても遺産に対する管理責任は続く。
◆不動産は全員が相続放棄をすれば自動的に国庫に帰属するわけではなく、改めて相続財産管理人を選任する必要がある。

設例

へき地に住む父が死亡したが、相続人は長男Aだけであり、次順位相続人もない。Aはへき地の家屋を相続する気はないので、弁護士Bに相談したと

ころ、相続放棄をすれば自動的に国庫に帰属すると教えられたので、相続放棄をした。弁護士Bのアドバイスは正しいか。

回答

相続放棄のアドバイスは正しいが、自動的に国庫に帰属するというのは間違いである。

解説
---

1 民法951条は民法239条に優先する

へき地の空き家は、世上、しばしば問題になっている。

民法239条2項は、「所有者のない不動産は、国庫に帰属する。」と規定しているが、一方、民法951条は「相続人のあることが明らかでないときは、相続財産は、法人とする。」という規定があるので、相続放棄で戸籍上の所有者がいなくなった場合は、相続財産が法人となる。自動的に国庫に帰属するわけではない。

この場合は利害関係人か検察官の請求で、家裁が相続財産管理人を選任し、選任された管理人が、相続財産を調査し、プラスの財産があれば債権者や受遺者に交付し、それでも余りがあれば特別縁故者に行き、それでもなお帰属主体がないときは、国が取得することになる。

2 相続放棄者の放棄後の責任

相続人がいなくなったときは、相続財産管理人が選任されるまでは、「相続放棄をした者は、その放棄によって相続人となった者が相続財産の管理を始めることができるまで、自己の財産におけるのと同一の注意をもって、その財産の管理を継続しなければならない」（民法940条）。つまり、へき地の家屋を相続人全員が相続放棄しても、誰かが相続財産管理人に費用を予納し、相続財産管理人を選任するまで、相続人Aの管理責任が続くことになる。

3 空家対策法制のアメとムチ

放置された空き家は、「空家等対策の推進に関する特別措置法」により、改善命令が出され、場合によっては強制処分の対象となる。一方、平成28年4月1日から同31年12月31日までの間に売却した場合は、3000万円まで非課税となる税制上の措置がある。

限定承認の手続とリスク

ポイント

◆配当終了後、新たに債権者が現れた場合は、弁済の義務は残る。
◆債務超過の場合は、相続財産に対する破産手続を選択する。
◆相続人には先買権がある。

――― 解 説 ―――

1 申述の注意点

(1) 相続人全員で行う必要がある。

(2) 財産目録の正確性

提出した財産目録に故意に記載漏れがあると単純承認とみなされてしまうことがある。財産漏れには細心の注意が必要である。

(3) 効果

限定承認が適正に行われれば、相続人は、「債務は全て相続」するが、「責任は相続財産の限度」に制限される。債権者が相続人に訴訟を提起した場合、主文は「相続財産の限度で支払え」となる。

(4) 既判力

申述受理の裁判そのものに既判力はない。債権者は、後日、訴訟で単純承認事由があることを理由として限定承認の効力を争うことができる。ただし、主文の「相続財産の限度で支払え」という判決は既判力に準ずる効果がある

から、いったん、限定承認を前提とした判決を取得した債権者は、後日、限定承認の無効を別訴で主張できない（最二小判昭和49・4・26民集28巻3号503頁）。

2　手続主体者と相続財産管理人

共同相続人が複数いる場合は、家裁がそのうちの1人を相続財産管理人に選任する（民法936条1項）。誰かが適任かは、家裁は判断が難しいから、申述段階で、候補者を上申する。家裁からの照会に対する回答の段階でその旨を伝える場合もある。相続人が1人しかいない場合には、その限定承認の申述をした限定承認者が手続を進行していく。

3　請求申出の公告・催告

限定承認者は、受理審判後5日以内に「限定承認をしたこと及び一定の期間内にその請求の申出をすべき旨」を官報に公告する（民法927条1項）。相続財産管理人の場合は、10日以内に上記官報公告をする（民法936条3項後段）。この時点で既に判明している相続債権者（知れたる債権者）に対しては、官報公告だけではなく、別途、請求申出を催告しなければならない。催告書を配達証明付の内容証明郵便で郵送するのが通常である。

4　相続財産の管理・換価

請求申出の官報公告・催告をした後は、限定承認者又は相続財産管理人は、相続財産を管理しつつ、それを順次、換価処分していく。換価処分とは、売却などによって金銭に換えるということだが、これは競売手続によって換価するのが原則である。

5　相続人の先買権（民法932条）　鑑定人選任の申立て

(1)　相続財産については、相続人にはその相続財産に対する優先権（先買権）がある。そこで、居住不動産など相続人が取得したい財産がある場合には、家庭裁判所に対して、鑑定人選任申立てをして、選任された鑑定人

にその相続財産を鑑定評価してもらい、その金額を相続人が自身の固有財産から支払うことができれば、その相続財産を取得することができる。
(2) 価額弁済を断念すれば、競売による換価になるか、限定承認者が入札に参加できる。

6 請求申出をした相続債権者・受遺者への弁済

(1) 配当の順序

配当の順序は、①優先権のある相続債権者（民法929条但書）②期間内に申出をし、あるいは「知れている債権者」③期間内に申出をし、あるいは「知れている受遺者・死因贈与受贈者」④期間内に申出をせず、相続人にも「知れていない債権者等」である。この順番に違反したときは、限定承認者は賠償責任を負う（民法934条）。

弁済資金が不足する場合は、債権額に応じて案分比例をし、弁済資金があまった場合は限定承認者がそれを取得し、共同相続人がいれば遺産分割をする。

(2) 配当時に知られていない債権者がいる場合

官報公告期間中に請求申出をしなかった相続債権者や受遺者で、限定承認者又は相続財産管理人が知らなかった者から請求があった場合には、弁済の義務は残り、残余財産から弁済をすることになる。

7 債務超過が見込まれる場合

限定承認は、破産手続と異なり、厳密な手続ではない。債務超過が見込まれる案件は、後日のトラブル回避のため、相続財産に対する破産手続を検討すべきである。

8 譲渡所得税

相続人が限定承認をした場合には、相続開始時に、その時の時価で資産の譲渡があったものとみなし、譲渡所得税が課税される。この譲渡所得税も、被相続人の債務であるから、相続財産の限度で責任を負うことになる。

譲渡所得税は被相続人の税であるから、相続の開始があったことを知った日の翌日から4か月以内に準確定申告をする必要がある。

第2章 相続欠格・相続人廃除・特別縁故者

I 相続欠格と廃除

相続人が欠格事由に該当するとされた例としないとされた例

ポイント

◆遺言作成に対する干渉が、相続に関して不当な利益を目的とするものでないときは、民法891条5号所定の相続欠格者には当たらない。

◆相続欠格者に該当したとしても、その者に子がいる場合は、その子がこれを代襲して相続人になるから、相続人の欠格事由を争う実益はあまりない。

設 例

　被相続人は、生前、長男Aと同居していた。長男Aは、被相続人が作成した自筆証書遺言に方式不備があったので、その意思を実現させてやろうと考え、不備な部分を訂正した。次男Bは、訴訟で、その遺言の有効性を争い、遺言書の変造がなされたとして、遺言は無効になった。次男Bは、
① 遺言書を変造したから、民法891条5号により長男Aは相続欠格事由に該当する。
② 長男Aには子供Cがいるが、長男Aの地位を継ぐから、同様に相続欠格

事由に該当する。
と主張した。

回答

本件では、長男Aは、善意であり、不当な目的があるとはいえないから、欠格事由には該当しない。なお、仮に該当しても、代襲相続となる。①・②いずれの主張も認められない。

解説

民法891条は、相続制度の基盤を維持するため被相続人に対する生命侵害等の行為（1・2号）、被相続人の遺言作成等に対する不当干渉行為（3号～5号）を相続欠格事由としている。

相続欠格が実務で問題になるのは、主に民法891条5号である。遺言書の偽造・変造等を理由として遺言書を無効とする判決が出されたとき、必ず、この問題が生ずる。

判例は、被相続人の遺言作成等に対する不当干渉行為（3号～5号）については、行為を認識しているだけではなく「不当な利益を得る目的」という主観的要件が必要となるとし、二重の故意を要求している（最三小判平成9・1・28民集51巻1号184頁）。小問①は、この要件を欠く。

仮に欠格事由に該当するとしても、代襲相続で欠格者の子に相続権が移るだけである。欠格者に子供がいるときは、果たして争う実益があるのか、検討する。

相続人の廃除が認められる場合と否定される場合

ポイント

廃除は、遺留分を剥奪しなければならない程度の「虐待」「重大な侮辱」「著しい非行」が必要とされ、そう簡単には認められるものではない。

また、廃除対象者に子がいるときは、廃除された者の子が代襲相続人になるので、廃除自体に意味がない場合が多い。

設例

以下で廃除が認められるのはどれか。
① 性格の不一致から長期間別居し音信不通の配偶者
② 別居している両親と喧嘩して仲たがいしたまま音信不通になった娘
③ 不倫して家を出て、そのまま不倫相手と同居している配偶者
④ もともと素行が著しく不良なうえ、暴力団員と結婚し、父母が婚姻に反対なのに父の名で披露宴の招待状を出すなどした娘

回答

①・②は廃除できないが、③・④は廃除できる可能性が高い。

■ 解説 ■

1 相続人の廃除制度

相続人の廃除は、遺留分を有する推定相続人の相続人資格を、被相続人を虐待・侮辱したことを理由として、剥奪する制度である。

「生前廃除」（民法892条）と遺言で行う「遺言廃除」（民法893条）の方

法があり、前者の場合、被相続人が自ら行う。高齢による認知症等で手続行為能力の制限を受けていても、法定代理人によらず自分でできる（家事事件手続法188条2項、118条）。

後者の場合は、遺言執行者が行う。

廃除により代襲相続が開始されるので、子がいれば、その子が代襲相続人となる。

2 申立理由

「虐待」「重大な侮辱」「著しい非行」である。単に不仲では足りず、客観的にみて、「家族的信頼関係の破壊の程度がひどく、遺留分が剥奪されても、やむを得ない程度」に有責性があるかないかで判断される。別表の「相続人の廃除に関する判例一覧表」を参考に判断されたい。司法統計上は2割程度が認容されている。

3 設例について

(1) 廃除理由がないケース

小問①・②程度では、「家族的信頼関係の破壊の程度がひどく、遺留分が剥奪されても、やむを得ない程度」の有責性があるとは、到底いえない。

(2) 廃除理由があるケース

小問③は、名古屋家審昭和61・11・19家月39巻5号56頁の判例を参考にした。妻と別居し、長期間愛人と生活してきた夫が、生活費の支給を続けていたとはいえ、がんの闘病生活を送る妻を放置していたことで廃除を認めた。

小問④は、東京高決平成4・12・11判時1448号130頁を参考にした。もともと素行が著しく不良な娘が、暴力団員と結婚し、父母が婚姻に反対なのに父の名で披露宴の招待状を出すなどした事案で「反社会的集団への帰属感を強め、かかる集団である暴力団の一員であった者と婚姻するに至り、しかもそのことを抗告人らの知人にも知れ渡るような方法で公表した」ことから、「家族的協同生活関係が全く破壊されるに至り、今後もその修復が著しく困

難な状況となっている」として廃除を認めている。

(3) 弊所の取扱い案件から

母親に暴力をふるった息子に、「著しい非行」があったとして、父親からの廃除が認められた。虐待侮辱とは異なり、著しい非行には、直接被相続人に向けられたもの以外も含まれるからである。

生前、被相続人に遺留分減殺請求訴訟と使途不明金訴訟を提起した子への廃除の申立ては棄却されている。

別表　相続人の廃除に関する判例一覧表

	裁判年月日・出典	排除の類型	申立結果	事　案
1	横浜家審 平成29・10・31 ウエストロー・ジャパン	虐待及びその他著しい非行	認容	申立人の母である推定相続人が、某教団の幹部であり同教団が関わった殺人事件において実刑判決を受けており著しい非行が認められること、また、申立人に対して正常な生育環境を確保せず、教団の信者に申立人の養育を任せたり暴力を振るう等虐待していたために推定相続人から廃除された。
2-1	仙台高決 平成29・6・29 判タ1447号99頁 家庭の法と裁判13号43頁		原審取消差戻	2-2（原審）の事案の抗告審。申立人の遺留分減殺請求訴訟における和解は、遺言執行者の立場を離れ個人として行ったものであり、これにより遺言執行者としての申立権が失われるものではないとして原審判取消差戻となった。
2-2	仙台家審 平成29・4・7 判タ1447号100頁 〈参考収録・原審〉		不適法却下	養親である被相続人の遺言執行者（被相続人の子）が、遺言による養子の推定相続人からの廃除を申し立てた事案。これに先立ち養子が申立人に対し遺留分減殺請求訴訟を提起し、同訴訟は養子を推定相続人とする前提の内容で和解。同和解をもって申立人の申立権は失われたものとして信義則違反により不適法却下された。
3	東京高決 平成23・5・9 家　月63巻11号60頁	著しい非行	認容 （抗告審も維持）	被相続人が実妹の子を養子とし、同養子を推定相続人から除外する旨の公正証書遺言を作成し、遺言執行者が申立人として遺言に基づき養子の推定相続人排除を求めた事例。養子が海外に移住し被相続人の面倒を全くみなかったこと、被相続人が提起した建物明渡訴訟の際被告に加担したこと、被相続人が養子に対し提起した離縁訴訟の引き延ばし行為を図ったこと等が著しい非行にあたるとして推定相続人から廃除された。

	裁判年月日・出典	排除の類型	申立結果	事　案
4	神戸家伊丹支審 平成20・10・17 家月61巻4号108頁	著しい非行	認容	被相続人である父の遺言執行者が、遺言による長男の推定相続人からの廃除を申し立てた事案。長男が借金を重ね、被相続人に多額の弁済をさせたり、債権者が被相続人宅に押しかけるといった事態により、被相続人を約20年間にわたり経済的、精神的に苦しめてきた長男の行為は「著しい非行」に該当するとされ推定相続人から廃除された。
5	京都家審 平成20・2・28 家月61巻4号105頁	著しい非行	認容	父である申立人が長男の推定相続人からの廃除を申し立てた案。長男は窃盗等により何度も服役し、現在も刑事施設に収容中であり、窃盗等の被害弁償や借金返済を行わなかったことにより、申立人に被害者らへの謝罪、被害弁償及び借金返済等、多大な精神的苦痛と経済的負担を強いたことが「著しい非行」に該当するとされ推定相続人から排除された。
6	福島家審 平成19・10・31 家月61巻4号101頁	著しい非行	認容	母である被相続人の遺言執行者が遺言による長男の推定相続人からの廃除を申し立てた事案。高齢の被相続人の介護を妻任せにして出奔した上、父から相続した田畑を無断で売却し、妻との離婚後、被相続人や子らに自らの所在を明らかにせず、扶養料も全く支払わなかったものであるから、長男の行為は悪意の遺棄に該当するとともに相続的共同関係を破壊するに足りる「著しい非行」に該当するとされ推定相続人から廃除された。
7	釧路家北見支審 平成17・1・26 家月58巻1号105頁	虐待	認容	妻である被相続人の遺言執行者が遺言による夫の推定相続人からの廃除を申し立てた事案。夫は末期がんを宣告された妻が手術後自宅療養中であったにもかかわらず、療養看護をせず、その人格を否定する発言をするなどしており、このような行為は虐待にあたり、妻は死亡するまで夫との離婚につき強い意思を有し続けており廃除を回避すべき特段の事情も見当たらないとして、その申立てを認容。
8	和歌山家審 平成16・11・30 家月58巻6号57頁	重大な侮辱、著しい非行	認容	母である申立人が長男の推定相続人からの廃除を申し立てた事案。長男は、過去に申立人に対し継続的に暴力を加え、申立人に精神障害ないし人格異常があると非難し、申立人に無断で申立人の多額の貯金を払い戻しこれを返済する意思もなく、これらの行為は、申立人に対する虐待、重大な侮辱及び著しい非行に該当するとして、その申立てを認容。

II　特別縁故者制度

特別縁故者と認められる場合と認められない場合

> **ポイント**
>
> 　特別縁故者に該当するかどうかは、客観的基準と主観的基準から判断する。分与額は、統一的な基準がなく、相続財産管理人の意見が大きなウエイトを占めるが、予測が困難である。

設例

　以下の事案でA・B・C・Dは、特別縁故者として相続財産分与の申立てが認められるか。
① 療養看護に努めた者
　被相続人の妻の従妹であるAは、長期間にわたり被相続人夫妻と交流を続け、被相続人が亡くなる7年ほど前からは被相続人の自宅の鍵を預かり、比較的高い頻度で被相続人の自宅を訪問して家事を行い、歩行困難となった被相続人の世話を続けた。
② 死後縁故
　被相続人の従姉の養子であるBは、被相続人の遺骨を引き取り、供養を行っていた。また、被相続人との間に本家・分家の親戚付き合いがあり、被相続人の葬祭や供養等を行うため多額の費用を支出した。被相続人宅の庭木の伐採等も行っていた。
③ 相続放棄をした相続人
　相続人Cは、被相続人の長男だが、結婚するまで同居し、結婚後も3日に一度は被相続人宅を訪ね、約1年間入院費用を支払っていた。相続人Cは、被相続人の負債が資産より多いと考え相続放棄をし、他の相続人も全員が相

続放棄をした。しかし、相続財産管理人が選任されたところ、負債を返済しても、まだ預金が残ることが判明した。
④　法人・権利能力なき社団
　被相続人が住職をしていた宗教法人D。

回答

①　特別縁故者と認められる（東京家審平成24・4・20判時2275号106頁）。
②　死後縁故であり、Bは特別縁故者と認められない（東京高決平成26・1・15判時2274号23頁）。
③　Cは、相続放棄をしても、基準に該当する限り認められる（広島高岡山支決平成18・7・20家月59巻2号132頁）。
④　Dは、宗教法人だが、認められる（福島家郡山支審昭和46・8・25家月24巻8号57頁）。

解説

1　特別縁故者該当者

　特別縁故者に該当する者は、①被相続人と生計を同じくしていた者（内縁の配偶者、事実上の養子、継親子、叔父・叔母等）②被相続人の療養看護に努めた者③その他被相続人と特別の縁故があった者である（民法958条の3）。実務上、問題になる事案の多くは「③その他被相続人と特別の縁故があった者」にあたるか否かである。

2　特別縁故者の認定判断基準

　「特別の縁故があった者」とは、以下の2要件で判断する（大阪高決昭和46・5・18家月24巻5号47頁）。血縁関係は重視されない。これに関する主な判例は、別表「特別縁故者への財産分与判例まとめ」（286頁）のとお

りであるが、客観的基準・主観的基準により、社会通念に従い判断していることがわかる。

〔客観的基準　具体的かつ現実的な精神的・物質的密接性〕
　生計を同じくしていた者や療養看護に務めた者に準ずる程度に、被相続人との間に精神的・物質的に密接な縁故関係が具体的かつ現実的に存在すること。

〔主観的基準　被相続人の意思〕
　相続財産をその者に分与することが被相続人の意思に合致するであろうとみられる程度に特別の関係があったこと

　(1)　小問①について
　Aは、特別縁故者の主観的基準・客観的基準を満たし、特別縁故者と認められる（東京家審平成24・4・20判時2275号106頁）。

　(2)　小問②について
　Bは「死後の縁故」を主張しているが、被相続人との生前における縁故ではないから、特別縁故者の要件には該当しない（実務）。

　(3)　小問③について
　相続放棄をした相続人であるが、具体的・現実的な縁故関係があれば、特別縁故者になり得るというのが実務である。相続人だったからといって不利にも有利にもならない。「いいとこどりになる」とする反対意見もあるが、実務での扱いは異なる。

　(4)　小問④について
　宗教法人であるが、自然人以外の法人や管理能力なき社団も、特別縁故者になることに異論はない。ただ、最近の審判例は、客観的基準も重視して判断していることから、法人や管理能力なき社団を特別縁故者と認定するケースは減少傾向にあるといわれている。自然人と異なり法人は、客観的基準を満たすことが難しいからである。

3　分与額基準

　分与額基準については、必ずしも統一的な基準があるとはいい難い。これ

は、実務では、相続財産管理人の意見書が重要なポイントを占める一方、遺産の性質も影響するからである。

　例えば、不動産などは、国は、なかなか帰属を受け入れようとしないので、特別縁故者が結果的に取得することが多く、遺産の中で不動産が占める割合が高いと取得割合が高くなる。また、相続財産管理人が、特別縁故者の事情に理解をし、相応の意見を上申するなら、取得割合は高くなる傾向にある。

　結局は、個々のケースで、担当裁判官が、相続財産管理人の意見を参考にして、財産の性質、事案の妥当的解決という観点から分与額基準を判断していることがわかる。

4　特別縁故者たる地位の相続

　特別縁故者たる地位は、行使上の一身専属性があるから、その地位自体は相続されない。しかし、帰属上の一身専属性はないから、特別縁故者たる地位に基づいて分与の申立てをした場合は、その申立人たる地位は相続される（大阪高決平4・6・5家月45巻3号49頁）。

別表　特別縁故者への財産分与判例まとめ

	裁判年月日・出典	特別縁故の類型	申立人	事案
1	名古屋高金沢支決平成28・11・28判例集未登載	療養看護	社会福祉法人	被相続人は約35年にわたって抗告人の運営する施設に入所し、被相続人が預貯金を蓄積できたのは施設利用料が低額であったこと、施設の行った療養看護は社会福祉法人として期待されるサービスの程度を越えて近親者が行うものに近いとして、抗告人は特別縁故者に該当し、相続財産の全部の分与を認めた事例
2	大阪高決平成28・3・2判時2310号85頁	療養看護、その他の特別の縁故（財産管理等）	知人、従兄弟	抗告人Ｘ１は、被相続人の近所に居住する知人であり被相続人の身の回りの世話を行い、被相続人の従兄弟であるＸ２と連絡をとり成年後見申立に向けた支援を行っていたこと、抗告人Ｘ２は被相続人と親身な親戚付き合いをしており、成年後見人就任後は身上看護を担っていたこと、被相続人は抗告人らを含む5名に対する遺贈書面を作成したことから、Ｘ２が後見人報酬を受領していたとしてもなお特別縁故者に該当するとして、原審判を取り消し各500万円の分与を認めた事例
3	東京高決平成26・5・21判タ1416号108頁判時2271号44頁家庭の法と裁判4号102頁	抗告棄却	従兄	抗告人は、被相続人の父の葬儀を執り行い、被相続人の母の死亡後引きこもりとなっていた被相続人の安否確認のため自宅を訪問し、害虫駆除などもしていたことから特別縁故者に該当するとしつつ、具体的な分与額については、対人関係を拒絶していた被相続人と円滑な親族関係が築けていたとは認められず、被相続人の生活を支えていたとまではいえないとして、相続財産約3億7800万円のうち300万円を分与した原審判を相当とし、遺産総額の1％にも満たない原審判は不当とする抗告人の主張を退け、抗告を棄却した事例
4	東京高決平成26・1・15判タ1418号145頁判時2274号23頁家庭の法と裁判4号108頁	抗告棄却	従姉の養子	抗告人は、被相続人との間で本件と分家の親戚付き合いがあった、被相続人から後事を託された、葬儀や法要費を支出したと主張するが、生前の交流状況や、被相続人の死亡後の抗告人の貢献を加えて検討しても、特別縁故者と認められないとして、原審判を相当とし、抗告を棄却した事例
5	東京高決平成25・4・8判タ1416号114頁判時2270号36頁家庭の法と裁判4号110頁	抗告棄却	内縁配偶者	被相続人には抗告人に財産を遺贈する意思はなかったにもかかわらず、抗告人は全財産を抗告人に遺贈する旨の遺言書を偽造して相続財産を不法に奪取しようとしたとして、このような行為をした抗告人に相続財産を分与するのは相当でないとして、申立てを却下した原審判を相当とし、抗告を棄却した事例

	裁判年月日・出典	特別縁故の類型	申立人	事　案
6	東京家審平成24・4・20判タ1417号397頁判時2275号106頁家庭の法と裁判6号102頁	その他の特別の縁故	甥の配偶者（義理の姪）、配偶者の従妹（義理の従妹）	被相続人はその甥と生前親交があり、被相続人の財産の管理処分を託する旨の遺言書を書いた旨甥に伝えていたことからするとその限度で甥の配偶者（義理の姪）にも経済的利益を享受させる意向があったこと、相続人の配偶者の従妹は、被相続人の自宅の鍵を預かり頻繁に被相続人宅を訪問して世話を行い、また被相続人が財産の管理処分を託する遺言書を書いた旨伝えていたことから両名は特別縁故者に該当するとしつつ、縁故関係の内容・程度を考慮し、総額1億4200万円余の相続財産中、義理の姪には500万円を、義理の従妹には2500万円を分与した事例
7	大阪高決平成20・10・24家月61巻6号99頁	療養看護、その他の特別の縁故（財産管理・死後祭祀等）	従妹の子、その配偶者	申立人らは、被相続人が老人ホームに入所する前は疎遠であったが、入居後は、入所時の身元保証人や成年後見人となるほか、多数回にわたって遠距離の旅程をものともせず老人ホームや入院先に訪れて療養看護や財産管理を尽くし、葬儀や法要を主催してその費用も負担していたことから、特別縁故者に該当するとして、分与額を各300万円とした原審の金額はやや低額であるとして、申立人双方に対し各500万円に分与の額を変更した事例
8	鳥取家審平成20・10・20家月61巻6号112頁	その他の特別の縁故	又従兄弟の配偶者	申立人は、夫が又従兄弟の関係にある被相続人の老人ホーム入居の身元引受人となったほか、被相続人の依頼により任意後見契約を締結し、被相続人の死後は葬儀や身辺整理を行い、また被相続人は全財産を申立人に遺贈するとのメモを残していたとして、特別縁故者と認め、もっともこのメモは遺言書の形式を整えたものではないと指摘し、相続財産2500万円余の預貯金中600万円を分与した事例
9	広島高岡山支決平成18・7・20家月59巻2号132頁	相続放棄した相続人	息子	被相続人の法定相続人全員が相続放棄をした場合において、そのうちの一人（被相続人の唯一の息子）が相続財産清算手続後の残存相続財産について特別縁故者として分与の申立てをしたところ、認めるべきであるとしてこれと異なる原審判を取り消して、残存相続財産全部を分与した事例
10	広島高決平成15・3・28家月55巻9号60頁	療養看護	被相続人の配偶者の弟、その息子	特別縁故者が複数存在する場合は、具体的・実質的な縁故の濃淡を中心にしてその程度に応じた分与をすべきであるとして、抗告人を7、相手方を3の割合で分与した事例

	裁判年月日・出典	特別縁故の類型	申立人	事　案
11	大阪高決平成5・3・15家月46巻7号53頁	その他の特別の縁故	従兄弟の子	抗告人は、被相続人の生前から親しい間柄で頻繁に被相続人の自宅を訪問し、被相続人から財産を任せる旨言われており、被相続人の入院手続や各種の支払いを行うほか、被相続人の死後は喪主として葬儀を行い、その後も法要の主催、遺品整理等をするなど、被相続人にとっては唯一の頼りになる身内であったとして特別縁故者と認め、これと異なる原審判を取り消し、相続財産全部を分与した事例
12	東京高決平成元・8・10家月42巻1号103頁	その他の特別の縁故（通常の親族の範囲を超えた援助・協力）	叔母	抗告人は、被相続人の父が経営していた会社が倒産し北海道から上京してきた被相続人やその父を自宅に住まわせて生活の面倒をみるほか、被相続人らが新たな事業を立ち上げるための運転資金200万円を貸すなどして援助し、店の手伝いも行い、年末にはお節料理を届けるなどして、通常の親族の範囲を超えた援助・協力をした特別縁故者であるとして、これを否定した原審判を取り消し、原審に差し戻した事例
13	東京家審昭和51・2・28判例集未登載	その他の特別の縁故	従弟	申立人には直接の縁故関係は認められないが、申立人の父母が被相続人を物心両面で援助していたこと、申立人は被相続人の葬儀を主催し、墓守、遺産の管理等をしていたことを参酌して特別縁故者と認め、相続財産全部を分与した事例

# 第 3 編

使途不明金訴訟

第1章　遺産分割調停内での使途不明金

使途不明金の相談を受けた場合の初動活動

ポイント

弁護士として相談を受けた場合の初動活動は、
① 損害立証のための金融機関への取引履歴開示請求
② 違法性立証のための医療関連記録や介護関連記録の取り寄せ
を行う。
　金融機関や医療機関が開示を拒否したら、訴訟で調査嘱託等を申し立てる。

設例

　相続人Aは、被相続人の遺産の預金残高が異常に少ないことに疑問を持ち、弁護士に調査を依頼した。弁護士は、何をすべきか。

回答

　相続人による使い込みの有無を調査するためには、まず金融機関への取引履歴の開示請求をし、これにより不審な払戻等がないかを調査する。
　不審な払戻等があれば、不審な取引時の被相続人の金銭管理状態又は金銭管理能力を確認するために医療関連記録や介護関連記録の取り寄せを行う。

解説

依頼を受けた弁護士は、以下の手順で調査する。

1　金融機関の調査

(1)　取引履歴等の開示請求

使途不明金の相談・依頼を受けた場合は、弁護士は、まず、金融機関の取引履歴を取り寄せ、不審な払戻等がないかを確認する。

当該相続人が、引出しそのものを否定する場合があるので、払戻請求書や預金解約申込書の写し、ATMで引き出した画像などが残っているなら金融機関から確保しておいた方がよい。

(2)　開示を拒否された場合

単独での開示請求を拒否されたら、訴訟を提起し、訴訟の中で、調査嘱託等を通じて開示を求めることになる。事前に弁護士照会を掛ける方法もあるが、金融機関の開示義務は、公法上の義務にすぎないから、この義務に違反しても、不法行為にはならず（最三小判平成28・10・18民集70巻7号1725頁）、実効性は薄い。

使途不明金は、訴訟で解決すべき問題であり、遺産分割の対象ではないから、遺産分割調停手続内で調査嘱託、文書送付嘱託をすることはできない（相続後分割前の無断解約で、解約者以外の相続人が、新相続法の「みなし遺産」として扱うことに合意した場合は別である）。

2　医療記録等の調査

(1)　「引出し当時の被相続人の置かれていた状況」の調査

被相続人の医療記録・介護記録・介護認定記録から、問題取引時の被相続人の所在場所（自宅か施設か病院か）、被相続人の財産管理能力を把握する。いずれの記録も、過去5年以内のものという制限があるのが普通であり、依頼を受けたら迅速に行動する必要がある。

(2) 介護記録の取り寄せ

介護事業所には、介護記録が残っているから、被相続人の地位を承継した相続人として、介護記録の開示請求をする。そこには、ヘルパーやケアマネの介護記録等があり、さらには介護サービス利用票・ケアプラン・施設利用契約書・介護利用契約書もある。ただし、各介護施設によって取扱いが異なり、相続人ならOKという施設もあれば、全相続人の同意が必要という施設もある。

(3) 介護認定記録の取り寄せ

区役所・市役所の介護係へ要介護認定通知書・要介護認定資料等の介護認定記録の開示請求をする。そこには、被相続人の要保護状態や財産管理能力、さらには普段、財産管理をしているのは誰かという記録が残っている。これも、単独相続人からの開示請求に応じる区や市が多いが、中には全相続人の同意が必要という市や区、さらには、全相続人の同意を得ても個人情報保護法の観点から不可という市や区もある。

(4) 医療記録の取り寄せ

被相続人が通院・入院していた場合は、診療録・手術記録・検査記録・看護記録等の医療記録を取り寄せる。病院によっては、全相続人の同意を要求するところもある。

(5) 開示を拒否された場合

文書保有機関が開示を拒否したら、訴訟で文書送付嘱託・文書提出命令の申立てをする必要がある。

3 銀行取引と介護記録・医療記録等の照らし合わせによる不審な解約行為の特定

金融機関の取引履歴と取引時の被相続人の財産管理能力や財産管理状況を対比させ、不審な取引・解約を特定する。

① 払戻行為者

払戻請求書等の筆跡やATMの画像から、払戻行為者が被相続人ではなく問題の親族であることが明らかになる場合がある。

② 払戻金額

　被相続人の生活状況に特段の変化がないはずの時期に、急激に多額の出金がある場合や、被相続人の能力が低下した時期又は特定の親族が関与を開始した時期から出金額が大幅に増加している場合などは、不審な取引と考えられる。

　この検討においては、従前の収支状況との対比も鍵となるため、取引履歴をできる限り長くさかのぼって取り寄せることも重要である。

　被相続人が施設入所中であれば、施設費用以外の出費は多くないはずであるから、一見定常的に見える出金額でも使途不明金とみられることもある。

③ 払戻し等の日時・場所

　被相続人の身体状況・移動手段・スケジュール等からして、被相続人が出向くはずのない日時又は場所において出金がなされているのであれば、不審な取引といえる。

　また、被相続人が財産管理能力を喪失した時期であれば、たとえ少額でも不審な取引となり得る。

4　不審な取引が特定できない場合

　被相続人生存中に、被相続人所有の高額な不動産を売却したのに、売却代金入金の痕跡がなく、相手も知らないと言い張っている場合は、その主張が不自然でも、これ以上の追及はできない。

　家裁に遺産分割調停を申し立てても、家裁は、遺産探しはしない。一般調停事件である「遺産に関する紛争調整調停」を家裁に申し立てる方法もあるが、多くの場合、不調で終了するであろう。

　残りの遺産だけで遺産分割をするか、遺産分割は断念し、当事者が遺産探しを続けるしか方法はない。

相続前の預金解約に関する遺産分割調停での取扱い

ポイント

相続前の預金解約に関する使途不明金問題について、遺産分割調停の期日を3、4回重ねても合意ができないときは、原則として、それ以上、調停で扱うことはしない。

設例

遺産分割調停で、相続人Aは、「相続人Bが、生前、被相続人の預金を無断で解約した」と問題提起したが、4回協議を重ねても、解決しなかった。相続人Aの代理人弁護士は、今後どのように行動すべきか。

回答

弁護士は、遺産分割調停の対象財産から「使途不明金」を外すべきである。その後は、以下の3つの方法のいずれかをとる。
① 当事者間で調停外にて協議を続行する。
② 地裁に不法行為又は不当利得を理由として訴訟を提起する。
③ 家裁に一般調停事件である「遺産に関する紛争調整調停」を申し立てる。

解説

1 概説

引き出し行為が特定できる場合は、遺産分割調停でも使途不明金を扱うことはできる。ただし、3、4回期日を重ねても解決できないときは、遺産分割調停の対象から外し、訴訟等で解決することになる。

その流れを図示すると次のとおりである。

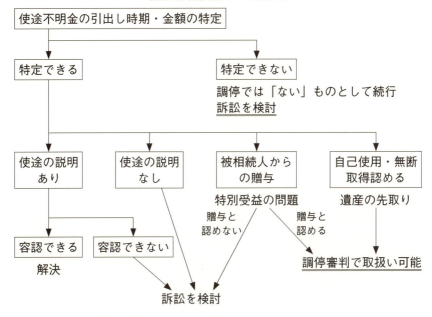

2 遺産分割調停での使途不明金協議

以下のとおり展開する。

(1) 〔第1回期日〕

① 追及する側の相続人が、問題取引を特定できている場合

預金取引履歴のうち、問題となる取引記録の部分を蛍光マーカー等で線を引いて特定して提出し、次回期日までに釈明するよう相手方に求める。

　(ｱ) 相手方が自らの引き出しを否定した場合

　　訴訟を提起する。

　(ｲ) 相手方が自らの引き出しを認めた場合

　　次回期日まで相手方の回答を待つ。

② 追及する側の相続人が、問題取引を特定できていない場合

　(ｱ) 単に準備不足から用意できていない場合

　　調停委員会に期間の猶予をもらい、その期日までに問題行為を特定し

て相手方に釈明を求める。
　(イ)　金融機関が全相続人の同意を要求したため、取引履歴を取得できていない場合
　　　相手方に同意を求める。
　　　相手方が同意しない場合は、調停での解決はあきらめ、訴訟を提起する。
　(2)　〔第2回期日〕
　2回目は、預貯金を出金した相続人が釈明する。書面と証拠は、期日の1週間前までに提出する。
① 無断使用を認めた場合
　その相続人が遺産を先取りしたものとして、処理する。当該相続人の「預り金」として、遺産目録に加える。
② 被相続人から贈与を受けたと主張した場合
　(ア)　他の相続人が、贈与を争わない場合
　　　特別受益の問題として、遺産分割手続内で処理することになる。特別受益に該当するときは、特別受益目録に追加する。
　(イ)　他の相続人が贈与を否定する場合
　　　訴訟で解決する。
③ 引き出しは認めるが、有用の資（被相続人の入院費・葬儀費用等）に充てたと弁解した場合
　この場合、弁明者は、事前に領収書などを証拠として家裁と当事者に提出しておくことが望ましい。
　(ア)　他の相続人が説明に納得すれば問題は終了。
　(イ)　他の相続人が弁明に納得できないときは、次回期日1週間前までに、疑問点等を書面で提出する。
④ 引き出したが被相続人に交付したという主張があった場合
　(ア)　他の相続人が説明に納得すれば問題は終了。
　(イ)　他の相続人が弁明に納得できないときは、訴訟で解決する。

(3) 〔第3回期日〕

3回目の期日では、釈明に納得できない部分について再度の説明を求める。例えば、「入院費に充てたというが、高額医療費は還付されているのではないのか」「葬儀費用に充てたというが、それは喪主が負担するものではないのか」「家屋の修繕費に充てたというが、領収書の宛名がない」等々。

追及する側の相続人が、前回の説明・証拠の、どこがどう納得いかないのかを書面で提出する。矛盾する証拠もあれば、それも提出する。

(4) 〔第4回期日〕

4回目は、追及する側の釈明に対し、追及される側、つまり預貯金を解約した方が再釈明する。

3　調停での協議打切り

(1) 調停打切り

使途不明金協議を3、4回重ねても問題が解決しないときは、遺産分割調停内での協議はこれで打ち切る。家裁が、これ以上、遺産分割調停内で使途不明金を取り上げることはない。仮に、当事者全員が、調停での協議続行を希望しても、同様である。使途不明金は、本来は訴訟で解決すべきことで、遺産分割対象財産ではないからである。

(2) 打切り後の活動

この場合、以下の3つが考えられる。

① 管轄の地方裁判所に訴訟を提起する。

この方法が普通である。

② 当事者が調停外で協議を続行する。

もう少しで協議ができそうな場合は、この方法でもよい。

この場合、遺産分割調停・審判終了前に合意ができれば、合意ができた範囲で、遺産分割調停の分割対象に組み入れることができる。

③ 家裁に一般調停事件である「遺産に関する紛争調整調停」を申し立てる。

遺産分割調停は、別表第二事件であるから、調停といっても、制限が多い。しかし、「遺産に関する紛争調整調停」は一般調停事件だから、自由に協議

できる。

ただ、それだけに、双方に歩み寄りの姿勢がないと、調停成立は難しいだろう。

4　調停で解決した場合の処理

(1)　使途不明金が存在しないことについて合意できたとき

清算条項で足りる。ただ、後日の紛争を避けるために、問題となった使途不明金を特定して存在しないことを確認するのもよい。

(2)　使途不明金が存在することについて合意できたとき

相続前の使途不明金については無断で消費した相続人の預り金、相続後の使途不明金についてはみなし預金として遺産目録に加える。

相続後の預金解約に関する遺産分割調停での取扱い

> **ポイント**
>
> 　相続後に預金を無断解約した場合、新相続法適用事件は、解約者以外の相続人の同意があれば、解約した預金が分割時にも「存在する」ものと「みなし」て、遺産分割の対象にできる。

> **設例**
>
> 　被相続人には長男A・次男B・三男Cがいて、法定相続分は各3分の1。遺産は預金3000万円。長男Aは、3000万円の特別受益がある。
> 　長男Aが、遺産相続後分割前に、預金3000万円を全額解約した。
> ①　3人とも、遺産分割の対象にすることに同意している。
> ②　Aが、解約金は被相続人の債務の返済にあてたと主張し、遺産分割の対象にすることに反対しているが、次男B・三男Cは、遺産分割の対象にすべきだと主張している。

③ 長男Aは、自分は解約していないと争っている。
調停委員会は、どのように調停を進行すべきか。

回答

① 遺産分割の対象になる。しかし、旧相続法と新相続法では、遺産目録の表示、同意の撤回の可否について違いが生ずる。
② Aが有用の資に充てたと抗弁しても、遺産分割の対象になる。
③ 遺産の範囲確認訴訟による解決を促す。

解説

1(1) 原則

遺産分割対象財産は、相続時だけでなく分割時にも存在していなければならない。したがって、相続時に預金が遺産として存在しても、遺産分割前に解約されれば、分割時には存在しないから、遺産分割の対象にならない。

したがって、小問①〜③は、いずれも、本来は遺産分割の対象にならない。ただ、全相続人の同意があれば、解約した相続人の「預り金」として、遺産分割の対象にできる。しかし、1人でも反対し、あるいは解約金額について相続人間で争いがあれば、遺産分割の対象から外れ、あとは、地方裁判所における不当利得返還請求訴訟・不法行為に基づく損害賠償請求訴訟での解決を図ることになる。

ただし、これらの請求債権は、解約時に法定（指定）相続分で当然に分割されるから、3000万円の特別受益がある超過特別受益者長男Aも、預金を無断解約することで、1000万円の預金を取得できることになる。無断解約をした相続人を利する結果になる。この点を考え、新相続法では「みなし遺産」の制度を設けている。

(2) 新相続法「みなし遺産」（新相続法906条の2）制度

預金の無断引き出し等、使途不明金等の可分債権を分割対象から外すのは、

遺産分割の長期化を防止するためだが、相続開始後の預金無断引出しに限定すれば、さほど遺産分割紛争の長期化を招かない。

そこで新相続法では全相続人の同意がある場合か、解約した相続人以外の同意がある場合は、相続後に解約した預金を「存在するものとみなし」て遺産分割の対象にできることとした。

2　全相続人の同意がある場合（小問①）

旧相続法の元でも、遺産分割調停・審判では、全相続人の同意があれば、遺産分割の対象にする処理をしていた。新相続法では、解約した預金が分割時にも存在するものと「みなし」て遺産分割の対象になる。小問①では、旧相続法でも、新相続法でも遺産分割の対象にできる。ただし、以下の違いに注意する。

〔同意の撤回〕

旧相続法では、遺産分割の対象とすることに同意しても、信義則違反にならない限り、同意の撤回は自由だった。新相続法では、いったん同意すると、「みなし遺産」という法的効果が生ずるので、撤回できない。

〔遺産目録の表示〕

旧相続法では、遺産目録には、解約した相続人の「預り金」として表示する。預金は存在していないから、「預金」としては記載できない。

新相続法では、解約された預金を存在するものとみなすので、遺産目録には「みなし遺産」である「預金」として表示される。

(1)　調停運営での注意点

「同意」の法的効果については、代理人から依頼者に十分に説明する。

また、相続人が口頭で「同意」しても、それが、調停の協議の中での運営方法としての「同意」にすぎないのか、みなし遺産の効果が発生し、撤回不能な新相続法906条の2の「同意」なのか、真意を十分確認する必要がある。

(2)　「同意」が錯誤や詐欺でなされたと主張される場合

同意という意思表示にも、民法総則の適用があるので、詐欺・錯誤を理由として取消しができる。詐欺や錯誤を理由として「同意」の取消しが主張さ

れた場合で、他の相続人が、その「取消し」に同意しない場合は、原則として、地裁の訴訟で「同意の取消しの有効性」を争うことになる。

3 解約した相続人以外の相続人の「同意」がある場合（小問②）

原則として、旧相続法では遺産分割の対象にできないが、新相続法では遺産分割の対象にできる。

相続後の預金無断解約については、解約した相続人から、被相続人の生前の医療費や葬儀費用等「有用の資に充てた」という抗弁が出される場合が多い。解約した相続人は、領収書等を提出し、みなし遺産の適用回避に努力すべきである。しかし、他の相続人が、それでも、みなし遺産を主張した場合は、みなし遺産の適用回避はできない。条文上は、「正当な理由がある場合の解約」について特例を設けていないからである。地裁において、他の相続人に対する不当利得返還請求として処理するしかない。

旧相続法下では、遺産分割の対象から外し、預金を解約しなかった相続人から解約した相続人に対し、不当利得等の返還請求訴訟を提起していたが、新相続法の下では、解約した相続人が原告となる。攻守入れ替わることになる。

4 解約の有無が争われる場合（小問③）

遺産分割調停では解決できないので、いったん調停を取り下げ、訴訟で解約者は誰かを争うことになる。

請求の趣旨は、解約したのは相続人であるという確認ではなく、端的に、みなし遺産の効果が生ずることを前提として、遺産の範囲訴訟となる。

請求の趣旨
「別紙処分財産目録記載の財産は、被相続人の遺産に属することを確認する」

処分財産が複数ある場合は、処分日時で特定する。

第2章　原告側訴訟活動

使途不明金問題で保全処分が必要になる場合

ポイント

一部の相続人による預金使い込み問題があるとき、当該相続人の属性によっては、仮差押えを検討することが必要なケースもある。

設例

相続人はA・Bの2名で、相続分は各2分の1。遺産は預金1000万円のみ。相続人Aは、定職がなく、これといった資産もない。遺産分割調停で、相続人Aは、預金1000万円は相続直前に解約し、自分の通帳に預かっているとして通帳の写しを呈示した。一方、返金については、被相続人にこれだけの貸金があったとして、諸々の細かな貸金の存在を主張し、返金に応じない。相続人Bから依頼を受けた弁護士は、何をすべきか。

回答

弁護士は、相続人Aの預金債権の仮差押えを検討すべきである。

―――― 解説 ――――

使途不明金問題が存するときは、迅速に訴訟を提起すべきであり、場合によっては、保全処分が必要な場合もある。

設例は、弊所でセカンドオピニオンから受任した事件を素材にしたケースである。

〔経緯〕

①　調停委員会は、相続人Ａの弁解が不自然で細かすぎることから、調停を重ねても解決できる目途がなく、再三にわたり弁護士に訴訟提起を勧めていた。

②　弁護士は、不自然とはいえ、相続人Ａの弁解が細かく、訴訟で一つ一つ潰していくことは面倒なことから、調停での解決にこだわった。

③　そのうち、相続人Ａの行動を不審に思った調停委員会が、預り金が入金されている通帳の再度の開示を求めると、預り金通帳から、全額引き出されてしまっていた。

④　相続人Ａは、有用の資に充てた、次回に使途を明らかにするといいながら、次回の調停からは出席しなくなった。

〔結果〕

弁護士は、預金債権500万円の回収ができなくなった。本件では、定職がなく、これといった資産もないという相続人Ａの属性、不自然な弁解を繰り返す行動等を考え、迅速に保全活動に動くべきだった。

弁護士注意点

　調停委員会が、事案の複雑性、主張や弁解の不自然さから、3、4回以内の期日での解決は無理と判断し、訴訟の提起を勧めているにもかかわらず、調停での解決にこだわる代理人が相当数いる。本件も、そのようなケースである。

　代理人が、訴訟提起をためらっているうちに、対象財産の所在がわからなくなってしまった場合、無職で資産もないとわかっていながら保全処分をしなかった行為は弁護過誤といわれてもやむを得ない。

　代理人側から、調停委員会側に、「紛争の一回的解決」と称して、使途不明金問題の協議続行の強い希望が出ることが少なくない。しかし、

> 調停委員会は、中立であり、双方の主張が食い違うとき、そのいずれの主張が正しいかの判断をすることはできない。訴訟で難航が予想される使途不明金事件を、遺産分割調停の協議で解決するのは無理である。
> このような場合は、代理人は迅速に訴訟提起をし、相手方の属性によっては、保全処分も検討する必要がある。

使途不明金訴訟の不法行為構成と不当利得構成

ポイント

> 使途不明金訴訟は、不法行為構成と不当利得構成がある。主な違いは、消滅時効にある。

設例

弁護士は、不法行為構成と不当利得構成のいずれの構成でいくべきか。
① 被相続人から預金を預かっていた相続人Aは、相続開始時の10年前から、不審な引き出しをしている。相続人Bは、相続開始から5年経過した後、弁護士に使途不明金訴訟を依頼した。
② 相続人Cは、無断で預金を引き出し費消した。相続人Aは、その無断引き出しに立ち会い、いろいろと手助けをしたが、預金は取得しなかった。Cは無資力であるがAにはみるべき資産がある。相続人Bは、M弁護士に使途不明金訴訟を依頼した。

回答

① 消滅時効の観点から考える。
② 相続人Aには「利得」はないので、相続人Aの責任追及は不法行為構成しかない。

解説

(1) 不法行為構成と不当利益構成

使途不明金訴訟には、不法行為構成と不当利得構成とがある。違いは、以下の6点である。特に重要なのは時効であり、あまり意味がないのは挙証責任である。反対債権との相殺の可否は、まれに大きな意味を持つ場合がある。相手方が、存在が不明確な債権を持ち出して支払い拒否の理由にすることがあるが、不法行為構成であれば、相殺の抗弁を封ずることができる場合がある。ただし、改正民法509条では、「悪意」と「人の生命又は身体の侵害に基づく」不法行為のみが相殺できない。

	不法行為構成	不当利得構成
消滅時効	知ってから3年 行為の時から20年	行為の時から10年
反対債権との相殺の可否	不可（改正民法で例外あり）	可
弁護士費用	請求できる	請求できない
挙証責任	争いあり（308頁参照）	不当利得の成立を主張する側
結果	「損害」の発生	利得
遅延損害金の起算点	払戻し時点	請求日の翌日（ただし、悪意の受益者の利息支払義務は利得時点）

(2) 小問①について

小問①では、相続開始から5年経過している段階で依頼を受けている。

〔不当利得構成の場合〕

相続から5年経過している以上、相続時から5年分しか遡って使途不明金を追及できない。反面、相続人Bが、使途不明金の存在を知って3年経過していても、責任を追及できる。

〔不法行為構成の場合〕

相続人Bが、使途不明金の存在を知って3年経過後にM弁護士に依頼した場合は、消滅時効の援用をされる可能性が高い。反面、使途不明金の存在を

知って3年経過していない場合は、20年遡って責任追及できる。

代理人弁護士は、依頼を受けた時点で、相続人Bが「知ってから3年」経過しているかいないか、経過していないことを立証できるか、という観点から、不法行為構成で行くのか、不当利得構成で行くのかを検討すべきである。

銀行の取引明細の開示は10年に限る銀行が多い。不法行為構成だと20年遡るといっても、取引明細がなければ現実には遡って責任追及するのは難しい。この点もあわせ考慮する。

(3) 小問②について

小問②の場合、相続人Aには利得がないから、不当利得では責任追及できない。不法行為しか選択肢がない。

訴訟提起する場合の要件事実

訴訟提起する場合の要件事実は、以下のとおりである。相続後の引き出しは、新相続法906条の2の適用がない場合を前提としている。

1 不法行為構成の請求原因事実

不法行為構成の場合、被告に引き出し権限のないことが請求原因か、それとも被告が引き出し権限を有していたことが抗弁かという論点がある。ただし、実務では、この問題は重要ではなく、大切なのは預金の管理状況と金額、使途である。

〔生前の引き出し〕

① 被相続人の預金が存在した。
② 預金が引き出された。
③ 預金を引き出したのは被告である。
(④ 被告は引き出し権限を有していなかった。)
⑤ 被相続人の預金債権侵害に故意・過失がある。
⑥ 原告は、被相続人の請求権を相続分に従い相続した。

〔相続後の引き出し〕

① 被相続人の預金が相続時に存在した。
② 原告は、その預金を相続し、預金について準共有持分を有していた。
③ 預金が引き出された。
④ 預金を引き出したのは被告である。
(⑤ 被告は引き出し権限を有していなかった。)
⑥ 被相続人名義の預金債権のうち原告の準共有持分の侵害に故意・過失がある。

2 不当利得構成の請求原因事実

〔生前の引き出し〕
① 被相続人の預金が存在した。
② 被相続人の損失（預金債権の払戻し）。
③ 被告の利得（被告による払戻金の取得）。
④ ②と③の因果関係。
⑤ 被告に預金の引き出し権限が存しないこと。
⑥ 原告は、被相続人の請求権を相続分に従い相続した。

〔相続後の引き出し〕
① 被相続人の預金が相続時に存在した。
② 原告は、その預金を相続し、預金について準共有持分を有していた。
③ 引き出した相続人以外の相続人の損失（預金債権の払戻し）。
④ 被告の利得（被告による払戻金の取得）。
⑤ ③と④の因果関係。
⑥ 被告に預金の引き出し権限が存しないこと。

使途不明金訴訟の挙証責任

ポイント

使途不明金訴訟では、挙証責任論は意味がない。むしろ、誰が管理していたのか、なぜ、引き出したのか、その使途は何か、そういう事実の確定が重要である。

設例

相続人Aは、被相続人と同居していた相続人Bに対し、過去10年間の、被相続人名義の預金からの引き出し全てを使途不明金だと称して、不法行為に基づく損害賠償請求訴訟を提起した。

相続人A代理人弁護士は、この1つ1つの引き出し全てについて、相続人Bに立証責任があり、相続人Bは、引出行為の正当性を説明し立証しなければ、全て相続人Bが賠償すべきだと主張している。

一方、相続人B代理人弁護士は、挙証責任は相続人Aにあり、相続人Aが1つ1つの引き出し全てについて、不法行為だと証明する必要があると主張している。

両代理人弁護士の主張は、いずれが正しいか。

回答

両者とも間違いである。

相続人AとBは、いずれも、可能な限り、事案解明に尽力すべきであり、どちらか一方に真実解明義務があるということはない。

解説

　実務上は、不当利得だろうと不法行為だろうと、挙証責任論とは関係なく、裁判所は、双方代理人に真実解明に尽力するよう求め、そのうえで判断している。設例の相続人A代理人弁護士のように、挙証責任は相続人Bにあり、過去10年間の引き出し事実を主張しさえすれば、あとは相続人Bの問題であるという態度は正しくない。同様に、相続人B代理人弁護士のように、全て不法行為だということを相続人Aが立証すべきだというのも間違いである。

　裏付け証拠がない場合でも、使途不明金訴訟は、家族間の紛争であるという性質上、一律、挙証責任を果たしていないと断ずることはない。家族間の金銭管理であるため、管理する側に他人のお金を管理しているという意識が薄く、日常的な費用について領収書がなくても不自然ではない。しかし、不動産購入など、一大イベントの支出に関しては、領収書がなければ不自然であるため、なぜないのかを説明する必要がある。

〔参考〕

　「いずれの説を採るにせよ、現実の訴訟のあり方としては、引出権限の内容や発生原因事実について引出者側にその説明を求めた上で、請求者側の反証も踏まえて、引出者側の説明に合理性があるか否かによって引出権限の存否を判断するという形になることが多く、引出権限の存否が真偽不明になった場合以外の局面においては、両説の実務上の違いはそれほど大きくないともいえよう。」

　「（裁判所の釈明にもかかわらず）被告が（使途につき）何ら説明もしない場合、そのこと自体が弁論の全趣旨として被告に不利益に考慮され得る。」

　（名古屋地方裁判所民事プラクティス検討委員会「被相続人の生前に引き出された預金等をめぐる訴訟について」判タ1414号76～78頁・88頁）

〈訴状例〉

訴　状

平成〇年〇月〇日

〇〇地方裁判所民事部　御中

原告訴訟代理人弁護士　　〇〇

当事者の表示

別紙当事者目録記載のとおり

損害賠償等請求事件
訴訟物の価額　　583万0423円
貼用印紙額　　　3万4000円

第1　請求の趣旨

1　被告は、原告に対し、金583万0423円及びこれに対する2018年6月30日から支払済みまで年5分の割合による金員を支払え（注：**不法行為構成**）

又は

被告は、原告に対し、金530万0385円及びこれに対する平成〇年〇月〇日から支払済みまで年5分の割合による金員を支払え（注：**不当利益構成**）

2　訴訟費用は被告の負担とする

との判決並びに仮執行の宣言を求める。

第2　請求の原因

1　当事者
　(1)　原告は、被相続人の長女である（甲◇）。被告は、被相続人の長男である（甲◇）。

　(2)　被相続人は、平成〇年〇月〇日に死亡した（甲◇）。被相続人の相

続人は、原告及び被告の2名である。

2 不法行為に基づく損害賠償請求
 (1) 被相続人の資産
　　被相続人は、生前、同人名義の下記（注：多数にわたる場合は別紙預貯金目録記載の）預貯金口座を有していた。
　ア　本件口座1（甲◇）
　　　金融機関：○○銀行
　　　支　店：○○支店
　　　種　類：普通預金
　　　口座番号：○○
　イ　本件口座2（甲◇）
　　　金融機関：ゆうちょ銀行
　　　記号番号：○○－○○

 (2) 被相続人の財産管理無能力
　ア　被相続人は、認知症を発症し、2017年9月に施設○○に入所した後、同年11月には○○病院に入院し（甲◇）、以後寝たきりの生活となり、自己の預金の引き出し行為は行うことができなかった。
　イ　被相続人の2017年○月当時の身体能力は、介助がなければ起立も歩行も着衣着脱もできない程度であった（甲◇）。
　ウ　被相続人の2017年○月当時の認知能力について、診察した医師は「○○」と述べている（甲◇）。
　エ　被相続人は、平成○年○月○日時点で、要介護○と判定された（甲◇）。
　オ　したがって、被相続人の財産管理能力は、遅くとも、2017年9月時点で失われていた。

 (3) 損害の発生及びその額
　ア　被告は、被相続人の財産管理無能力を熟知しながら、後見等の申立てをすることもなく、何らの権限もないままに別紙出金一覧表「事実関係／出金額」のとおり、本件口座1及び本件口座2から総額1328万2388円の出金を行った（甲◇）。この被告の不正出金行為により、被相続人の預貯金合計1328万2388円が失われた。

イ　被告は、別紙出金一覧表「被告の主張」のとおり、引出金の一部について被相続人のために使用したと主張した。このうち別紙出金一覧表「原告の認否／認める額」の合計268万1617円（甲◇）については、被相続人のために使用したものとして損害額に計上しない。

ウ　上記268万1617円以外の1060万0771円については、被相続人のために行われたものではなく、被告が費消したものであるため、被告は、被相続人に対し、1060万0771円の損害賠償請求義務を負うこととなった。

エ　原告は、被相続人の有していた被告に対する損害賠償請求権の2分の1に当たる530万0385円（小数点以下切捨て）分の損害賠償請求権を相続した。

(4)　弁護士費用

原告は、原告訴訟代理人に本件損害賠償請求手続を依頼したが、被告による不法行為と相当因果関係にある弁護士費用は、上記損害合計額の約1割に相当する金53万0038円を下らない。

(5)　まとめ

よって、原告は、被告に対し、不法行為に基づき、上記損害合計金583万0423円及びこれに対する最後の不法行為の日である2018年6月30日から支払済みまで民法所定の年5分の割合による遅延損害金の支払を求める（民法709条）。

3　不当利得に基づく利得金返還請求

(1)　請求を基礎付ける事実は、上記第2の2項(1)から(3)に記載したとおりである。

被告の上記出金行為により、原告が530万0385円の損失を被った一方、被告はこれに対応する利得を得ている。被告は、被相続人の財産管理無能力を熟知しながら上記出金行為を行ったのであるから、悪意の利得者として、受領の日以後の利息を付して返還すべきである。

(2)　よって、原告は、被告に対し、不当利得に基づき、利得金530万0385円及びこれに対する最後の損失の発生した日である2018年6月30日から支払済みまで民法所定の年5分の割合による遅延損害金の支払を求める（民法703条、704条）。

第3　関連事実
1　被相続人の生前の様子
- 「被相続人の財産管理無能力」に書き切れなかった事情など

2　訴訟提起に至る経緯
- 事前協議の状況など
- どのあたりが争点になりそうか、裁判官に知ってもらうのに有用な事情など

そのため、原告は本件訴訟を提起した。

以　上

証拠方法

証拠説明書記載のとおり

附属書類

1　訴状副本　　　1通
2　甲各号証　　各2通
3　証拠説明書　　2通
4　訴訟委任状　　1通

（別紙）出金一覧表

網掛け：本件口座①
他：本件口座②

認否欄の記号
○：認める　△：一部認める　×：否認する

事実経過	年月日	出金額	被告の主張			認否	認める金額	原告の認否
			使途金額	理由	書証			理由
施設入所	2017年9月9日	¥ -500,000	¥ 400,000	施設敷金	甲○	○	¥ 400,000	施設敷金
	2017年9月12日	¥ -100,000						
	2017年9月28日	¥ -30,000						
	2017年10月3日	¥ -500,000						
	2017年10月12日	¥ -500,000						
	2017年10月15日	¥ -500,000	¥ 150,000	生活費(2017年10月分)	甲○	△	¥ 75,000	生活費(2017年10月分)
	2017年10月17日	¥ -300,000	¥ 254,687	施設費用(2017年9月分)	甲○	△	¥ 254,687	施設費用(2017年9月分)
	2017年10月30日	¥ -100,000						
	2017年11月6日	¥ -500,000	¥ 150,000	生活費(2017年11月分)	甲○	△	¥ 75,000	生活費(2017年11月分)
	2017年11月15日	¥ -100,000						
	2017年11月20日		¥ 237,053	施設費用(2017年10月分)		×		被相続人口座から別途引落し済み
	2017年11月29日	¥ -500,000						
入院	2017年12月8日	¥ -100,000	¥ 16,370	入院費(2017年11月分)	甲○	○	¥ 16,370	入院費(2017年11月分)
	2017年12月12日	¥ -500,000	¥ 58,971	入院費(2017年12月分)	甲○	○	¥ 58,971	入院費(2017年12月分)
	2017年12月24日	¥ -1,054,620	¥ 1,000,000	本件口座2へ移動		○	¥ 500,000	本件口座2へ移動
	2017年12月25日	¥ -500,000	¥ 150,000	被告への贈与		×		贈与と認める根拠がない
			¥ 30,000	入院保証金	甲○	○	¥ 75,000	入院保証金
	2017年12月28日	¥ -100,000		正月の費用		×	¥ 30,000	生活費の中で考慮済み
	2018年1月5日	¥ -500,000	¥ 39,384	入院費(2018年1月分)	甲○	○	¥ 39,384	入院費(2018年1月分)
	2018年1月10日	¥ -200,000						
	2018年1月18日	¥ -500,000	¥ 150,000	生活費(2018年1月分)		△	¥ 75,000	生活費(2018年1月分)
	2018年2月2日	¥ -100,000	¥ 100,000	生活費(2018年2月分)		△	¥ 75,000	生活費(2018年2月分)
	2018年2月16日	¥ -50,000	¥ 50,000	生活費(2018年2月分)		×		上記で考慮済み
	2018年3月2日	¥ -100,000	¥ 100,000	生活費(2018年3月分)		△	¥ 75,000	生活費(2018年3月分)
	2018年3月14日	¥ -500,000	¥ 500,000	孫への贈与		×		受け取っていない
	2018年3月15日	¥ -500,000	¥ 500,000	孫への贈与		×		受け取っていない
	2018年3月16日	¥ -500,000	¥ 500,000	孫への贈与		×		受け取っていない
逝去	2018年3月17日	¥ -3,000,000	¥ 1,500,000	葬儀代		△	¥ 932,205	葬儀代(甲○)
	2018年6月1日	¥ -438,396						
	2018年6月30日	¥ -9,372						
合計		¥ -13,282,388	¥ 6,486,465				¥ 2,681,617	
使途不明金		被告主張 ¥ -6,795,923					原告主張 ¥ -10,600,771	
							2分の1 ¥ -5,300,385	(小数点以下切捨て)

損害・利得の発生時期

> **ポイント**
> ◆無断引き出しから直ちに不法行為・不当利得とはならない。
> ◆引き出した相続人が、自己の利益のために隠匿ないし領得した場合に限り、他の共同相続人に対する不法行為・不当利得を構成する。

設例

被相続人が危篤になったので、キャッシュカードを預かっていた相続人Aが、そのキャッシュカードを使って預金を引き出した。その後、入院代や生前の支払金などに充当した。相続人Bは、無断で引き出したこと自体で損害があったとして、引き出し金額全額の賠償を求めているが、認められるか。

回答

「無断引き出しをした」というだけでは、実質的に損害が生じた、利得が発生したとはいえない。自己の利益のために隠匿ないし領得した場合に、損害・利得が生じたといえる。

━━━━ 解説 ━━━━

1 損害

従来の考えでは、正当な受領権限を有していない者が債務者から弁済を受け、これによって債権が消滅した場合、その債権の消滅自体が損害であると解されている。

最二小判平成23・2・18判時2109号50頁も、簡易保険の保険金受取人の委任状を偽造して、保険金を受領したという案件で、「受領して保険金請

求権を消滅させたこと、それ自体が損害である」と判断している。

「無断で引き出したこと自体が損害だ」とすると、本件でも、入院代や生前の支払金などに充当したとしても、損害を発生させたということになる。しかし、急病になったので被相続人のキャッシュカードを使って入院代や手術代を引き出したといった行為は、一般的であり、無断で引き出した以上、有無をいわさず、損害を与えたというのは社会常識に反する。また、その考え方によると、被相続人の1つの口座から他の口座に預け替えた場合も損害が生じたことになるが、これも社会常識に反する。

引き出した相続人が、自己の利益のために隠匿ないし領得した場合に限り、損害が生じ、他の共同相続人に対する不法行為を構成すると考えるべきである（名古屋地方裁判所民事プラクティス検討委員会「被相続人の生前に引き出された預貯金等をめぐる訴訟について」判タ1414号79頁）。

2 利得

引き出した時点で利得があると考えると、その後、どれだけ被相続人のために使っても関係ないことになるが、これも社会常識に反する。個人的に取得し、あるいは費消した段階で利得があったと構成すべきである（名古屋地方裁判所民事プラクティス検討委員会「被相続人の生前に引き出された預貯金等をめぐる訴訟について」判タ1414号80頁）。

第3章　被告側訴訟活動

コラム column

使途不明金訴訟を提起された被告の反論にはどのようなものがあるか

●引出行為の有無を争うパターン

反論1　そもそも引き出していない（「関与否認型」318頁参照）。

反論2　預金を引き出したのを補佐しただけ（「補助主張型と本人交付型」320頁参照）。

●引き出し行為は認めるが損害・利得を争うパターン

反論3　引き出したが本人へ交付した（「補助主張型と本人交付型」320頁参照）。

反論4　引き出したが、有用の資に充てた（「有用の資に充てたという主張」325頁参照）。

反論5　そもそも被相続人の預金ではない（「名義預金が遺産になる場合とならない場合」72頁参照）。

●法律論が問題になる場合

反論6　因果関係がない（「使途不明金の存在に争いがなくても、因果関係の証明ができない場合」329頁参照）。

反論7　贈与である（「贈与の主張」323頁参照）。

　このうち、実際の訴訟で争われるのは、反論4が多い。この場合、一覧

表を作成し、主張と立証をわかりやすく整理することが大切である。

関与否認型

設例

相続人Aが銀行の取引明細記録を取り寄せたところ、被相続人が入院している間に、多額の預金引き出しが行われていることが判明した。おそらく、被相続人と同居していた相続人Bが預金を引き出したものと思われるが、相続人Bは、知らないと言い張っている。

相続人Aから、依頼を受けた弁護士は、いかに行動すべきか。

回答

引き出し行為自体の証拠の確保に努めるべきである。

解説

実務上被相続人が意識を喪失していれば、被相続人が引き出したことはあり得ず、引き出したのは同居の親族だろうと推測される。引き出し行為自体を争われることは多くはない。これに対し、被相続人が完全に後見状態だったというわけではなく、ある程度自分で生活ができていたという時には、引き出し行為自体が否認されることもある。全部否認の場合もあれば、一部は認めるが他は知らないという場合もある。

1 直接証拠の確保

このようなケースで検討すべきなのは、まずは引き出し行為自体の証拠確保である。預金引き出しが窓口での払戻しの形でなされているなら、払戻請求書の開示を銀行に求め、その筆跡を確認する。ATMからキャッシュカー

ドで引き出している場合は、銀行に、引き出した際の画像が残っていれば、取り寄せて確認する。

2　間接証拠の確保

直接証拠が確認できないときは、間接事実の積み上げで追及することになる。

(1)　通帳や銀行印、キャッシュカード管理者の特定

当時、被相続人の通帳や銀行印、キャッシュカードなどを誰かが管理していたのかを確認する。もし被相続人が介護認定を受けていたら、その認定調査票に「金銭の管理」という欄があり、その欄に「全介助」又は「一部介助」と記録されている時は、特記事項として続くページに誰が管理しているかが書いてあることがある。

(2)　引き出し場所の確認

引き出している銀行やATMの所在が、取引明細からわかることがある。これが被相続人の活動範囲内か、昔から取引のある支店か、それとも逆に同居の親族の勤務先の近くなどか、といった視点も大切である。

(3)　被相続人の健康状態

被相続人の健康状態も考える。普段は被相続人が預金を管理していても、問題の引き出し行為がある時は入院中だった、あるいは日中デイサービスに通っていた、という場合は、本人が引き出したとはいえない。この点、医療記録や入所・通所していた施設の記録を取り寄せて、出金日と入院日や施設にいた日を照合することができる。

(4)　金銭の移動状況の確認

金銭の移動状況からも推測される場合がある。引き出し行為に近接した時期に近接した額で問題相続人の預金に入金があり、その入金に他の理由がないとなると、本人が取得した可能性が高い。とはいえ、この立証には被告の口座履歴が必要であるが、その入手が難しい。まずは任意の開示を求めるとして、その口座に入金がなかった場合、原告としては他に隠し口座があると必ず考えたくなるが、その特定は難しい。仮に特定できたとして、開示を拒

否したら調査嘱託を申し立てることになるが、探索的な申立てと受け取られる可能性もあり、採用されるかどうかはケースバイケースである。

(5) 被告の主張と状況証拠の整合性

被告の主張が明らかに状況証拠と矛盾する場合、被告の無断引き出しが推認される場合がある。例えば、そのような銀行には行ってないといいながら、後の調査嘱託で、被告筆跡の払戻請求書の存在が認められた場合である。

補助主張型と本人交付型

> **ポイント**
> ①本人の引き出しを補佐しただけ、②引き出したが本人へ交付した、という抗弁については、状況証拠から推測するしかない。

設例1

〔補助主張型〕

相続人Aが、銀行取引履歴を調べ、被相続人生存中に多額の定期預金が窓口で解約されているので調査したところ、払戻証書の筆跡が相続人Bの筆跡だった。そこで、AがBに問いただすと、Bは、被相続人に頼まれて被相続人と一緒に金融機関に行き、頼まれて代筆しただけだと弁明した。

回答

状況証拠により判断する。

よく見られる主張の一つである。

(1) 原告の立場

追及する原告としては、被相続人本人が本当に銀行に来店していたのか、被相続人の本人確認がなされた形跡はあるか、被相続人の当時の健康状況等から付き添うのが自然か否か、なぜ相続人Bが同行したのか、引き出した金銭はどうしたのか、といったことを確認する必要がある。

また、そもそも当時、被相続人の意思能力に問題があったのであれば、本人が窓口に行っていればよいとはいえないので、やはり医療記録や介護記録の調査は必要である。

(2) 被告の立場

高齢の方が、書類のことなどがよくわからなくて心配なので、同居の親族に付いて来てもらうということはよくある。

被告としては、補佐した合理的理由を説明することになる。例えば、本人の健康状態、金銭の多寡で付添いが必要だったこと等である。

(3) 第三者補助主張型

被告が第三者と共に金融機関に行き、その第三者の依頼のもとに払戻しをし、払戻金はその第三者に渡したという主張がされることがある。第三者として多いのは、被相続人の配偶者、被相続人の他の推定相続人等である。この場合は、被告自身に利得はないから不当利得構成は難しいだろう。ただ、当時の情況を十分認識していれば、その第三者との間に共同不法行為が成立する場合もある。

設例2

〔本人交付型〕

設例1の例で、相続人Aが、引き出し後の預金の使途を尋ねると、その場で被相続人に全額交付した、あとは知らないと言い張っている。

回答

相続人が被相続人に、「管理方法や使途を聞かなかったのが自然か否か」がポイントになる。

解説

(1) 原則

引き出し後、被相続人へ交付されたという事実が認められるなら、問題はない。しかし、被相続人が交付を受けたという事実を認定するには証拠が不十分な場合、ポイントは、「当該相続人が被相続人に、交付後の管理方法や使途を聞かなかったのが自然か否か」である。判断に際しては①金額と②被相続人と引き出した人との身分関係・パーソナリティが重要になる。

(2) 金額の多寡

金額が日常的なものなら、使途を聞いていなくても不自然ではない。金額が高額な場合、例えば、1000万円だったら、聞いていないのは不自然な場合が多い。

(3) 被相続人との関係性

金額が多少高額の場合は、その被相続人との関係性から、「使途を聞かなかったのが自然か否か」を判断する。例えば、被相続人の孫や息子の配偶者など、被相続人との関係性が遠いなら、聞きづらい場合もある。ただし、被相続人との関係性は、各人のパーソナリティも影響するから、身分関係からパターン化はできない。被相続人が、しっかりと金銭管理するタイプか否か、孫や子の配偶者の性格といった要素も重要な要素になる。

(4) その他

なぜ現金の引き出しと手渡しという方法をとったのか、被相続人は、そのような多額の現金をどこに保管していたのか、といった事項も確認する必要がある。

(5) 判断基準

以上の間接事実を総合的に判断して、使途を聞かなかったのが明らかに不自然なら、相続人の使い込みを推測してもおかしくない場合もあるだろう。

贈与の主張

> **ポイント**
>
> 被告から贈与の主張がなされたときは、遺産分割でもその主張を維持するのか確認する必要がある。

設例1

被相続人甲の預金から、長男Aは被相続人甲の承諾を得て、1000万円を引き出して取得している。次男Bは、不当利得返還請求権や不法行為に基づく損害賠償請求権を主張できるか。

回答

贈与なら、特別受益の問題が残るだけである。

―― 解説 ――

相続前の預金引き出しについては、被相続人の同意の有無によって、手続が異なってくる。同意がなければ使途不明金として地裁の訴訟事項になる。しかし、同意があれば、特別受益として家庭裁判所における遺産分割調停・審判で解決することになる。使途不明金の依頼を受けた場合、代理人としてまず確認すべき点は、被相続人の同意、あるいは能力の有無である。

設例2

被相続人甲の預金から長男Aは1000万円を引き出して取得している。遺産分割調停で、長男Aは、被相続人の同意はないから特別受益にはならないと主張しているので、次男Bは、特別受益はゼロとして遺産分割調停を成立させた。

ところが、その後、不当利得返還請求権を請求原因として訴訟を提起したところ、長男Aは、訴訟では、被相続人の同意があり、使途不明金問題は生じないと主張している。

回答

長男Aの主張は、信義則に違反し認められない。

解説

実務では、しばしば、矛盾した主張がなされることがある。このような主張は信義則違反となり許されない。

〔参考〕

「当該預貯金について被相続人から贈与を受けた事実はないとの被告の主張を前提として原告が訴訟を提起したにもかかわらず、被告が従前の主張を覆して当該預貯金について贈与を受けた旨の主張することは、自己の言動を信頼した原告の訴訟活動を無にさせるとともに、原告が本来の権利を実現することを著しく困難にさせるものというべきであるから、訴訟上の信義則に反するものとして、そのような主張をすることは許さないとするのが相当であろう。」

（名古屋地方裁判所民事プラクティス検討委員会「被相続人の生前に引き出された預貯金等をめぐる訴訟について」判タ1414号81頁）

代理人としては、念のため、同意の有無を当事者間で確定するか、証拠化しておくことが望ましい。遺産分割調停で協議途中の時は、合意事項を中間調書化する。

調停が成立するときは、同意がないので特別受益の問題は起こらず、別途使途不明金訴訟で解決する、という調停条項にする。審判移行の時は、被相続人の同意はなかったので特別受益では争わず、使途不明金訴訟で解決するということを審問調書に残す。

いずれも、裁判所の協力が得られないときは、当事者間で合意書面を作成し、それも無理であれば、調停での主張書面に記載しておく。

有用の資に充てたという主張

> **ポイント**
>
> 使途不明金で一番多い主張が、「被相続人のために使用した」という主張である。個々に判断するしかない。

1 医療費、職業付添人の費用等

医療費、職業付添人の費用は、領収書があるのが自然であり、仮に領収書がなくても再発行してもらえるはずである。ただ、最近の入院ではない場合などは、領収書がなくても不自然ではなく、領収書がないことを理由に費消を推認できない。入院時、職業付添人を頼む必要性の有無や金額の相当性から判断するしかない。

2 謝礼・寄附

例えば「医師個人への謝礼、特別養護施設への謝礼・寄附に充てた。」といった主張がなされることがある。

必要的なものではなく、被相続人の明確な指示がない限り、費消と推認さ

れることが多い。ただ、少額で常識的な範囲内なら問題はない。判例には、特別養護施設に対する謝礼・寄附に充てるために引き出したという主張について、「被相続人の生活に必要な経費であると認めるに足る証拠はなく、また、その支出について被相続人の同意を得たことを認めるに足りる証拠はない」として、不当利得の返還を認めた裁判例(東京地決平成18・10・25判例集未登載)もある。

〔参考〕
「近時は、謝礼の金品を受けない医療機関もあり(国公立の場合はそもそも違法である。)、そのような被相続人の指示は、明示的な意思が認められる場合に限り、常識的な範囲内で認定されるにとどまる」(名古屋地方裁判所民事プラクティス検討委員会「被相続人の生前に引き出された預貯金等をめぐる訴訟について」判タ1414号91頁以下)。

3 葬儀費用

「葬儀費用に充てた。」との主張がなされることがある。

葬儀費用は、喪主が負担するのか、相続人全員で負担するのかということが問題である(「葬儀費用を喪主が負担する場合と相続人が負担する場合」376頁参照)。ただし、相続財産から葬儀費用を捻出することは日常的であり、被相続人自身が「終活」として、あらかじめ葬儀費用を準備しておくこともある。被相続人の生前の意思から、相続人間の協議で葬儀費用を相続人全員で負担すべき場合もある。

4 日用品購入

「被相続人の日用品を購入した。」との主張がなされることがある。当該相続人が、被相続人から日用品の購入を頼まれても不自然でない関係性がある場合(例えば、同居していた、近所に住んでいる等)は、日用品という性質上、領収書がなくても、やむを得ない。同居の有無、同居期間、被相続人の介護状況等から、金額の妥当性を判断し、常識的な金額であれば、問題はない。常識的な金額をはるかに超えると費消が推認される。

5　生活費の支給

「被相続人の日々の生活費のために、毎月、被相続人名義の預金から50万円を引き出して渡していた。」との主張がなされることがある。問題は、金額が被相続人の生活実態とバランスが取れているか否かである。バランスは、多様な価値観を前提に判断する。

往々にして、使途不明金を追及する側は、「被相続人は質素であり、これほど生活費がかかるわけがない」と反論するが、多少高額という程度では、費消は推認できない場合が多い。毎月50万円の生活費を「個人の価値観としてそのようなことも考えられる」として、費消を認定しなかった裁判例もある（名古屋地判平成24・1・30判例集未登載）。

6　見舞いのための交通費・差し入れ

「介護施設・病院への見舞いのために交通費、差し入れ等に充てた。」との主張がなされることがある。本来、この程度は、子の扶養の範囲内であるが、だからといって、これを被相続人が負担すべきものと考えても不相当とはいえないとする判例（東京地判平成23・8・22ウエストロージャパン）と、見舞った際の交通費、滞在費等について、具体的明細が明らかでない上、そのような使途に費消した証拠もないとする判例（東京地判平成18・10・25判例集未登載）がある。問題とされている金額や被相続人との関係性からくる違いだろう。

7　同居家族への交付

「被相続人の元同居家族の生活費に充てた。」との主張がなされることがある。「夫が入院し残された妻の生活費に充てた」「妻ではないが被相続人に生活を頼っていた親族の生活費に充てた」という弁解は少なくない。毎月、生活力のない親族に一定額の生活費を渡す約束があったとする例もある。

妻への援助には同意が認められる場合が多いが、仮に、意思能力等の点で同意が認められない場合でも、婚姻費用の分担として、相当性が認められる場合がある。「実質的夫婦共有財産から夫婦の一方が他方の負担すべき婚姻

費用として相当な範囲の支出を行うことは他方配偶者の同意がなくとも権利利益を侵害するものではないとの理解を前提に、被告が37か月間分の生活費の引出であると主張する額（493万円）について、生活費として月当たり13万円程度の支出を行うことは、被相続人が負担すべき婚姻費用として相当な範囲を逸脱するものとはいえない」とする判例（名古屋地判平成24・1・13判例集未登載）もある。

親族への生活費援助の場合も、親族との親密性と扶養義務の程度、援助の必要性から、個別に判断することになる。例えば、離婚して母子家庭になった娘への生活資金援助は、継続的に援助する合理的意思が推認されよう。

8　修繕費

「被相続人の家屋の修繕費に充てた。」との主張がなされることがある。そのとき、被相続人が単独で居住していたなら問題はない。しかし、同居していたときは、被相続人のための改修か、自身のための改修か問題になる。被相続人が施設や病院におり、自宅に帰る目途がないときなどは、費消に近い支出と推認される。

9　遺産管理費用

「相続後、遺産である家屋の修繕費等、遺産管理費用に充てた。」との主張がなされることがある。遺産管理費用の問題である（「相続後に発生した遺産収益金が遺産になる場合とならない場合」392頁参照）。

10　立替金の清算

「被相続人のために立て替えておいた費用を清算しただけだ。」との主張がなされることがある。従前の生活状況、金額等から、弁解が不自然・不合理か否かを判断する。

立替金の抗弁を認めた判例として、「その使途や金額、被相続人と立て替えた相続人の従前の関係、被相続人の入院後も被相続人の配偶者が自宅で生活していたことなどに照らせば、相続人の立替払について清算することを被

相続人が承諾していたとしても不自然、不合理とはいえない。」「（領収書等の裏付けがなくても）被相続人の存命中に推定相続人間で被相続人の財産管理をめぐる紛争が生じた形跡はうかがわれない」とする判例（名古屋高判平成26・5・9判例集未登載）がある。

一方、立替金の抗弁を否定した判例として、「近接した日に「ナイトウエア」を2回購入するなど、購入する必要性が不明なものがあり、全てが被相続人の委託に基づくものであると認めるに足る証拠はない。」「食料品について、領収書が提出されているが、これら全ての購入を被相続人が依頼したとは考えられないし、これら全ての食料品を被相続人が食べたということを認めるに足る証拠もない。」とするもの（名古屋地判平成26・3・13判例集未登載）がある。

使途不明金の存在に争いがなくても、因果関係の証明ができない場合

設例

被相続人は、認知症をわずらい施設に10年間入所していた。その間、長女Aが、通帳を所持し、管理し、施設などの費用も長女が支払っていた。相続発生後、次女Bは、預金残高が極端に少ないことから不審に思い、銀行取引明細を取り寄せてみたところ、施設費用以外に、多額の金額が頻繁に引き出されていた。

遺産分割調停の中で、長女Aから、1000万円分は説明が付かないので使途不明金は1000万円で合意したいとの和解提案があったが、次女Bは、使途不明金は1億円を下らないと主張し、合意できなかった。

次女Bから、長女Aあてに訴訟を提起したいという相談を受けた場合、弁護士として注意すべき点は何か。

回答

どの預金引き出しから、1000万円の損害を生じさせたか、証明する必要があるが、それが可能か検討する必要がある。場合によっては、訴訟は避けた方がよいケースもある。

解説

長女Aが調停で1000万円の説明がつかないことを認めているからといって、訴訟でも確実に1000万円が認められるわけではない。

使途不明金訴訟は、個々の預金引き出し行為が不法行為又は不当利得だとするものであるから、10年間の引き出し行為のうち、どの引き出し行為が不法行為又は不当利得なのか特定する必要がある。「1000万円の使途の説明がつかない」というだけでは、不法行為・不当利得の要件事実を証明できておらず、当然に賠償請求・不当利得返還請求が認められるものではない。個々の行為を特定する必要がある。

本件では、どの引き出し行為で使途不明金が生じたのか特定できていない以上、1000万円の賠償請求・不当利得返還請求は難しい。

説明のつかない引き出し金があれば、一連の引き出しを全体的にみて1つの不法行為・不当利得ととらえるべきだという意見（全体的不法行為論）もあるが、正当な引き出しもそうでない引き出しも、ひとまとめにして全体が不法行為・不当利得ということはできない。ただ、ケースによっては、全体を事務管理と構成し、善管注意義務違反と構成できる場合があるかもしれない。

損害を発生させた個々の引き出しを特定できないものの、被告が一部費消を認めているときは、使途不明金を追及する側の代理人としては、和解を成立させることが安全である。

⚖️ 弁護士注意点

　以下のような事件を途中から受任したことがある。

　前任の代理人が担当した第1審では、訴状で、個々の不法行為・不当利得行為を特定しないまま、次のような計算をしていた。

〔母が相続した父の財産＋10年間の母の収入〕－10年間の母の生活費－母死亡時の財産＝使途不明金1億円

　つまり、1つ1つの行為を不法行為とせず、10年間の一連の引き出しを全体として1つの不法行為と構成したのである。ところが、被告側の弁護士も、この全体的不法行為論を格別問題にしておらず、担当した地裁の裁判官も問題にしないまま、訴訟が進行していた。

　弊所は、最終準備書面の段階で原告から受任したのだが、10年間の引き出し行為と、どの引き出し金額のうちいくらが損害・利得なのかということをできる限り一覧表にして、かつ、その合計金額が前任の代理人の請求金額と大きく齟齬がないようにした。

　ところが、1審判決では、前任代理人の全体的不法行為構成のまま、ある程度の認容額が出た。その金額に原告側が不満で控訴することになったが、高裁では、やはり裁判官が、1審の「全体的不法行為論」を問題にした。「個々の引き出し行為の中には、問題行為もあれば、問題でない行為もある。これをひとまとめにして、全部不法行為だ、不当利得だという認定の仕方は問題外である」との意見だった。

　ただ、これは、和解の席上での発言で、相手方には伝わっておらず、相手方代理人は、この問題点に気付いておられなかった。逆に、1回目の和解期日に、1審判決認容金額よりも、少し上乗せした和解案を提示してこられたので、これを了解して和解で終了になった。

使途不明金問題発生防止策

　一部の相続人が被相続人の金銭管理をしていた場合、必ずといってよいほど、当該相続人の使い込み疑惑、いわゆる使途不明金問題が生ずる。弁護士

としては、事前に相談を受けた場合、その防止策をアドバイスする必要がある。

対策としては、被相続人と財産管理契約・任意後見契約・遺言書の３点セットをきちんと公正証書にして取り交わしておくことに尽きる。弁護士としては、財産管理をしている推定相続人に、他人の財産管理をするのだという意識を持つよう促すことが必要である。

(1) 財産管理契約の締結

具体的には、被相続人予定者の介護に当たり、財産管理契約を締結し、どこまで委任し、どこまで処分権があるのかを公正証書にしておく。もちろん、きちんと会計帳簿を付け、管理契約に基づいて行われている証拠を残すことも必要である。

(2) 任意後見契約の締結

財産管理契約は、本人に財産管理能力があることが前提になっているので、認知症などの症状が出てきた場合は、対応できない。こういう場合に備えて、介護者は、あらかじめ、任意後見契約も締結しておいた方がよい。

(3) 遺言書の作成

更に、使途不明金は遺産分割の場面で問題になるので、事前に公平な遺言書も作成した方がよい。

コラム column

成年後見人による使途不明金の追及の是非

(1) 消極説　追及すべきでない。使途不明金は、推定相続人間の紛争であるが、成年後見人は、親族間紛争には中立であるべきである。
(2) 積極説　追及すべきである。使途不明金は、被後見人の財産管理の問題である。
(3) 実務　成年後見人の裁量問題と考えられている。実務では、使途不明金問題に関わらない後見人が非常に多い。なお、成年後見人が使途不明金を追及しなかったのは善管注意義務違反であるとして争われたものの、義務

違反とは認めなかった裁判例がある（東京地判平成 26 年 6 月 27 日ウエストロー・ジャパン）。

第4編

遺言無効訴訟

第1章　遺言の種類と解釈

「特定財産承継遺言」（相続させる遺言）と遺贈の違い

ポイント

◆「特定財産承継遺言」（相続させる遺言）では、当然に遺産を承継し、単独で登記できる。旧相続法では、対抗要件は不要だが、新相続法では、法定相続分を超えた権利取得は対抗要件が必要になる。
◆特定遺贈は、登記なくして第三者に権利取得を対抗できない。単独では登記できないので、受遺者は相続人を登記義務者として共同申請することになる。

設例

　相続人は長男Aと次男Bの2名である。被相続人甲は、長男Aに自宅を取得させる旨の遺言書を作成したが、表現があいまいで、登記所が受け付けてくれない。もう1人の相続人である次男Bは、その遺言は無効だから自宅を遺産分割の対象にせよと争い、相続登記には協力できないと言っている。長男Aは、訴訟で遺言の有効性を争うつもりである。
　この場合、「特定財産承継遺言」（相続させる遺言）では請求の趣旨はどうなるか。遺贈での請求の趣旨はどうなるか。

回答

　「特定財産承継遺言」（相続させる遺言）では、長男Aは次男Bを被告とし

て所有権確認訴訟を提起し、遺贈では、長男Aは次男Bに、移転登記を求める給付訴訟を提起することになる。

― 解説 ―

「特定財産承継遺言」（相続させる遺言）と遺贈は、どちらも、相続と同時にその遺産を取得するという物権的効果がある（遺贈につき、大判大正5・1・8民録22輯20号8頁。相続させる遺言につき、最二小判平成3・4・19「香川判決」民集45巻4号477頁）。

しかし、性質の違いから、以下のとおりの相違点が生ずる。

相違点

	相続させる遺言（旧相続法）	特定財産承継遺言（新相続法）	特定遺贈
登記申請	単独申請	単独申請	共同申請
請求の趣旨	確認訴訟	確認訴訟	給付訴訟
対抗問題	登記不要	登記必要	登記必要
遺言執行者	執行概念なし	対抗要件具備行為のみ	実現行為全般
農地法3条所定の許可	許可不要	許可不要	許可必要（相続人以外の場合）
借地権の相続	地主承諾不要	地主承諾不要	地主承諾必要
遺言利益の放棄	相続放棄をすることが必要	相続放棄をすることが必要	相続放棄をしなくても、遺贈の利益のみ放棄できる

1 登記の単独申請の可否

(1) 特定遺贈

遺贈は、受遺者（登記権利者）と相続人（登記義務者）との共同申請となる（不動産登記法60条）。

(2) 「特定財産承継遺言」（相続させる遺言）

特定財産承継遺言（相続させる遺言）は、相続と同時に遺産を承継するので、受益相続人は、単独で登記申請できる（不動産登記法63条2項）。

なお、単独登記する前に他の相続人が保存行為として共同相続登記をした場合は、単独登記は受理されず、全相続人名義の相続による所有権移転登記を受益相続人に変更する更正登記の手続による（昭和28年12月3日民事甲2259号民事局長通達参照）。

2 遺言に基づく請求の趣旨
(1) 特定遺贈

特定遺贈では、相続人が移転登記義務を履行することで対抗要件を具備することになるから、受遺者から相続人に対する移転登記を求める給付訴訟となる。

(2) 特定財産承継遺言（相続させる遺言）

特定財産承継遺言は、受益相続人から他の相続人に対する確認訴訟となる。相続と同時に、受益相続人は、所有権を取得でき、単独で登記申請できるからである。

3 農地
(1) 特定遺贈

相続人以外への特定遺贈は、農地法3条に基づき、農業委員会又は県知事の許可を受ける必要がある。

(2) 特定財産承継遺言（相続させる遺言）・相続人への特定遺贈

許可は不要である。しかし、相続を知ったときから10か月以内に農業委員会への届出をする必要がある（農地法第3条の3）。新相続法でも、この点の変更はない。

4 借地権
(1) 特定遺贈

特定遺贈の場合、地主の承諾が必要となる。

(2) 特定財産承継遺言（相続させる遺言）

相続人が単独で相続する限りは、地主の承諾は不要である。

5 「特定財産承継遺言」（相続させる遺言）なのか、「遺贈」なのか判然としない場合

遺言者の合理的意思解釈の原則から、遺贈であることが明白な場合以外は「相続させる遺言」と解することになる。最二小判平成3・4・19民集45巻4号477頁は、「遺言書の記載から、その趣旨が遺贈であることが明らかであるか又は遺贈と解すべき特段の事情がない限り、遺贈と解すべきではない。」としている。

最高裁の遺言解釈3原則

> **ポイント**
>
> 遺言の文言は、遺言者の真意をくみ取り合理的意思解釈をする。

設例1

被相続人甲は下記自筆証書遺言を残した。
1 相続人Aは、「賃貸共同住宅ロイヤルハイツA」を相続する（多額のローンが残っており、ロイヤルハイツAの賃料収入から返済しているが、ローンについては触れていない。）。
2 相続人Bは、相続人Bが住んでいる家を相続する。
   相続人Aは、以下の主張をしている。認められるか。
   ① 遺言書ではローンについて触れていないので、ローンは、全相続人が法定相続分で相続することになる。
   ② 遺言書には「家」としか記載されていないので、相続人Bが遺言で取得できるのは建物だけであり、敷地は遺産分割の対象になる。

回答

①・②とも相続人Aの主張は認められない。①については、相続人間では、ローンも相続人Aが承継する。②については、敷地も含めて相続人Bが相続することとなる。

設例2

相続人Aは、「実は『相続人Bに家を相続させる』という遺言は、被相続人甲の真意ではない。当時、被相続人甲と不仲だったBとの関係を良好にするために便宜的に記載しただけである」と主張している。この主張は認められるか。

回答

認められない場合が多い。

解説

1 遺言解釈3原則

自筆証書遺言には、あいまいな記載が多い。この場合、最高裁の以下の原則に従って合理的意思解釈をすることになる。

〔第1原則・合理的意思解釈の原則〕
　遺言書の文言を形式的に判断せず、遺言者の真意をくみ取る（最二小判昭和58・3・18家月36巻3号143頁）。

〔第2原則・文言重視の原則〕
　遺言書の記載自体から遺言者の意思が合理的に解釈できる場合は、文言を最重要視する（最三小判平成13・3・13家月53巻9号34頁）。

〔第3原則・付随的に諸事情も考慮する〕

あわせて、遺言書の全記載との関連、遺言書作成当時の事情、遺言者の置かれていた状況などを考慮して、遺言者の真意を解釈する（最三小判平成5・1・19民集47巻1号1頁）。

2 設問について

この3原則からすれば、設例1①は、賃貸マンションのローンが同マンションの家賃から返済されているという事実にかんがみれば、賃貸マンション承継者にローンを承継させるというのが、遺言者の合理的意思解釈である。設例1②も、建物だけ相続させ、敷地は遺産分割で協議せよというのは、明らかに相続人の合理的意思に反する。

また、遺言書の解釈は、文言を最重視すべきで、当時の状況から文言とは全く異なる遺言意思をくみ取ることは許されない。したがって、設例2の主張は認められない。

「その余の一切の財産」の解釈

ポイント

「その余の一切の財産を相続人○○に相続させる」とあっても、遺言文言を合理的に解釈し、当該相続人に相続させない場合もある。

設例

相続人は長男Aと次男B。下記の場合、次男Bの主張は認められるか。

① 遺言には、「長男Aに○○銀行の預金の8割を相続させ、2割の預金と不動産、その他一切の財産は、全て次男Bに相続させる」とある。ところが、次男Bが、生前、被相続人の預金や投資信託等を無断で解約し、個人的に費消していたことが判明した。次男Bは、自身が無断費消したことによる被相続人の損害賠償請求権も相続財産であり、「その他一切の財産」

に含まれるから、損害賠償請求権も相続したと主張している。
② 遺言には、「不動産は長男Aに相続させる。その他一切の財産は、全て次男Bに相続させる」とある。ところが、Aが被相続人より先に死亡した。次男Bは、長男Aの代襲相続人Cに、長男Aが先に死亡した以上、不動産は「その他一切の財産」に含まれて次男Bが相続すると主張している。

回答

次男Bの主張は、いずれも認められない。

解説

上記設例はよくある事例であり、特に小問①のケースは非常に多い。

1 小問①について

遺言者の合理的意思解釈の問題だが、遺言者が、自身を被害者とする損害賠償請求権を相続人である加害者に相続させることは通常あり得ない。「その他一切の財産」には、生前の預金等を使い込んだことによる損害賠償請求権は含まれていないと考えるべきである。

この点は、実務上ほぼ異論はない。弊所で取り扱った事件でも、全て裁判官は同様の意見を示していたし、そのような判例も散見される（東京地判平成18・10・19判例集未登載）。

問題は、「その他一切の財産」に含まれないとすると、それは、預金に準じて扱うか、それとも、遺言には記載がないものとして扱うかである。これについては、弊所の経験では、預金に準じて扱うという裁判官と、遺言書には記載がないものとして扱うという裁判官がいて、確定的な見解はない。

小問①では、預金に準じて扱うという見解では、損害賠償請求権は、8割が長男Aに、2割が次男Bに帰属することになる。これに対し、遺言書には、何も記載がないものとして扱う見解だと指定相続分か法定相続分で分割され

ることになる。

　どちらの見解が正しいかは、ケースバイケースである。弊所の取扱い例でいえば「無断解約者が、無断解約することで、より有利な結論になることは避ける」という基準で判断している傾向が見受けられる。小問①でいえば、本来は、2割しか預金を取得できなかった次男Bが、無断解約することで、法定相続分を取得できるというのはおかしいから、預金に準じて扱うことになろう。

2　小問②について

　公証人実務では、設例②のような場合、代襲相続人に相続させると明記しているから、近時作成された公正証書遺言では、このような問題は起きない。しかし、そのような記載がない場合は、遺言者の合理的意思解釈の問題になる。

　遺言者は、不動産をAが相続することを前提として、それ以外は、Bに相続させるとしているのだから、Aが相続人より先に死亡した場合は、Bに相続させる意思がないことは明らかだろう。

　この場合は、指定のない遺産として扱うことになる。

遺言の割合的指定が「相続分の指定」と解される場合と「特定財産承継遺言（分割の指定）」と解される場合

> **ポイント**
>
> 　遺言書に「遺産を長男に2分の1、次男に2分の1相続させる」と記載している場合、相続分を指定している趣旨の場合と分割を指定している趣旨の場合がある。原則は「相続分の指定」だが、文言や状況によっては「分割の指定」と解することもある。

設例

被相続人甲は、生前、妻Aに500万円を生計の資本として贈与した後、死亡した。遺産は1000万円の不動産である。

① 相続人は妻Aと長男B・次男Cの3名で、遺言書には、その「1000万円の不動産について妻Aに2分の1、長男B・次男Cに各4分の1相続させる」と記載してある。この場合、妻は特別受益を考慮することなく2分の1の共有持分権を相続できるか。

② 相続人は妻Aと長男B・次男Cの3名で、遺言書には、その「1000万円の不動産について妻Aに2分の1、長男B・次男Cに各4分の1ずつ共有で相続させる」と記載してある。この場合、妻は特別受益を考慮することなく2分の1の共有持分権を相続できるか。

回答

① 特別受益を考慮する。遺言では相続分を指定しただけであり、特別受益が持ち戻されて具体的相続分を算出することになる。妻Aが取得できるのは250万円である（持戻し免除の意思表示は考えないこととする）。

遺産1000万円＋Aへの贈与500万円＝1500万円

Aの相続分　1500万円×2分の1＝750万円

B・Cの各相続分　1500万円×4分の1＝375万円

具体的相続分　A　250万円（750万円－500万円）

　　　　　　　B・C　各375万円

② 特別受益を考慮しない。特定財産承継遺言（分割の指定の遺言）だからである。この場合、A 500万円、B・C各250万円ということになる。

この場合、遺言は、前提として持戻し免除の意思表示があるか、相続分の指定が背後にあると考えることになる。

■ 解 説 ■

1 相続分の指定と分割の指定

　実務では、「遺産について各相続人に何分の1ずつ相続させる」という記載のある遺言にしばしば遭遇する。この遺言は、相続分の指定遺言なのか、「共有させる」という「特定財産承継遺言（分割の指定）」遺言なのかが問題になる。

　①分割の指定なら、相続と同時に「通常共有」で分割されるから、遺産分割の余地はない。遺産分割調停では、その指定遺産は対象から外し、審判では、分割済みであるとして却下される。具体的な分割は、共有物分割によることになる。

　②単なる相続分の指定なら、法定相続分に代わる相続分を指定しただけであり、「遺産共有」となるから、具体的な分割は、遺産分割で行うことになる。最終的には具体的相続分で分割されることになる。

2 解釈の指針

(1) 相続分の指定と解される場合

　実務では、明確に「指定割合で通常共有取得させるという分割の指定の趣旨」と読めない限りは、遺産共有についての相続分の指定と解している。遺産共有と解した方が、他の遺産とともに、具体的相続分で分割されることになり、相続人間の公平性を確保できるからである。

(2) 分割の指定と解される場合

　明確に「指定割合で通常共有取得させるという分割の指定の趣旨（特定財産承継遺言）」と読める場合とは、以下の場合である。この場合は、通常共有となる。

① 「共有持分・割合」という表現が使用されている場合

　例「遺言者は、遺産である不動産を、妻及び長女に<u>共有持分</u>2分の1の<u>割合</u>で相続させる」

② 「持分均等の割合で」という表現が使用されている場合

例「遺言者は、遺産を全相続人に持分均等割合で相続させる」

3　設例の検討

　本件では、小問②は明らかに「指定割合で通常共有取得させるという分割の指定の趣旨」と読めるから、通常共有での共有取得となり、特別受益は考慮されない。その後の分割は、地裁での共有物分割になる。

　しかし①は、明らかに「指定割合で通常共有取得させるという分割の指定の趣旨」と読めるとはいえないから、遺産共有となり、原則に戻り、「相続分の指定」と解することになる。その後の手続は、家裁で遺産分割手続による。

　もっとも、文言ばかりでなく、相続人間の具体的情況も考慮する必要がある。例えば、兄弟で仲良く経営している町工場の敷地・建物を「各2分の1相続させる」というのは、「共有させる」という文言がなくとも、分割の指定と解される。

第2章　遺言無効

遺言能力の定義と判断基準

ポイント

遺言能力の判断基準の中核は精神医学的観点からの判断であるが、行動観察的視点も必要である。

設例

弁護士が、依頼者から、遺言者の意思能力に疑問があると相談されたとき、まず何をすべきか。

回答

介護記録、医療記録、介護認定記録等を精査するが、同時に、遺言書の遺言前後の行動、人的関係、遺言内容の複雑性等も考慮する。

解説

遺言能力とは、「遺言内容を理解し、遺言の結果を弁識し得るに足る意思能力」であり、民法では、その基準を満15歳としている（民法961条）。取引上の行為能力は不要である。

遺言能力の判断基準は、以下の3点である。
① 精神医学的観点

② 遺言内容
③ その他諸事情（遺言の動機、作成経緯、遺言者と相続人、受遺者との人的関係等）

このうち、中核が精神医学的観点からの判断である。

1 精神医学的観点

　介護記録、医療記録、介護認定記録を取り寄せる。これらの記録から、遺言者が家族を認識できているか、金銭管理能力はあるのか、記憶や判断に問題はないか、意味不明な言動や妄想はないかなどを検討する。

　取り寄せの際、病院側や施設側の責任追及は目的ではないということ、あくまで遺言能力の判断目的だということを告げた方がよい。依頼者本人から取り寄せてもらうのがスムーズである。

	医療記録	介護認定記録	介護記録
取り寄せ書類	診療録・カルテ・看護記録・CT、MRIの画像・知能テスト（長谷川式認知症テスト等）等	主治医意見書・要介護認定調査票・要介護認定結果通知書等	課題分析・介護サービス計画（ケアプラン）・介護記録（ケース記録）等
取り寄せ先	病院	市区町村	介護サービス事業者
備考	5年以内なら大丈夫なはずだが、中には紛争に巻き込まれるのを嫌がって全相続人の同意を得てくれという病院や施設もある。	「要介護認定等に関する記録の開示依頼書」という書式を利用して地方公共団体に請求する。全相続人の同意を得てくれという地方公共団体もあるし、個人情報保護法の観点から全相続人の同意があっても開示を拒否する区もある。	相続人が単独で申請可能だが、全相続人の同意が必要とする介護事業者もいる。

2 行動観察的視点

(1) 認知症の特徴

　認知症の症状である記憶障害、判断能力低下、見当識障害の程度は、斜めに直線を描いて低下するわけではなく、波を描きながら徐々に低下していき、

日によっても異なる。怪我や病気、入院・手術、配偶者の死など、ショッキングな出来事により急激に悪化する場合もあるが、時間の経過とともに回復することも少なくない。

　ゆえに、特定の日時を境に遺言能力の有無が区切られるわけではなく、遺言作成前後の行動観察的視点が不可欠となる。病状を含む心身の状況及び健康状態とその推移、認知症発症時と遺言時の時間的間隔、遺言時とその前後の言動及び精神状態等を具体的かつ詳細に考慮する必要がある。

　(2) 人的関係

　能力の低下した高齢者は、身近な相手に迎合しやすい。その相手との従前の人間関係の密度や信頼性とは関係なく、その時点で目の前にいる相手に頼り、迎合しがちである。ゆえに遺言作成時の遺言者の判断能力とともに、当時の人的関係を遺言内容に照らし合わせて考慮する必要がある。

　例えば、遺言者が母Aであり、Aには長男B、長女Cがおり、Aが「Bに全財産を相続させる」との遺言を残したとする。Bが長年にわたりAと同居してかいがいしく世話をした一方、CはAを嫌って寄り付かなかったのであれば、仮に遺言作成当時のAに幾らかの認知能力の低下が認められたとしても、遺言はAの真意によるものとして遺言能力を肯定してよいと考えられる。しかし、ずっとAの面倒を見てきたのが長女Cであり、AとCの仲も良好だったにもかかわらず、Aの死期が迫った頃に突然Bが現れてAを施設に入れてしまい、Cと会わせなくする中で上記遺言が作成されたとすると、果たして遺言がAの真意から発したものか、Aはこの遺言が持つ意味を理解し判断する能力があったといえるかを慎重に吟味する必要がある。

　(3) 資料

　資料としては、遺言書自体に加え、

① 医療記録、介護認定記録、介護記録
② 遺言時の状況に関する公証人、立会人等の供述
③ 遺言当時の状況に関する同居者、身近な親族、担当医師等の供述

が重要となる。これら資料に基づき、時系列表を作成することも有効である。

3　遺言内容の複雑性

対象によって、遺言能力も、異なってくる。複雑な遺言であるほど、高度な遺言能力が要求され、簡単な遺言であれば遺言能力が認められやすい。

遺言能力判断の注意点

> **ポイント**
>
> 　長谷川式認知症スケールの点数、要介護度、成年被後見人であること、公正証書遺言であること、主治医の意見があることだけでは、遺言能力の有無を判断できない。

> **設例**

次の意見は正当か。
① 　公証人が遺言能力ありとして作成しているから遺言能力がある。
② 　要介護1だから、遺言能力がある。
③ 　保佐のレベルだから遺言能力がある。
④ 　長谷川式認知症スケールで高得点だから遺言能力はある。
⑤ 　主治医が遺言能力ありという診断を下している。

> **回答**

いずれも、その一事をもって遺言能力ありとは断言できない。

――――――――■　解説　■――――――――

1　公正証書遺言と遺言能力（小問①）

公証人は、遺言者の遺言能力が存在しないことが明らかな場合は、公証人

法3条の嘱託拒絶の正当理由があり、遺言書作成を拒絶することができるが、それ以外は、作成の義務がある。公証人が作成した、イコール、遺言能力が確認されたとはいえない。

ただし、遺言能力限界者の遺言書作成につき、平成12年3月13日民一634号法務省民事局長通達は、「本人の事理を弁識する能力に疑義があるときは、遺言の有効性が訴訟や遺産分割審判で争われた場合の証拠の保全のために、診断書等の提出を求めて証書の原本とともに保存し、又は本人の状況等の要領を録取した書面を証書の原本とともに保存するものとする。」としているので、代理人としては、公証人に作成時の記録があるか確認をし、あれば開示を求める。

公証人の中には、遺言作成時の判断能力に踏み込まないという考え方の公証人もいれば、非常に慎重な公証人もいる。弁護士としては、公証人への事前面談、法廷での尋問、書面尋問を通じて、公証人の特性を見極める必要がある。

また、認知症患者の場合、認知症を隠そうとし、公証人からの質問にオウム返しに「はい、そうです」と理解できないまま回答してしまう傾向が顕著である。その場に迎合することが多く、理解できないことでも理解できたふりをする傾向もある。同時に、認知症は、かなり症状が重くても、一見して明らかではないという特徴がある。公証人が10～15分程度面談した程度では気が付かないことがほとんどであろう。認知症に関する限り、公証人が作成したから遺言能力があると考えることはできない。

2　要介護度と遺言能力（小問②）

要介護5だから遺言能力がなく、要介護1だから遺言能力があるとはいえない。要介護度は、介護に要する時間の長さを基準とするもので、遺言能力の有無・程度とは、観点が違うからである。要介護の程度もさることながら、具体的に、どこがどう要介護だったのか、単に身体が不自由なだけだったのか、それとも認知症がひどく要介護認定をされたのか、その点が重要である。

3 成年後見のレベルと遺言能力（小問③）

　保佐か後見かは、財産管理能力による区別であって、遺言能力とは基準が違う。名古屋高判平成9・5・28判時1632号38頁は、禁治産宣告を受けた老人（現行の成年被後見人）のした公正証書遺言書について遺言能力ありと判断する一方で、福岡高判平成14・3・28判例集未登載は、準禁治産者（現行の基準でいえば被保佐人）の作成した公正証書遺言を無効としている。

4 長谷川式認知症スケールと遺言能力（小問④）

　長谷川式認知症スケールは、30点満点で、21点以上は非痴呆、20点以下だった場合、認知症の疑いがあるといわれる。軽度認知症は19.1点、中等度認知症は15.4点、やや高度認知症は10.7点、高度認知症は4.0点が目安といわれるが、20分程度で行う、あくまでも簡易なテストである。

　一応、認知症の中核症状といわれる記憶障害、判断能力低下、見当識障害の程度を確認できるが、何点とったから判断能力があり、何点だから判断能力がない、とはいえない。

　これを判断の重要な証拠にしている判例もあるが、長谷川式認知症スケールが満点とか0点ならともかく、多くの判例は、参考程度である。

5 主治医の診断書と遺言能力（小問⑤）

　主治医の診断書も有力な証拠の1つで、カルテではあいまいだが主治医がこう言っているからこうだろうという判例も少なくない。過去の裁判例をみると、主治医の意見書を重視している判例が多数ある。例えば、高知地判平成24・3・29判タ1385号225頁では、長年遺言者を診察してきた主治医作成の鑑定意見書が、遺言能力を疑問視する意見だったことから、公正証書遺言を遺言能力がなかったとして無効と判断している。

　ただし、その主治医が相続人たちから比較的中立と思われるケースに限る。現実には、主治医が一部の相続人に肩入れしていると思われるような案件もある。また、診断書を作成した主治医が認知症専門医か、専門医でないとして認知症研修の受講歴はあるかといった確認も必要である。主治医が認知症

に気付かないまま診断書を作成しており、むしろ介護記録や介護認定調査票が認知症の実態を反映しているケースも少なからずある。

自筆証書遺言に関する「偽造」の主張・立証

> **ポイント**
>
> 筆跡の同一性、遺言書それ自体の体裁、遺言の動機、作成経緯、遺言者と相続人・受遺者との人的関係等、遺言の保管状況から総合的に判断する。筆跡鑑定が効果的な場面は限られている。

設例

相続人Aから、相続人Bが保管する遺言書は偽造であることを裁判で証明したいという依頼を受けた弁護士がとるべき弁護活動は、次の①・②のどちらか。
① 筆跡鑑定を業とする「専門家」に、筆跡鑑定を依頼する。
② 遺言の動機、作成経緯、遺言者と相続人・受遺者との人的関係等を調査し、遺言の保管状況、遺言書の体裁等も加味して、偽造を立証する。

回答

②が正しい。実務では、私的な筆跡鑑定が考慮されることは少ない。

───■ 解 説 ■───

1 偽造かどうかの判断基準

遺言書が偽造されたかどうかは、以下の①～⑤の事項を総合的に判断する。
① 筆跡の同一性

② 遺言者の自書能力の存否及び程度
③ 遺言書それ自体の体裁
④ 遺言の動機、作成経緯、遺言者と相続人・受遺者との人的関係等
⑤ 遺言の保管状況

2　実務で問題になるケース

　実務で主に問題になるのは、似ているが同一とはいえない、自書能力があるともないともいえない、という場合である。筆跡が明らかに異なる、遺言者はそもそも自書できなかったというケースは、あまりない。
　このような場合、上記③④⑤を総合的に考慮して偽造かどうかを判断することになる。

3　弊所での取扱い例から

〔遺言書の体裁から無効とされた例〕
　自筆証書遺言に使用された用紙がある会社がノベルティとして配っているメモ用紙だったが、そのメモ用紙は、遺言書作成日頃は作成されていなかった。
〔遺言の保管状況、遺言の動機、遺言者と相続人の関係から無効とされた例〕
　遺言無効確認訴訟で無効が確定されたのち、敗訴した被告が、直ちに別の遺言書を「実は、もう１つ預かっていた」と称して、提出してきた。その遺言書には、「全財産を被告に相続させる」との記載があった。遺言者との人的関係からも、被告に有利な遺言書を書く動機もなかった。

4　筆跡の同一性の判断

　一番重要なポイントである。証拠としては、遺言書、遺言者の日記、メモ、そのほか筆跡鑑定対象文書を提出することになる。
　私的筆跡鑑定は、裁判で重視されることは非常に少ない。弊所の最近の取扱い例では、この私的鑑定が判決で検討されたことすらなく、相手方から提出されても、ほとんど無視され、論争の対象になることもない。

5 新相続法での新論点 遺産目録の差し替え

新相続法では、遺言者は、遺産目録を遺言書一体のものとして添付し、これに氏名を自書し、押印すれば、遺産目録そのものは自書である必要はなくなった。しかし、自筆証書遺言保管制度を利用していない場合は、今度は、「遺産目録の差し替え」の問題が生ずることになる。

遺産目録の差し替えがあったか否かは、その遺言書の体裁、発見・入手経緯等の間接事実の積み重ねを行って立証することになるが、最も重要なポイントは、その内容が被相続人の生前の言動と適合するか否かである。

例えば、「相続人Aには遺産目録1の不動産を、相続人Bには遺産目録2の不動産を相続させる」という特定財産承継遺言があったとする。遺産目録1には相続人Aが居住する不動産が記載され、遺産目録2には相続人Bが居住する不動産が記載されていれば、差し替えの問題は起こらない。しかし、相続人Aが相続する遺産目録1にはへき地の土地が記載され、相続人Bが相続する遺産目録2には、相続人Bの居住する不動産ばかりか、相続人Aの居住する不動産が記載されていれば、遺産目録の差し替えの疑いが生ずる。この場合は、被相続人の生前の言動と適合するか否かという観点から判断するしかない。

自筆証書遺言が「自書」と認められる場合と認められない場合

ポイント

◆自筆証書遺言は、全文自書が要求されるので、他人の添え手による補助があった場合は、単なる添え手にとどまるとき以外は無効となる。

◆新相続法は、遺言書に添付する目録については、全文自書の原則の要件を大幅に緩和している。

設例

① 遺言者甲は、手が不自由で自書能力がほとんどないので、相続人Aに添え手をしてもらい自筆証書遺言を書いた。
② 遺言者乙は、不動産が多数なため司法書士の作成した物件目録を遺言書に添付し、「別紙物件目録記載の不動産は、全てBに相続させる」とした自筆証書遺言を作成した。また、その物件目録には、遺言者乙が署名・押印した。
③ 遺言者丙は、カーボン紙で複写して遺言書を作成した。

回答

① 原則として「自書」とはいえない。
② 「自書」ではないが、新相続法では特定の要件のもとで認められる。
③ 「自書」といえる。

解説

1 自書能力と遺言能力の違い

遺言者がそもそも、精神的に自書できないときは遺言能力がないことになる。これに対し、精神的には自書できるが、手が震える、握力が極端に弱く、筆記用具が持てない等の理由で自書する運動能力がない場合は、自書能力がないことになる。

2 自書能力の立証方法

自書能力の有無は、医療記録・介護記録等から証明する。

3 自書が要求される理由と厳格解釈の原則

自書を要求することで遺言者の真意に出たものであることを確保するため

であり、本質的要件だから、自書か否かは厳格に解釈される（最一小判昭和62・10・8民集41巻7号1471頁）。

4　他人の添え手による補助があった場合（小問①）

他人の添え手による補助があった場合に、「自書」といえるのは、以下の2要件を満たす場合である。
① 　筆記を容易にするための単なる支えを借りただけである。
② 　かつ、それが筆跡の上で容易に判定できる。

5　自書ではない目録や図面が添付されている場合（小問②）

旧相続法適用事件では、全文自書とはいえない。2019年1月13日施行の新相続法適用事件の場合は、以下の要件のもとで認められる。

(1)　全文自書の原則の例外

添付目録がワープロ打ちでも、遺言者の署名・押印があるなら、有効となる。添付目録は、全文自書の原則が適用されないからである。ただし、偽造・変造防止のため、遺言者の署名・押印は必要である。目録が複数ある場合は、各頁ごとに遺言者の署名・押印が必要となる。両面に及ぶ場合は、両面に必要である。

(2)　添付文書の種類

ワープロに限らず、親族の代筆でもよいし、預金通帳の写し、不動産登記事項証明書を遺言書に添付する方法でも構わない。測量図も、添付して、署名・押印すれば、目録となり得る。

契印は必要ないし、遺言書本権の印と同一である必要もない。

(3)　遺言書本体に記載された目録

全文自書の要件が緩和されるのは、あくまでも、遺言書本体に目録が添付されるという形式の場合のみである。遺言書本体に、目録を記入する場合は、その目録は自書でなければならない。

6 複写（ワープロ・パソコン・カーボン紙）（小問③）

ワープロやパソコンは、自書とはいえないが、カーボン紙形式の複写なら「自書」である（最三小判平成5・10・19家月46巻4号27頁）。

公正証書遺言で「口授」が認められる場合と認められない場合

ポイント

◆公正証書遺言では、先に遺言者から遺言内容を口授する必要はない。
◆公証人が、先に遺言の内容を読み聞かせ、遺言者が、右遺言の内容と同趣旨を口授した場合は、口授がある。しかし、単にうなずいただけでは、口授とはいえない場合が多い。

設 例

公証人は、あらかじめ遺言者甲の代理人弁護士と打合せし、遺言者甲に面談する前に、遺言書の原案を作成しておいた。その後、公証人は、遺言者甲と面談し、原案を読み聞かせた。
① 遺言者甲は、原案と同趣旨の遺言内容を口授した。
② 遺言者甲は、公証人の読み聞かせに単にうなずいた。

回 答

①は、原則として、口授があり遺言は有効と認められるが、②は、原則として、口授があるとはいえず、遺言は無効となる可能性が高い。

解説

1 公正証書遺言の作成手順と口授

民法では、最初に遺言者の「口授」があり、次に公証人がその口授を聞き取って記載し、3番目に遺言者がそれを確認するという建前になっている。

これに対し、実務では、民法の建前と異なり、公証人が事前に弁護士等と内容の打合せをし、あらかじめ原案を作成しておき、それを公正証書遺言作成当日に、遺言者に読み聞かせて「確認」をとるという順番で作成している。

2 口授を認めた最高裁判決と否定した最高裁判決

民法の建前と乖離している公証人実務を問題として取り上げた2つの最高裁判決がある。

(1) 口授を認めた最高裁判決（最二小判昭和43・12・20民集22巻13号3017頁）

「遺言者は、右遺言の内容と同趣旨を口授し、これを承認して右書面に自ら署名押印したというのである。したがつて、右遺言の方式は、民法969条2号の口授と同条3号の筆記および読み聞かせることとが前後したに止まるのであって、……同条に定める公正証書による遺言の方式に違反するものではない。」

(2) 口授を否定した最高裁判決（最三小判昭和52・6・14家月30巻1号69頁）

「公証人が右筆記内容を読み聞かせたのに対し、右遺言者はただうなづくのみであつて、口授があつたとはいえない」

3 遺言の効力に関する判例一覧（371頁 No.3・5・11・13・14・17）

いずれも口授の欠如を理由として無効と判断している。

4　口授の認定基準

　口授が認定されるか否かは、遺言者が十分に遺言内容を認識し、かつ、自発的な意思から公正証書を作成したと認定できるかにかかっている。以下の3点に注意する。

(1)　認知症患者の場合

　認知症患者の場合、自分の認知症を隠そうとして、わからなくとも、わかったふりをして「そのとおりです」「はい」という傾向があるから、口授の認定は、厳格に行われるべきである。

(2)　遺言内容と生前の言動の齟齬

　遺言内容が、生前の遺言者の言動に沿うような場合、口授の認定は緩やかでよいが、遺言内容が生前の遺言者の言動に反する場合は、口授の認定は厳格に行われることになる。

(3)　作成時の状況

　作成時に遺言で利益を受ける推定相続人等の関係者や代理人が立ち会った場合は、それ自体が遺言者に対する無言の圧力となるから、口授の認定は厳格に行われることになる。

無効な遺言が死因贈与として有効になる場合とならない場合

ポイント

> 　自筆証書遺言が無効の場合でも、生前、被相続人の申込みと相続人の受諾の意思表示があったと構成できるときは、「死因贈与契約」として有効になる場合がある。

設例

　被相続人の自筆証書遺言が出てきて、遺言書に、「遺産目録記載の不動産は、長男Aのものとする」と記載されていたが、押印を欠いていた。この遺

言書は、以下のケースで死因贈与契約として有効になるか。
① 長男Aは、生前、その遺言書を見せられ、被相続人に「了解した」と述べていた。
② 長男Aは、死後、その遺言書を発見した。

回答

① 死因贈与契約として有効になる余地がある。
② 「契約」は成立しておらず、死因贈与契約としても無効である。

解説

遺言書が方式違背により遺言としては無効な場合でも、①死因贈与の意思表示の趣旨を含むと認められ、②相手方の承諾の事実が認められるときは、無効行為の転換として死因贈与契約の成立が肯定される。

〈無効行為の転換を認めた判決〉
【広島高判平成15・7・9裁判所ウェブサイト】
・死因贈与の意思について
「亡Dは、死期が迫っていることを悟り、死後自己所有の財産を、敢えて養子である原審原告を除外して、実子である原審被告らに取得させようと考え、本件遺言書を作成したのであり、その目的は、専ら、死亡時に所有財産を原審被告らに取得させるという点にあったこと、遺言という形式によったのは、法的知識に乏しい亡Dが遺言による方法しか思い付かなかったからであり、その形式にこだわる理由はなかったこと、そのため結局遺言としては無効な書面を作成するに至ったこと、亡Dは、本件遺言書の作成当日、Fを介し、受贈者である原審被告らにその内容を開示していること等の点にかんがみれば、本件遺言書は死因贈与の意思表示を含むものと認めるのが相当である。」

• 承諾の事実について

「原審被告Bは、本件遺言書作成には立ち会ってはいなかったものの、その直後に亡Dの面前でその内容を読み聞かされ、これを了解して本件遺言書に署名をしたのであるから、このときに亡Dと原審被告Bとの間の死因贈与契約が成立したといえる。」

「原審被告Cは、本件遺言書に署名することはなかったものの、本件遺言書作成日に、病院内で、Fから本件遺言書の内容の説明を受け、これに異議はない旨述べた上、亡Dを見舞い、その際にも本件遺言書の内容に異議を述べることもしなかったのであるから、亡Dに対し、贈与を受けることを少なくとも黙示に承諾したものというべき」である。

〈無効行為の転換を認めなかった判決〉
【仙台地判平成4・3・26（判タ808号218頁・判時1445号165頁）】
• 遺言を無効とし、死因贈与も認めなかった判決

「訴外丁海は、代筆した後、訴外太郎が死亡してその葬儀の日まで本件書面を保管したうえ、葬儀の日に四郎方に持参して、四郎や原告に対しこれを呈示したことが認められ、したがって、原告は葬儀の日以前に本件書面を見る機会はなかったのであるから、原告本人尋問の結果のうち、原告が訴外太郎から本件書面を示されて死因贈与を承諾したという部分は、真実に反する」

「本件書面は、遺言書以外のなにものでもなく、その作成の状況、保管の経緯、原告等の親族に呈示された時期などの事情を加えて斟酌しても、死因贈与の意思表示の趣旨を含むとは認められず、また、それに対する原告の承諾の事実も認められない。」

遺言無効訴訟の基礎知識

― 解 説 ―

1　相談を受けた際に確認すべき事項
　一番先に確認するのは遺言能力、それから自筆証書遺言なら全文自書、方式不備、公正証書遺言なら口授である。

2　調停前置
　建前上は、調停前置の適用がある。しかし、調停前置は、身分関係事件で重視されるものの、遺言無効や遺留分事件では、重視されない。

3　訴訟物
　訴訟物は、遺言の無効の確認そのものである。もちろん、無効な遺言に基づき、既に不動産の移転登記や金融資産の払戻しがなされている場合は、それらの給付請求をすることになる。

4　確認の利益
　遺言無効確認は過去の法律行為の確認を求める訴えであるが、その遺言は有効か無効かという過去の法律関係が確認されれば、それで現在の法律関係が確認されるから、確認の利益はある（最三小判昭和47・2・15民集26巻1号30頁）。

5　請求の趣旨
　請求の趣旨は、以下のとおりである。
　(1)　公正証書遺言の場合
　「○○地方法務局所属公証人甲作成に係る平成○年第○号遺言公正証書による○○の遺言が無効であることを確認する。」

(2) 自筆証書遺言の場合

自筆証書遺言の場合、必ず家裁の検認を求めておく。

もっとも、請求の趣旨には、検認番号は入れても入れなくてもよい。

〔検認番号を入れないタイプ〕

「亡○○が平成○年○月○日になした別紙遺言目録記載の自筆証書遺言は無効であることを確認する。」

〔検認番号を入れるタイプ〕

「○○家庭裁判所平成○年（家）第○号遺言書検認申立事件において平成○年○月○日に検認された別紙遺言書目録記載の自筆証書遺言書は無効であることを確認する。」

「亡○○を遺言者とする別紙遺言書目録記載の平成○年○月○日付自筆証書遺言（○○家庭裁判所平成○年（家）第○号遺言書検認申立事件において平成○年○月○日に検認したもの）が無効であることを確認する。」

(3) 既に遺言による登記がなされている場合

被告は、原告に対し、別紙物件目録記載の不動産について、［真正な登記名義の回復を原因とする所有権移転登記手続］をせよ。（又は［○○法務局平成○年○月○日受付第○号の所有権移転登記を、〜の持分○分の1、〜の持分○分の1とする所有権移転登記に更正する登記手続］をせよ。）

6 管轄

事物管轄は地裁になり、土地管轄は、被告の住所地、又は被相続人の相続開始時の住所地となる。

7 原告適格

法定相続人か、前の遺言で遺産を遺贈してもらうはずだった人等、「法律上の利害関係を有する者」が原告となる。

(1) 推定相続人の原告適格

推定相続人は、原告適格がない（最二小判平成11・6・11家月52巻1号81頁）。

遺言者の生存中に推定相続人が提起した遺贈を内容とする遺言の無効確認の訴えは、遺言者が心神喪失の常況にあって、遺言者による当該遺言の取消し又は変更の可能性が事実上ないとしても、不適法である。

(2) 特別縁故者に当たると主張する者の原告適格

原告適格はない（最一小判平成6・10・13家月47巻9号52頁）。

8 被告適格

相続人、あるいは受遺者である。遺言無効確認訴訟は固有必要的共同訴訟ではないから、他の相続人を全員訴える必要はない。とはいえ後日の争いを避けるためには、無効を認めない相続人全員を被告とするほうがよい。

9 立証責任

遺言有効要件は、遺言の有効性を主張する被告が立証する（最一小判昭和62・10・8民集41巻7号1471頁）。遺言無効訴訟では、遺言の無効を主張するものは、遺言書の存在を主張すればよく、遺言能力の存在、全文自書等の遺言有効要件は、遺言の有効性を主張する被告の抗弁となる。

10 要件事実

(1) 請求原因事実

① 遺言書が存する
② 遺言者が死亡している
③ 死亡時に当該遺言の目的である財産を遺言者が所有していた
④ 原告は遺言者の相続人である（又は前遺言の存在と前遺言の受遺者であること）

(2) 抗弁

① 〔自筆証書遺言の場合〕

ア 遺言者はその全文、日付及び氏名を自書し、これに印を押した。
新相続法で、添付目録を付した自筆証書遺言の場合は、以下の抗弁が加わることになる。

イ　遺言者は、遺産目録を遺言書一体のものとして添付し、これに氏名を自書し、これに印を押した。
② 〔公正証書遺言の場合〕
　ア　証人2人以上の立会いのもと、
　イ　遺言者が遺言の趣旨を公証人に口授し、
　ウ　公証人が、遺言者の口授を筆記し、これを遺言者及び証人に読み聞かせ又は閲覧させ、
　エ　遺言者及び証人が、筆記の正確なことを承認した後、各自これに署名押印したこと
　オ　公証人が、アからエの方式に従ったことを付記して、これに署名押印したこと

(3) 実務

　遺言書という文書が存在する以上、特段の事情のない限り、本物ではないかと裁判官は考えがちである。無効を主張する原告としては、挙証責任は被告だと開き直ることなく、積極的に遺言能力がないことや偽造であることを立証すべきである。
　要件事実論とは別に、無効を主張する当事者に事実上の立証責任がある運用が行われていることが現実である。

(4) 争点の記載

　実務では訴状に争点を具体的に記載する必要がある。要件事実だけでは意味がない。
　原告は、無効原因を整理して具体的に主張し、その理由や、裏付けとなる証拠資料も早期に提出する必要がある。
　訴訟提起前に協議・調停があれば、その際のやりとりや協議が不調になった理由も、簡潔に記載する。

11　保全処分

　遺言書の有効性に強い疑義がある事案において、相続人が相続と同時に遺言書に基づいて預貯金などを回収してしまう場合がある。その相続人が個人

的な資産も持っていない場合、遺言無効の勝訴判決を得ても、回収が困難になる。解約に応じないよう、事前に銀行に申し入れても、多くの銀行は、遺言書がある以上、遺言書に基づく払戻しに応じるのが実情である。

　遺言が明白に無効である場合は、相続と同時に、できるだけ速やかに保全処分を掛ける必要がある。申立ての趣旨の一例としては、以下の形が考えられる。

「1　債務者は、第三債務者らから別紙債権目録記載の債権のうち○分の1を取り立て、またはこれについて譲渡、質権の設定、その他一切の処分をしてはならない
　2　第三債務者らは、債務者に対し、上記債務を支払ってはならない」

12　税務上の注意点

　遺言が無効になり、その結果、各相続人の取得遺産に変動が生じても、各相続人には納税の「義務」は発生しない。税務当局は、税金の総額を確保できればよいのであり、相続人間の税額の異動には関心がない。しかし、判決確定から4か月以内なら、期限後申告・修正申告・更正請求の「権利」がある。相続税法32条には要注意である。

遺言無効訴状書式

訴　　　状

平成○年○月○日

○○地方裁判所　御中

　　　　　　　　　　原告訴訟代理人弁護士　　　M　　　㊞

〒100-000　　東京都千代田区○○町○丁目○番○号
　　　　　　　原告　甲
（送達場所）
〒100-000　　東京都千代田区○○町○丁目○番○号Mビル
　　　　　　　上記訴訟代理人弁護士　M
　　　　　　　　　電　話　　03-0000-0000
　　　　　　　　　FAX　　　03-0000-0000

〒100-000　　東京都千代田区○○町○丁目○番○号
　　　　　　　被告　乙

遺言無効確認請求事件
訴訟物の価額　　　　　　円
貼用印紙額　　　　　　　円

第1　請求の趣旨

　1　○○家庭裁判所平成○年（家）第○号遺言書検認申立事件において平成○年○月○日に検認された別表遺言目録記載の自筆証書遺言は無効であることを確認する

　2　訴訟費用は被告の負担とする

との判決を求める。

第2　請求の原因

1　原告甲は、訴外亡〇〇（以下「遺言者〇〇」という）の長男であり、被告乙は、遺言者〇〇の長女である。

2　遺言者〇〇は、別紙物件目録記載の土地（以下「本件土地」という）を所有していた。

3　遺言者〇〇は、平成〇年〇月〇日に死亡し、その相続人は、原告と被告である。

4　被告は、〇〇家庭裁判所に遺言者〇〇作成名義の平成〇年〇月〇日付自筆証書遺言（以下「本件遺言」という）の検認を申し立て、平成〇年〇月〇日にその検認が行われた。本件遺言書記載の内容は、別紙遺言目録記載のとおりである。

5　しかしながら、本件遺言は、次の理由により無効である。
　(1)　方式違背
　　　具体的な方式違背の事実を民法960条との関係で指摘する。
　(2)　偽造の主張
　　　偽造を裏付ける事実を指摘する。筆跡の違い、自書能力なし等。
　(3)　公序良俗違反
　　　公序良俗違反になる具体的事実を主張する。
　(4)　遺言能力の欠如
　　　遺言当時、遺言能力を欠いていたことを基礎付ける事実を指摘する。
　(5)　錯誤無効（改正民法施行後の遺言ならば錯誤取消し）・詐欺取消し
　　　錯誤や詐欺を裏付ける事実を指摘する。

6　関連する事情
　　家事調停を経ずに訴訟提起した事実と理由。
　　従前の交渉経緯。

以　上

証拠方法
証拠説明書記載のとおり

付属書類

1	訴状副本	1通
2	甲各号証の写し	各2通
3	訴訟委任状	1通
4	証拠説明書	2通
5	固定資産評価証明書	1通
6	不動産登記簿謄本	1通

以　上

別表　遺言の効力に関する判例一覧

判例	判例年月日	遺言の種類	争点	結論
1	東京地判平成28・10・17 ウエストロー・ジャパン	公正証書遺言	遺言能力／遺言意思	有効／ 有効
2	東京地判平成27・9・30 ウエストロー・ジャパン	自筆証書遺言	錯誤	有効
3	東京高判平成27・8・27 判時2352号61頁	公正証書遺言／ 自筆証書遺言	口授／遺言意思	無効／ 無効
4	さいたま地熊谷支判 平成27・3・23 判時2284号87頁	公正証書遺言	錯誤	無効
5	大阪高判平成26・11・28 判タ1411号92頁	公正証書遺言	口授	無効
6	東京高判平成25・12・19 ウエストロー・ジャパン	公正証書遺言	錯誤	無効
7	東京高判平成25・8・28 判タ1419号173頁	公正証書遺言	遺言能力	無効
8	東京高判平成25・3・6 判タ1395号256頁・判時2193 号12頁	公正証書遺言	遺言能力	無効
9	東京地判平成24・11・30 ウエストロー・ジャパン	公正証書遺言	錯誤	無効
10	東京高判平成22・7・15 判タ1336号241頁	公正証書遺言	遺言能力	無効
11	大阪高判平成19・4・26 判時1979号75頁	公正証書遺言	遺言能力／口授	無効／ 無効
12	東京高判平成12・3・16 判タ1039号214頁・判時1715 号34頁	公正証書遺言	遺言能力	無効
13	東京地判平成11・9・16 判時1718号73頁	公正証書遺言	遺言能力／口授	無効／ 無効
14	広島高判平成10・9・4 判タ1021号233頁・判時1684 号70頁	公正証書遺言	口授	無効
15	仙台高判平成4・9・11 判タ813号257頁	公正証書遺言	公序良俗違反	有効
16	東京地判昭和63・11・14 判時1318号78頁	公正証書遺言	公序良俗違反	無効
17	東京地判昭和62・9・25 判タ663号153頁	公正証書遺言	口授	無効
18	最一小判昭和61・11・20 民集40巻7号1167頁・家月39 巻3号27頁・判タ624号89 頁・判時1216号25頁	自筆証書遺言	公序良俗違反	有効

判例	判例年月日	遺言の種類	争　点	結　論
19	東京高判昭和60・9・26 金法1138号37頁	不明	受取人が指定されている死亡保険金を特定の相続人に遺贈する遺言の効力	無効
20	最二小判昭和58・10・14 判タ532号131頁・判時1124号186頁	不明	県職員の死亡退職金の遺贈の可否	否定

コラム column

その他の無効原因

●公序良俗違反

　正妻と同居しているにも関わらず、不倫関係の維持を目的として全遺産を不倫相手に遺贈する等、遺言の内容が、推定相続人である正妻の生活基盤を脅かす場合は、公序良俗違反により無効となる場合がある。あまりに不合理な遺言も同様である（別表判例15・16・18）。

●共同遺言禁止

　共同遺言は無効（民法975条）だが、共同遺言か否かは、形式ではなく、実質で判断する。複数の意思表示が相互に関連して記載されている遺言のみ共同遺言に該当する（最三小判平成5・10・19判タ832号78頁）。

●民法総則による無効・取消

　遺言のうち財産事項については、民法総則の規定（詐欺・錯誤等）の適用があるから、詐欺・錯誤等があれば取消・無効原因になる（別表判例2・4・6・9）。

●日付の誤記による無効

　自筆証書遺言の日付は、暦上の特定の日を表示する必要があるが、誤記があっても、「真実の作成の日が遺言証書の記載その他から容易に判明」

する場合は無効にならない。もっとも、特定できても、意図的に不実記載した場合は無効になる。

●押印を欠く自筆証書遺言
　押印を欠く自筆証書遺言は無効だが、押印は、指印・捺印でも足りる。押印箇所は、遺言書と一体性がある限り、どこでもかまわないし、契印は不要である。遺言者が外国人の場合は、押印を欠いても有効になる場合がある。花押では押印とはいえない（最二小判平成28・6・3民集70巻5号1263頁）。

●遺言の撤回の撤回（新相続法1025条）
　遺言の撤回の撤回をしても、詐欺・錯誤・脅迫による場合以外は、撤回された遺言は効力を回復しない（非復活主義　新相続法1025条）が、旧遺言を復活させるという遺言があれば、復活する（最一小判平成9・11・13民集51巻10号4144頁）。

第 5 編

遺産分割付随問題

第1章　祭祀承継・葬儀費用

葬儀費用を喪主が負担する場合と相続人が負担する場合

ポイント

葬儀費用を誰が負担するかについては、4説あるが、どの説が正しいかというより、事案ごとに妥当な説を選択する。遺産分割調停段階では法定相続分で負担する割合が高く、最近の判例では喪主負担が多い。

設例

相続人は長男A、長女B、次女Cの子供3人、相続分は各3分の1。葬儀会社との契約は長男Aがし、喪主も長男Aだった。
① 遺産は法定相続分に従い平等に分けたが、長女B・次女Cは、葬儀費用は喪主である長男Aが全額負担すべきだと言っている。
② 遺産は、遺言があり、長男Aが4000万円を相続し、長女B・次女Cが各1000万円を相続した。長男Aは、葬儀費用は、法定相続分で負担すべきだと主張している。

回答

①については、葬儀費用は法定相続分で負担する可能性が高く、②については、葬儀費用はAが単独で負担する可能性が高い。

解説

1　葬儀費用の性質

　葬儀費用は、相続後に発生しているから、相続債務ではない。また葬儀会社との関係では、葬儀会社と契約した人物が債務を負担することになる。しかし、相続人内部で誰が最終負担者になるかについては意見が分かれている。

　以下のとおり4説ある。

① 　喪主負担説

　喪主が祭祀承継者として葬儀を執り行うのだから、費用も喪主が負担すべきである。

② 　相続人負担説

　相続人が相続分に従って共同負担すべきである。

③ 　相続財産負担説

　相続財産から負担すべきである。

④ 　慣習条理説

　その地方の習慣に従って負担すべきである。

2　香典の性質

　香典は、相続後に生じた財産であり、遺産分割の対象ではない。祭祀主催者や遺族への贈与であるが、香典の趣旨から、香典返しを差し引いた金額を、葬儀費用に充当することになる。

　残金が生じた場合は、取得するのは喪主か相続人かという問題があるが、葬儀費用の負担者は喪主か相続人かという問題と同様に考えることになる。

3　調停での実務

　遺産分割調停実務では、全員が相続分に応じて負担することで合意することが多い。この場合の計算式は、

（葬儀費用－香典＋香典返し）÷相続分＝各人の負担額

ということになる。

葬儀費用は、遺産分割調停の対象ではないので、葬儀費用負担の合意ができないときは、遺産分割調停から外し、訴訟で決着を付けることになる。

争いの原因が、誰かが負担するかではなく、「葬儀費用が高額すぎる」という場合は、合意できる金額を相続人で負担し、それを超える金額は、喪主が負担するというのも一案である。

4 判例の傾向

次表に記載したとおり、近時の判例は、喪主負担説が主流である。

〔参考〕

名古屋高判平成24・3・29裁判所ウェブサイト

「追悼儀式を行うか否か、同儀式を行うにしても、同儀式の規模をどの程度にし、どれだけの費用をかけるかについては、もっぱら同儀式の主宰者がその責任において決定し、実施するものであるから、同儀式を主宰する者が同費用を負担するのが相当」

葬儀費用に関する判例の傾向

年月日	裁判所	負担者
平成27年12月3日	東京地裁	喪主負担説
平成26年3月28日	東京地裁	喪主負担説
平成24年3月29日	名古屋高裁（裁判所ウェブサイト）	喪主負担説
平成18年10月19日	東京地裁	相続人負担説
平成18年9月22日	東京地裁	喪主負担説
平成17年7月20日	東京地裁	相続財産負担説
平成17年4月28日	東京地裁	慣習条理説
平成17年3月16日	東京地裁	喪主負担説
平成17年2月8日	東京地裁	相続財産負担説
平成11年4月30日	神戸家裁審（家月51・10・135）	喪主負担説
平成6年1月17日	東京地裁（判タ870・248）	慣習条理説
昭和61年1月28日	東京地裁（判時1222・79）	喪主負担説
昭和59年7月12日	東京地裁（判時1150・205）	相続財産負担説
昭和51年12月23日	長崎家裁（家月29・9・110）	相続人負担説

昭和43年8月1日	宇都宮家裁栃木支部（判タ238・283）	慣習条理説
昭和42年4月12日	盛岡家裁（家月19・11・101）	相続財産負担説
昭和40年5月6日	福岡高裁（判タ190・218）	相続人負担説
昭和38年10月30日	仙台高裁（家月16・2・65）	相続人負担説
昭和38年5月1日	仙台家裁古川支部（家月15・8・106）	相続人負担説
昭和38年3月15日	高松高裁（家月15・6・54）	相続財産負担説
昭和35年8月31日	大阪家裁堺支部（家月14・12・128）	相続財産負担説
昭和31年5月29日	甲府地裁（下民集7巻5号1378頁）	慣習条理説
昭和30年9月5日	東京高裁（家月7・11・57）	相続人負担説

5　調停と判例で異なる理由

　遺産分割調停実務と判例で傾向が異なるのは、「遺産分割との兼ね合いで、相続人全員で葬儀費用を負担するのはおかしい」という事案が裁判になるからと思われる。

　遺産は相続分に従い公平に分けており、喪主といっても、形だけ、長男という理由でなったという場合は、相続人全員で葬儀費用を負担することになる場合が多い。

　喪主を務めた相続人が、遺言で多額の遺産を相続した場合や、生前贈与等で多額の特別受益がある場合などは、喪主負担になる場合が多い。

　不仲な親族を葬儀に呼んでいない場合は、その親族に葬儀費用を負担させることは合理的理由がないことが多い。

　喪主の独断で、あまりにも高額な葬儀を出した場合は、常識的な範囲の金額で相続人で負担し、それを超えた金額は喪主が負担するという考えも成り立つ。ただ、個々の事案で「あまりに高額」か否かの判断は、非常に難しいだろう。

葬儀費用になる費用とならない費用

> **ポイント**
> ◆遺体搬送費・葬儀会社への支払い・葬儀場の賃料・お布施・火葬費用などは葬儀費用だが、それ以外は、個別に判断する。
> ◆領収書が必ずしも必要というわけではない。

設例

1　以下の費用は、葬儀費用に含まれるか。
　①　遺体搬送費・葬儀会社への支払・葬儀場の賃料・お布施・火葬費用
　②　葬儀後の弔問客の接待費用・一周忌・三周忌・墓地の取得費・仏壇購入費用
　③　通夜・告別式の接待用飲食代・初七日の費用・四十九日の費用
2　葬儀費用と認められる部分につき領収書がない場合は、認められないか。

回答

1　①は葬儀費用であり、②は葬儀費用に該当しない。③はケースバイケース。
2　領収書がなくても認められる場合はある。

解説

1①は、葬儀そのものであるから、葬儀費用である。
1②は、喪主、あるいは祭祀承継者としての義務だから、葬儀費用ではない。
1③は、葬儀そのものではないが葬儀とセットだから葬儀費に含めるべき

であるという意見と、葬儀とは別物で喪主の負担する範囲であるという意見に分かれ、統一性がない。判例は、事案の内容から、個別に妥当な結論を導いている。

領収書がなくても、葬儀会社に支払う費用は葬儀会社に依頼すれば領収書の再発行や控えの交付を受けられる。お寺に支払うお布施なども、最近では請求すると領収書を発行してくれる場合もある。相続人としては、できる限り、領収書の取得に務めるべきだが、常識的な範囲なら領収書がなくても認められる場合がある。大阪高判平成27・7・9判例集未登載は、「葬儀関係費用については、葬儀の実施そのものを疑うなど特段の事情が存しない限り、領収書などの資料がなかったとしても、葬儀を実施する以上、社会通念に照らし、相当と認められる額が経費として生じたことが推認されるというべきである」と判断している。

祭祀承継者の決定基準

ポイント

祭祀の承継者が決まらないときは、家裁の審判で決めるが、「被相続人との親密性」「被相続人の生前の意思」を中心に決定する。「長男」「氏の同一性」「男性」は考慮されない。

設例

被相続人甲が死亡して、相続人は長男A。被相続人には、長年連れ添った内縁の妻Cがいる。自宅には、高価な仏壇が置いてあり、墓は都心の一等地にある。長男Aは、大学卒業後、被相続人甲と別居し、長らく甲とは連絡がなかったが、今でも被相続人甲と同一の姓を名乗っている。被相続人甲は、昔は、長男Aに「家を継いでもらいたい」とことあるごとに言っていたが、長男Aが家を出て連絡がとれなくなったことから、そのようなことは言わな

くなった。

家裁では、祭祀の主宰者は誰と決定するか。

回答

内縁の妻Cが、祭祀の承継者となる可能性が高い。

―――――――― ▰ 解 説 ▰ ――――――――

1　祭祀承継と相続の関係

祭祀財産（位牌、仏壇、墓等）は、遺産ではなく、遺産相続の対象にはならず、祖先の祭祀の主宰者に属する（民法897条1項）。したがって、都心一等地の墓地でも、高価な仏壇でも、相続財産の中には算入されない。

2　祭祀主宰者となる資格

祭祀主宰者の資格に制限はない。相続人か否か、親族関係の有無、氏の異同などは問わない（大阪高決昭和24・10・29家月2巻2号15頁）。相続放棄をしても、内縁の妻でも、資格はある。

3　祭祀主宰者の人数

なお、祭祀主宰者は、通常は1人（大阪高決昭和59・10・15判タ541号235頁）だが、特段の事情があれば、2人を共同の承継者とすることも認められている（仙台家審昭和54・12・25家月32巻8号98頁）。系譜・祭具・墳墓の承継者を、それぞれ別人とすることもできる（東京家審昭和42・10・12家月20巻6号55頁）。

4　祭祀の主宰者の決定順番「被相続人の指定」

第1に被相続人の指定により、第2に慣習により、第3に家裁の審判により決める（民法897条2項）。遺産相続に関する遺言とは関係ない。相続と

祭祀承継は異なるから、遺言で一切の財産を特定の相続人に相続させていても、祭祀の主宰者を指定したことにはならない。ただ、事業を継いでいる、自宅を遺言により相続したといった事情は、下記6(1)・(2)の中で考慮されることになる。

遺言事項であるが、「指定」は口頭でも構わない。生前から「墓を守ってくれ」と言っていた場合は、それが口頭であっても「指定」があったとみなされる場合もある（前橋家審平成3・5・31家月43巻12号86頁）。

5 祭祀の主宰者の決定順番「慣習」

慣習とは新民法施行後の慣習であり、旧民法下での「慣習」は考慮されない。したがって、長男であることや、氏が同一であることは、判断基準には全く入らない。このような主張は、家督相続を前提とした旧民法そのものだからである。実務上、「慣習」を認定して判断した審判例はほとんどない。

6 審判で祭祀承継者を決める際の基準

主に以下の2点で基準を決めることになる（東京高決平成18・4・19判タ1239号289頁）。

(1) 被相続人との親密性

被相続人と緊密な生活関係・親和関係にあって、被相続人に対し慕情、愛情、感謝の気持ちといった心情を強く持っている者は誰か。

(2) 被相続人の生前の意思

被相続人からみて、同人が生存していたのであれば、おそらく指定したであろう者は誰か。

7 遺産分割手続、訴訟との関係

被相続人の祭祀承継の問題は、遺産分割とは別の審判事件である（民法897条2項、家事事件手続法39条別表第二の11項）から、遺産分割調停では扱えない。ただ、全員の合意があるときは、遺産分割調停条項に組み入れることができる。

指定の有無や慣習について争いがある場合は、本来は、訴訟事項であるが、家裁の審判の中で、それを含めて判断してもらっている。家裁が「指定」「慣習」が存するという心証で祭祀承継者を決めるときも、そのまま家裁の審判の中で判断しているのが実務である。

8　結論

本件では、被相続人甲が、昔は長男Ａに「家を継いでもらいたい」とことあるごとに言っていたとしても、それは昔の話であり、「指定」があったとはいえない。「被相続人との親密性」「被相続人の生前の意思」という審判基準からすれば、長年にわたり生活を共にしてきた内縁の妻Ｃが祭祀を承継することになる可能性が高い。

遺骨の返還

ポイント

遺体・遺骨は、祭祀財産に準じて扱う。

設 例

被相続人甲は、入籍はしていないものの、Ａと長年にわたり内縁関係を続けてきた。被相続人甲・Ａ間には子供がおらず、甲には弟に当たるＢがいる。Ｂは、自分が唯一の相続人であり、甲家のためにも、自分が遺骨を引き取ると申し出た。
以下の場合、遺骨は誰が承継するか。
①　遺産はＢに、祭祀承継者はＡにとする遺言があった。
②　祭祀承継者が定まっていない。

> **回答**

① 祭祀承継者はAであり、遺骨は祭祀承継者が承継するから、Aは遺骨を返還する必要はない。
② 家裁で祭祀承継者を定めてもらうことになる。

― 解　説 ―

1　承継者が定まっているとき

　遺骨は、祭祀財産ではないが、祭祀財産に準ずるべきものであるから、祭祀承継者が承継すべきものである（最三小判平成元・7・18家月41巻10号128頁、大阪家審平成28・1・22判タ1431号244頁）。
　本件では、Bは甲の唯一の相続人だが、祭祀承継者は遺言でAと指定されている。遺骨は、祭祀承継者であるAが承継する。

2　承継者が定まっていないとき

（1）　協議
　協議で祭祀承継者となった者が遺骨を承継する。
（2）　家裁の審判
　協議で祭祀承継者を決めることができないときは、A・Bのどちらかから家裁に申立てをする。家裁は、民法897条2項の準用により、祭祀承継者、すなわち遺骨の取得者を指定できる。
　本件では、長年連れ添ったAが、①生活の緊密性、②推定される被相続人の生前の意思から、祭祀承継者になる可能性が高い。

3　承継者に引き渡さないとき

　遺骨の「所有権」に基づいて返還請求をすることになる。

4 調停での話し合い

　遺産分割調停で遺骨の承継者が問題になるが、「遺産」ではないから、遺産分割の対象にならない。しかし、当事者間の感情的対立が激しくなく、協議が整う可能性があるなら、遺産分割に付随して協議することはできる。調停であれば「分骨」の合意をすることもできる。

第2章 相続開始後の遺産管理に関する紛争

遺産からの果実・収益の法律関係

ポイント

◆遺産からの果実・収益は、遺産でなく、法定（指定）相続分に応じて当然に分割される。その帰属・金額の争いは、原則として民事訴訟で解決される。
◆遺産である建物の無断占有も、賃料相当損害金を請求できる場合がある。

設例

遺産はアパートで、相続人は、長男Aと次男Bである。
① 遺産分割調停・審判で、アパートの家賃も遺産分割の対象になるか。
② 次男Bが、勝手に家賃を回収し、費消している場合、長男Aは、どのような手段がとれるか。
③ 相続後、次男Bが、勝手にアパートの一室に入居し、退去しようとしない。長男Aは、どのような手段がとれるか。

回答

① 相続人全員の同意があり、金額に争いがなければ、家賃も遺産分割調停・審判の対象にできる。

② 民事訴訟を提起する。
③ 賃料相当損害金を請求できるが、明渡しは請求できない。

解説

1 小問①について

(1) 果実・収益の性質

遺産からの果実・収益は、法定（指定）相続分に従って当然に分割される。相続開始から遺産分割までの間に共同相続に係る不動産から生ずる金銭債権たる賃料債権は、各共同相続人がその相続分に応じて分割単独債権として確定的に取得し、その帰属は、後にされた遺産分割の影響を受けない（最一小判平成17・9・8民集59巻7号1931頁）。

ここでいう相続分には、指定相続分も含む（争いあり）が、具体的相続分ではない（争いなし。片岡・菅野「第3版　家庭裁判所における遺産分割・遺留分の実務」169頁）。

(2) 調停での取扱い

遺産分割の対象にするためには、賃料を遺産の範囲に含めること、含める賃料の金額の2点で合意する必要がある。金額で合意できないときは、地裁の民事訴訟で解決することになる。

調停条項は以下のとおりである。

【相続開始後の果実】
□ 当事者【全員・双方】は、【申立人・相手方】＿＿＿＿の保管する目録記載＿＿の【相続開始・平成＿＿年＿＿月＿＿日】から【本日・平成＿＿年＿＿月＿＿日】までの賃料収入を、本件遺産分割の対象とすることを確認する。
（具体的な金額は、遺産目録に記す）

---

(3) 管理費の処理

相続人間では、賃料から差し引く管理費の金額をめぐって争われる。この

場合は、
① 管理している相続人から実費の明細書・領収書を提出させ、正確に金額を算出する方法
② 過去の申告書等から、大雑把に経費比率を算出する方法
がある。

①の方法をとると、金額は正確だが、細かな点で争いが続き、しかも、賃料・経費は、毎月発生しつづけるから、なかなか配分賃料金額が算出できない。②の方法をとると、計算は早いが、正確ではない。

なお、その収益物件の取得を希望している相続人が、勝手に大規模な修繕をし、それも管理費用として差し引いてほしいと主張することがあるが、それは認められない。

2 小問②について

不当利得・不法行為を理由として、民事訴訟を提起する。詳細はコラムを参照されたい（390頁）。

3 小問③について

共同相続人であり、遺産共有持分を有しているから、明渡し請求はできない（最一小判昭和41・5・19民集20巻5号947頁。「被相続人と生活を共にしていた居住者の保護」418頁参照）。

また、当該相続人が相続前から占有していた場合は、使用貸借の成立が推測されるから、使用損害金も請求できない（最三小判平成8・12・17民集50巻10号2778頁。「被相続人と生活を共にしていた居住者の保護」418頁参照）。

しかし、本件は、次男Bは、相続開始後勝手に入居したものであり、使用貸借の推測は働かないから、不当利得又は不法行為を理由として賃料相当使用損害金の請求はできる。

調停で長男Aが取得することで合意ができれば、相続人Aに対するBの「明渡条項」となる。この場合は、強制執行が可能となる。換価分割のとき

は、Bの「立退き条項」となる。この場合は、強制執行は不能だから、何らかのペナルティを入れる必要がある。

コラム column

共同相続財産である賃貸不動産から生ずる賃料債権請求訴訟

　共同相続財産である賃貸不動産から生ずる賃料債権は、遺産とは別個の債権であり、各共同相続人が、その法定（指定）相続分に応じて分割単独債権として取得する。しかし、一部の相続人が、その家賃を独占して費消している場合は、当該債権を取得した他の共同相続人の財産に対する侵害となるから、訴訟で解決することになる。

　請求原因は、不法行為構成・不当利得構成、いずれでもよい（最三小判平成16・4・20家月56巻10号48頁）。

　計算式は、「（賃料等総額－管理費用等総額）×法定相続分」である。

●将来請求の可否

　将来請求（事実審の口頭弁論終結の日の翌日以降）の分は、その性質上認められない（最二小判平成24・12・21判時2175号20頁）。

●訴訟物

(1)　争いなく対象になるもの

　賃料のほか、賃料と同視できる共益費、礼金、更新料が対象になる。

(2)　事案により異なるもの

①　保証金

　保証金には、空き室損料の制裁金、建設協力金、敷金的性質を有するもの等、いろいろあり、個別に検討する。

②　権利金

　礼金同様、原則として対象になるが、非常に高額な権利金は、賃料前払的性格がない場合もある。個別に検討する。

(3) 遺産分割で処理すべきもの

敷金は債務であり、共同相続財産である賃貸不動産の評価の上で考慮すべきものである。

●原告が負担すべき管理料
　(1) 管理費用に該当するもの
① 固定資産税、都市計画税
② 維持管理費（維持費、管理費、日常的な修繕費等）
③ 損害保険料（火災保険、機械、ボイラー等の各種保険）
④ 借地上建物の場合の地代
⑤ 賃貸管理業者の報酬
　(2) 管理費に該当せず差し引けないもの
① 減価償却費（現実の支出がない）
② 貸倒準備金（現実の支出がない）
③ 空き室等による損失相当額（現実の支出がない）
④ 被告自身がアパート管理した場合の報酬
⑤ 高額な修繕費

高額なため減価償却資産に計上すべき修繕費は、遺産の価値を増加させ、その遺産取得者が利得を得るから、その取得者が負担すべきであり、賃料から差し引くのは妥当でない。

●被告からの「有用な資に充てた」という抗弁について

被告から、賃料は、「有用な資に充てた」という抗弁が出されることがあるが、以下の抗弁は認められる。
① 当該賃貸物件以外の遺産管理費用等
② 当該賃貸物件取得に要した銀行ローン
③ 相続税
④ 相続税申告に係る税理士費用（ただし、全相続人が依頼し、費用額に争いがない場合に限る）

⑤　葬儀費用（各相続人が葬儀費用を負担すべき場合に限る）

●過大に納めた所得税との相殺

　相殺は認められない。共有者の１人が共有不動産から生ずる賃料を全額自己の収入として不動産所得の金額を計算し、納付すべき所得税の額を過大に申告してこれを納付したとしても、過大に所得税を納付したことを理由に、返還請求に対し、過大に納めた税金との相殺を主張できない（最三小判平成22・1・19判時2070号51頁）。

相続後に発生した遺産収益金が遺産になる場合とならない場合

ポイント

　相続後に発生した家賃や、代償財産、可分債権は遺産分割の対象にならないが、被相続人名義の口座に入金された場合は、原則として、遺産分割の対象になる。

設例

　相続人は長男Ａ・次男Ｂの２名で、遺産は預金と賃貸共同住宅である。長男Ａには、多額の特別受益があり、具体的相続分はゼロである。被相続人名義の普通預金口座残高は、直前まで150万円だったが、相続直前に長男Ａが、50万円を引き出し、相続時には100万円になった。死亡後も被相続人名義の普通預金口座は継続し、そこにＡは、引き出した現金50万円を入金し、さらに、遺産であるアパートからの家賃50万円も入金された。その結果、遺産分割時点で残高は200万円になった。

　家庭裁判所は、残高200万円の普通預金全額を遺産分割の対象とした上で、具体的相続分ゼロの長男Ａには何も相続させず、次男Ｂに全遺産を相続させた。

長男Aは、相続発生後の家賃50万円や直前に引き出した払戻金50万円は、各2分の1の法定相続分で分割されてAが取得していたことを理由として、次男Bに、50万円の不当利得の返還を求めた。認められるか。

なお、新相続法のみなし遺産（906条の2第2項）は考慮しない。

回答

払戻金50万円については認められず、相続後の家賃50万円についてはケースバイケースである。

解説

1 原則

(1) 普通預金の性質と取扱い

普通預金残高は、入金の意図に関係なく、分割時の残額全額が遺産分割の対象になる。本来、遺産分割の対象にならない資金が、何らかの理由で被相続人名義口座に入金された場合でも、全体が遺産分割の対象になる。例えば、第三者が被相続人通帳に「預け金」として入金しても、その入金額も遺産分割の対象になる。しかし、預け金として入金した第三者は、相続人に対して、預託金又は不当利得返還請求ができる。

普通預金には、いろいろな理由で入金があり、そのうち被相続人に最終的に取得させる入金だけを遺産分割の対象にすることなど不可能である。この点は、実務で争いがない。

(2) 果実、代償財産、可分債権の場合

最大判平成28・12・19で、鬼丸かおる判事は、「本来、遺産分割の対象にならないはずの果実、代償財産、可分債権も、被相続人名義口座に入金された場合は、遺産分割の対象になる」と補足意見を述べている。これらは、具体的相続分に関係なく、各相続人が法定相続分で取得しているはずであるが、被相続人名義口座に入金されたら、具体的相続分で分割され、最終的に各相

続人が取得する、という趣旨である。

　被相続人口座を死亡後も使い続けるということは、同口座に入金される賃料等も遺産分割の対象とする旨の相続人全員の合意があるものと推測される（片岡・菅野「第3版　家庭裁判所における遺産分割・遺留分の実務」151頁）。

2　例外

　例外として、超過特別受益者がいる場合は、上述のような同意の推測は働かない。

　設例の場合、払い戻した50万円は、超過特別受益者Aが自らの意思で被相続人口座に入金しており、遺産に含める同意があるものと推測されるから、原則として、不当利得返還請求はできない。家賃50万円については、超過特別受益者Aが、相続後も家賃が被相続人口座に入金されるのを認めていたか否かにより、結論が異なることになる。

相続人による家賃の独り占めや遺産隠し問題と遺産管理人の選任

ポイント

　遺産管理人を選任しても、相続人による家賃の独り占めや遺産隠し問題の解決にはならない。

設例

　遺産は賃貸アパート。相続人はA・Bの2名。Bは、被相続人と同居し、生前から被相続人に代わって家賃を管理していた。以下の場合、遺産管理人選任の申立てができるか。
① 　相続人Bは、相続後も、家賃を管理し、家賃を回収しているにもかかわ

らず、1人で生活費などに費消し、家賃の配分をしない。
② 相続人Bは、遺産の管理をしながら遺産の範囲を明らかにしない。
③ 相続人Bは、相続後は一切の管理を放棄し、賃料の取立てもせず、必要な修繕もしない。相続人Aが代わりに管理しようとしても、拒否している。

回答

小問①・②は、遺産管理人の職務ではないから、申立ては「保全の必要性なし」として却下されるが、③は遺産管理人の職務であり、申立ては認められる。

解説

1 遺産管理人制度

相続が発生し遺産分割が終了するまで、相続財産を誰が、どう管理するかについて相続人間の協議が整わないとき、審判前の保全処分として遺産管理人の選任を裁判所に申し立て、選任された遺産管理人が遺産を管理する制度があり（家事事件手続法200条1項）、この遺産管理人の選任申立てが家裁に相当数なされている。被相続人に成年後見人が就任しているときは、そのまま遺産管理人に横滑りすることが多い。

遺産管理人は、相続人全員の同意により選出される場合と、家裁により選任される場合がある。多数決では選任できない。

2 遺産管理人の権限

遺産管理人の権限は、遺産の「保存行為」と「管理行為」のみである。管理の対象は「遺産そのもの」である。家賃は、遺産から発生するもので、遺産そのものではない。各人が、分割債権として単独取得している。相続人Aは、自己の債権を相続人Bが侵害したものとして、地方裁判所に民事訴訟を起こすことになる。

小問①の場合、家賃は遺産ではないという理由で、申立てをしても「保全の必要性」がないものとして申立ては却下される。相続人による家賃の独り占め問題には、遺産管理人選任では対応できない。

選任の必要性があるのは、「遺産の管理自体の適切さ」が問題になる場合に限られる。

小問③のように、管理を放棄している場合は、「遺産の管理自体の適切さ」が問題になり、「保全の必要性」が認められる。

しかし、小問②のように、遺産の範囲を明らかにしないというだけで、遺産管理が不適切であるとはいえず、「保全の必要性」は認められず、申立ては却下される。

第3章 同族企業の経営権争いと事業承継

遺産分割前の相続株式の議決権行使方法

ポイント

◆遺産分割前の株式は、全相続人が、1株ごとに法定（指定）相続分で共有している。株主総会では、当該株式についての権利を行使する者1人を定め、株式会社に対し、その者の氏名又は名称を通知して行使する（会社法106条）。

◆相続人間で合意ができないときでも、会社は勝手に権利を行使する株主を定めることはできない。

設例

父甲が経営する会社の株式500株のうち300株を甲が所有し、残り200株を父の伯父乙が所有している。ただし、伯父乙は所有しているだけで、会社経営にはほとんど興味がない。そんな中で、甲が死亡し、甲の長男Aと次男Bが、その会社の株式を相続した。相続分指定の遺言があり、Aが3分の2、Bが3分の1。遺産分割は未了である。

① Aは200株、Bは100株について議決権を行使できるか。
② 相続した株に基づいて議決権を行使するにはどうすればよいか。
③ 現経営陣と不仲なAは欠席し、Bが出席した。会社は、権利を行使する株主の届出（会社法106条）がないとして、Bの議決権行使を認めて総会を成立させた。問題はないか。

回答

① できない。
② 当該株式についての権利を行使する者1人を定め、株式会社に対し、その者の氏名又は名称を通知して行使する。
③ 瑕疵ある決議として総会決議取消しの対象となる。

―― 解 説 ――

1 相続株式と議決権行使方法（小問①）

(1) 株式の分割方法

会社の株は、1株を単位とする可分債権か、それとも1つ1つが不可分な権利かという問題である。もし前者なら、Aは200株、Bは100株について議決権を行使できることになる。

しかし、判例は、株式は、1株1株が不可分な遺産であり、遺産分割の対象になると考えている。AもBも、1株ごとにAが3分の2、Bが3分の1で共有していることになる（最三小判平成26・2・25民集68巻2号173頁）。

(2) 議決権行使方法

この場合の権利行使方法については、共有物の管理行為として持分価格に従って過半数で決する（最三小判平成9・1・28判時1599号139頁）。少数株主保護の観点から全員の同意を要するとの見解もあるが、混乱を招くだけであり、実務ではない。

(3) 議決権の権利濫用

ケースによっては、過半数を理由として強引に権利行使するのは、権利の濫用となることがある。大阪高判平成20・11・28判時2037号137頁は、発行済株式3万株で、1万5200株対創業家側1万4800株の事案で、権利濫用としている。遺産分割前の暫定的な状態であり、協議もしていなかったことを理由としている。

2　民法252条と会社法106条本文の関係（小問②）

　会社法106条により株式について権利を行使する株主を定めて届け出ることになる。

(1)　民法252条と会社法106条本文の関係

　共有物の行使に関しては、民法と会社法に2つの両立しない条文が置かれている。民法252条では、一株一株の過半数を押さえているAが、全株式の議決権を行使できることになる。ところが、会社法106条本文は、「株式が2以上の者の共有に属するときは、共有者は、当該株式についての権利を行使する者1人を定め、株式会社に対し、その者の氏名又は名称を通知しなければ、当該株式についての権利を行使することができない。」と定めている。つまり、過半数を押さえればよいというものでなく、「権利者を定めて会社に届け出なければ、行使できない」ことになっている。

　最高裁は、会社法106条は「共有に属する株式の権利の行使の方法について、民法の共有に関する規定に対する『特別の定め』（同法264条ただし書）を設けたものと解される。」と判示している（最一小判平成27・2・19民集69巻1号25頁）。

　本件では、共有者であるAとBで、権利を行使する者1人を定め、株式会社に対し通知する必要があった。

3　会社法106条ただし書の趣旨（小問③）

　会社法106条ただし書では、「株式会社が当該権利を行使することに同意した場合は、この限りでない。」という規定がある。このただし書の趣旨は、「民法の原則に戻り、届出がなくとも、過半数を押さえた株主に議決権を行使させることができる」という趣旨である。「届出がないときは、会社は、誰かに議決権を行使させるか、勝手に決めることができる」という趣旨ではない（最一小判平成27・2・19民集69巻1号25頁）。

　過半数を押さえていないBに議決権を行使させた設問③の総会決議には瑕疵があることになる。

非上場株式の分割
事実上の後継者に株を相続させる場合とそうでない場合

> **ポイント**
>
> 遺産分割は現物分割が原則だが、小規模会社の株式については、経営安定の観点から、裁判所の裁量で特定の相続人に取得させることができる。

設例

　被相続人が経営していた会社の株は、合計3500株で、被相続人が3000株、被相続人の長男Aが500株を有していた。長男Aは、単独相続を主張し、次男B・三男Cは、相続法の均分相続、現物分割の原則から、3000株は、長男A・次男B・三男C各1000株で分割すべきだと主張している。

　以下の場合、審判では、どちらの主張が認められるか。

① 経営には、長年にわたり、長男Aが、被相続人とともに携わっていた。会社の経営に問題はない。Aは代償金支払能力を証明している。

② 会社は債務超過会社で、資金繰りに窮し、事実上倒産し、休業状態であって、株式の資産価値はゼロである。

回答

　①の場合、長男Aが単独相続する。②の場合、現物分割の原則に基づき、長男A・次男B・三男Cに1000株ずつ均等に配分する。

■ 解 説 ■

1 事業承継の必要性がある場合（小問①）

　民法は、現物分割を原則としており、複数の相続人が取得を希望するなら、不動産等現物分割が困難なものでない限り、相続分に応じて分割取得させるのが原則である。

　しかし、中小企業の事業承継の必要性を考えると、民法906条のいう「遺産に属する物又は権利の種類及び性質」「その他一切の事情」に基づき、事実上の事業承継者に株を単独相続させることになろう。経営の安定に資するからである。設例(1)は、長男Aが単独相続することになる。

　経営規模の小さい会社ほど経営の安定を求めて株主の分散を避けたいという必要性が高いので、かような同族会社の場合には現経営者の方に集約させるというのが実務の考え方である（東京高決平成26・3・20判時2244号21頁）。

　会社法174条（譲渡制限株式の会社による売渡請求権）や中小企業における経営の承継の円滑化に関する法律の制度の趣旨にも合致するといえる。

2 事業承継の必要性がない場合（小問②）

　長男Aに単独相続させるのは経営の安定に資するからであり、設例②のように会社が事実上の倒産状態にある場合は、現物分割の原則が適用され、長男A・次男B・三男C各人に1000株ずつ割り振ることになろう。

新相続法の遺留分制度を使った事業承継（2019年7月1日施行）

ポイント

新相続法では、遺留分は債権的請求権となり、その支払についても、裁判所は、相当の期限を許与できる。また、遺留分侵害対象になる特別受益は相続開始前10年間にされたものに制限される。

設例

被相続人は乙で、甲会社の経営をしていた。甲会社は100株で全株を乙が所有。その資産価値は1億円である。相続人は、長男A、次男B。相続分は各2分の1。被相続人乙は、相続時より11年前に会社の株の50％である50株を長男Aに生前贈与し、更に遺言で残りの50％である50株を相続させた。

BがAに遺留分減殺の意思表示をした場合の法律関係について、旧相続法と新相続法に分けて論ぜよ。

回答

旧相続法の場合、Bは、遺留分減殺の意思表示により、各株につき4分の1の共有持分権を有することになる。Aは、共有持分状態を解消したければ、2500万円の価額弁償金を支払う必要がある。

新相続法の場合、Bは、Aに1250万円の金銭請求ができるにすぎない。この権利は、5年（改正民法適用）で消滅時効にかかる。しかも、事情により、Aが直ちに1250万円の支払ができないときは、裁判所は、支払猶予期間を与えることができる。

■ 解 説 ■

1 遺留分制度改正の趣旨
　今回の相続法改正で遺留分制度が大幅に変更された。特徴は、
① 被相続人の意思を最大限尊重し
② 遺留分権利者の権利性に制限をかける
というものである。これにより、事業承継が容易になっている。具体的には以下の点である。

2 債権的請求権への変更（新相続法1046条1項）
　遺留分が物権的権利から債権的請求権に変更された。したがって、遺留分請求権行使により、会社の株や不動産等が通常共有状態になるという事態は生じなくなった。形成権という性質に変わりはない。発生した請求権は、2019年7月1日の改正民法施行後は5年で、施行前は10年で消滅時効にかかることになる。反面、請求された者には遅延損害金が発生することになる。

3 弁済の猶予期限許与（新相続法1047条5項）
　遺留分を請求されても、裁判所は、支払につき、猶予期間を与えることができるようになった。「相当の期限」については、明確な基準はないが、債務の弁済に関する裁判所の従前の取扱い例からして、おそらく、3年程度が上限だろう。極めて例外的に5年程度までは認められる場合があるかもしれない。

4 遺留分算定方法の見直し（新相続法1044条）
　従来、相続人以外への贈与は相続開始前1年以内のものに限り遺留分の対象とされていたが、相続人への贈与は、特別受益に該当する限り、無制限に対象とされていた。しかし、新相続法では、期間を10年に制限している。

5 設例について

　旧相続法の場合、Aが11年前にもらった株も遺留分減殺の対象になる。遺留分は物権的効果を生ずるから、甲会社の各株につき、Aが4分の3、Bが4分の1を共有する状態になる。つまり、甲会社を共有する状態になる。Aは、今後の会社経営に多大な困難を生じ、これを免れるためには、Bに2500万円の価額弁償金を支払う必要がある。

　新相続法の場合、遺留分侵害額計算の対象になる特別受益は10年に制限されるから、相続時より11年前にAに贈与された50株は、遺留分侵害額請求権の対象とされることはない。しかも、遺留分は債権的請求権にすぎないから、対象とされる株も共有状態にはならない。Aは、単独で会社運営に取り組める。Bには、1250万円の金銭と遅延損害金を支払う必要があるが、裁判所は、Aの資金繰りを勘案し、相当の期限を付与して支払を命ずることができる。Bが、遺留分侵害額請求権を行使したのち、5年（改正前民法では10年）が経過すれば消滅時効にかかることになる。

コラム column

経営承継円滑化法

　平成20年「中小企業における経営の承継の円滑化に関する法律」が施行された。株の生前贈与について「除外合意」をすれば、遺留分算定基礎の対象から除外することができ、「固定合意」をすれば、遺留分算定計算の価額をあらかじめ合意できるというものだが、たび重なる改正にも関わらず、「合意」の手続きが厳格すぎて利用件数は少ない。

　なお、事業承継に伴う資金繰りを容易にする観点から、認定を受けた中小企業は、日本政策金融公庫から低利で融資を受けることができる。また、先代の経営者から非上場株式を相続又は贈与により取得した場合の相続税・贈与税の納税が猶予される。

⚖ 弁護士注意点　法人への遺贈

　事業承継を容易にしようとして、被相続人が不動産等を会社に遺贈する例が少なくない。しかし、法人に無償で遺贈しても、法人には時価相当額の益金が認定され法人税が課税される一方、時価相当額で譲渡したとみなされるため、相続人に譲渡所得税の負担が来る。しかも、同族会社に対し無償で財産の提供があったことにより、その同族会社の株の価値が増加した場合、その増加分については、実質的には「相続」したと同様であるとして、相続税が加算される（相続税基本通達9-2）。結果的に、三重課税となる場合がある。

　事業承継を容易にしようとして法人に遺贈すると、相続人を破たんに追い込むことになりかねないから、注意が必要である。

第4章　相続人と第三者の関係

相続人が、差押債権者に、自己の相続分を登記なくして対抗できる場合とできない場合

ポイント

相続人の債権者が、当該相続人の遺産共有持分権の差押えをした場合において、相続放棄は差押えに優先し、遺産分割と遺贈は差押えに対抗できない。特定財産承継遺言・相続分の指定は、新相続法では、法定相続分を超えた部分は対抗問題になる。

設例

被相続人は夫、遺産は居宅のみで、相続人は、妻Aと長男Bである。

Bの債権者Cが、債権者代位権で法定相続分に基づく相続登記をし、さらに、Bの相続分を差し押さえた。

Bが差押えの無効を主張する場合、その主張が認められるのは、以下のいずれのケースか。

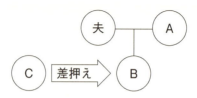

① AとBは、差押え後、遺産分割をし、全てAが相続することにした。
② Bは、生前、被相続人から多額の生前贈与を受けていて、もともと具体

的相続分はない。
③　AとBは、差押え前に既に全遺産をAが取得するという遺産分割をしていた。
④　被相続人は、居宅をAに「遺贈する」という遺言を残していた。
⑤　被相続人は、居宅をAに「遺贈する」という遺言を残し、遺言執行者として弁護士Mを指定していた。
⑥　Bは、差押え後に相続放棄をした。
⑦　被相続人は、居宅をAに「相続させる」という遺言を残していた。
⑧　被相続人は、Bの相続分をゼロとする相続分の指定遺言を残していた。
⑨　⑦・⑧で、被相続人の遺産が、居宅ではなく、債権だった場合はどうか。

回答

　旧相続法適用事件では、①～④は差押債権者に対抗できず、⑤～⑨は差押債権者に対抗できる。
　2019年7月1日施行の新相続法適用事件では、①～④は差押債権者に対抗できず、⑤は善意の債権者に対抗できず、⑦・⑧・⑨については対抗できない。⑥は対抗できる。

解説

1　差押え vs 差押え後の遺産分割（小問①）

　差押債権者に対抗できない。民法909条は、「遺産の分割は、相続開始の時にさかのぼってその効力を生ずる。」と定めながら、同時に、「ただし、第三者の権利を害することはできない。」と規定している。

2　差押え vs 具体的相続分（小問②）

　差押債権者に対抗できない。具体的相続分は家裁の審判基準にすぎず、分割前は法定相続分で共有されている状態にある（「遺産共有の性質と割合」

9頁参照）。

3 差押え vs 差押え前の遺産分割（小問③）

差押債権者に対抗できない。

(1) 旧相続法適用事件

遺産分割は相続時に遡及するが、差押債権者とは対抗関係にたち、先に登記がされた方が優先する。差押登記前に遺産分割されていても、登記がない以上、その遺産分割は差押債権者に対抗できない（最三小判昭和46・1・26民集25巻1号90頁）。

(2) 新相続法適用事件

新相続法899条の2により、対抗できない。

4 差押え vs 遺贈（小問④）

(1) 旧相続法適用事件

善意・悪意を問わず、差押債権者に対抗できない。受遺者と差押債権者は対抗関係にたつ（最二小判昭和39・3・6民集18巻3号437頁）。

(2) 新相続法適用事件

差押債権者には対抗できない（新相続法899条の2）。旧相続法と同様である。

5 差押え vs 遺贈遺言執行人（小問⑤）

(1) 旧相続法適用事件

善意・悪意を問わず、差押債権者に対抗できる（大判昭和5・6・16大民集9巻550頁）。

(2) 新相続法適用事件（新相続法1013条）

新相続法では、遺言執行者がいても、遺贈の効力は、「善意の第三者」には対抗できない。第三者は、無過失は要求されない。また、新相続法は、遺言執行者がいる場合でも、債権者による権利行使を可能にしている。

6　差押え vs 相続放棄（小問⑥）

相続放棄は差押債権者に対抗できる。相続放棄により、相続人は最初から相続人ではなかったものとみなされる（民法939条）。この遡及効は、遺産分割の遡及効とは異なり、対抗問題には立たないというのが判例である（最二小判昭和42・1・20民集21巻1号16頁）。

7　差押え vs 特定財産承継遺言（相続させる遺言）（小問⑦）

(1)　旧相続法

相続させる遺言は、登記なくして差押債権者に対抗できる（最二小判平成14・6・10家月55巻1号77頁）。

(2)　新相続法（新相続法899条の2）

対抗問題になる。法定相続分を超える部分については、登記なくして対抗できない。

8　差押え vs 相続分の指定遺言（小問⑧）

(1)　旧相続法適用事件

遺言による相続分の指定がなされた場合の不動産の権利取得は、登記なくして第三者に対抗できる（最二小判平成5・7・19家月46巻5号23頁）。

(2)　新相続法適用事件（新相続法899条の2）

相続人の法定相続分を超える部分については、登記なくして第三者に対抗できない。

9　小問⑨について

遺産が債権であっても、結論は不動産の場合と同じである。ただし、債権の場合は、通知が対抗要件になる。

相続により法定相続分を超える割合の債権を承継した場合、他の相続人の協力は期待できないから、受益相続人は単独で通知できる。その際、遺言の内容・遺産の分割の内容を明らかにして通知する必要がある。また、債務者以外の第三者には、確定日付のある証書が必要となる（民法467条）。

遺産共有持分と通常共有持分が併存する不動産の共有解消方法

ポイント

遺産共有持分と通常共有持分が併存する不動産は、遺産分割手続での遺産共有関係の解消手続きを後回しにして、共有物分割手続での通常共有の解消手続を先にすることもできる。

設例

不動産をA・B・C3名で共有しているところ、Cが死亡し、Cの長男甲・次男乙が相続した。甲は、この不動産を分割して換価したいと思っている。遺産分割手続をとるべきか、共有物分割手続をとるべきか。

回答

甲・乙の共有する持分の分割については、遺産分割手続をとり、不動産全体については共有物分割手続をとることになる。どちらを先にすることもでき、必ず遺産分割を先行させる必要はない。

解説

本件は、不動産全体は通常共有であるが、共有持分のうちCの持分の内部は、甲・乙の遺産共有である。この場合、以下の2つの方法がある。

1 遺産分割を先行させる方法

Cの持分部分について甲と乙で遺産分割手続を行い、遺産共有を解消した後に、共有物分割手続を行う。例えば、甲・乙2人で2分の1の割合で通常

共有にしたのち、A・Bに対して共有物分割を行う。あるいは、甲が乙に代償金を支払って甲の単独所有にした後、A・Bに対し、甲が共有物分割を行う。

2 共有物分割手続を先行させる方法

まず全体の共有物分割を行って共有関係を解消したのち、Cの持分部分についてだけ遺産分割を行う。この場合、共有物分割訴訟では、Cの相続人甲・乙は、ひとくくりとして考えることになる。例えば、〔A〕から〔B〕・〔甲・乙〕に対して共有物分割手続を行い、Aが全面的価格賠償金を支払って単独取得した後、甲と乙で、価格賠償金の配分に関し、遺産分割手続を行う。この場合、判決では、甲と乙に、遺産分割終了まで価格賠償金の保管を命ずることになるが、代償財産や可分債権は遺産分割の対象にはならないという原則に対する例外を認めることになる。

【判例要旨　最二小判平成25・11・29民集67巻8号1736頁】
1　共有物について、遺産共有持分と他の共有持分とが併存する場合、共有者が遺産共有持分と他の共有持分との間の共有関係の解消を求める方法として裁判上採るべき手続は民法258条に基づく共有物分割訴訟であり、共有物分割の判決によって遺産共有持分を有していた者に分与された財産は遺産分割の対象となり、この財産の共有関係の解消については同法907条に基づく遺産分割によるべきである。
2　遺産共有持分と他の共有持分とが併存する共有物について、遺産共有持分を他の共有持分を有する者に取得させ、その価格を賠償させる方法による分割の判決がされた場合には、遺産共有持分を有していた者に支払われる賠償金は、遺産分割によりその帰属が確定されるべきものであり、賠償金の支払を受けた者は、遺産分割がされるまでの間これを保管する義務を負う。
3　裁判所は、遺産共有持分を他の共有持分を有する者に取得させ、その価格を賠償させてその賠償金を遺産分割の対象とする方法による共

有物分割の判決をする場合には、その判決において、遺産共有持分を有していた者らが各自において遺産分割がされるまで保管すべき賠償金の範囲を定めた上で、同持分を取得する者に対し、各自の保管すべき範囲に応じた額の賠償金を支払うことを命ずることができる。

遺産分割前に第三者に遺産共有持分を譲渡した場合

ポイント

遺産分割前の不動産について相続人の１人が遺産共有持分権を第三者に売却した場合、その第三者からする分割手続は共有物分割手続である。

設例

不動産をＡ・Ｂ・Ｃ３名が遺産相続し、遺産分割前に、Ｃが相続した遺産共有持分を他人である甲に譲渡した。
① 甲からＡ・Ｂに対する分割請求は、遺産分割か共有物分割請求か。
② Ａから甲・Ｂに対する分割請求は、遺産分割か共有物分割請求か。

回答

① 共有物分割請求である（最二小判昭和50・11・7民集29巻10号1525頁）。
② 判例が統一されていない。

■ 解 説 ■

1 遺産共有持分譲受人から分割請求をする場合（小問①）

　不動産をA・B・C3名が遺産相続した段階では遺産共有になるが、Cが遺産共有状態にある自己の持分を甲に譲渡した段階では、甲対A・Bとの関係で通常共有になる。ただし、相続人間であるA・Bとの関係では、遺産共有にある。

　譲受人からの分割請求の相手方は、相続人である。つまり、譲受人対相続人となる。この場合は、まず、「甲対A・B」という関係として把握する。すなわち、相続人をひとまとめでくくり、共有物分割関係で共有関係を解消し、その後に、相続人間であるA・Bとの間で、遺産分割手続を行うことになる。

　遺産分割審判は、遺産全体の価値を総合的に把握し、これを共同相続人の具体的相続分に応じ民法906条所定の基準に従って分割することを目的とするから、「甲対A・B」という関係では、遺産分割手続は制度の趣旨にそぐわない。

　本件でいえば、例えば共有物分割手続により甲がA・Bに全面的価格賠償金を支払って共有物を単独取得し、その後に、A・Bで価格賠償金の配分をめぐって遺産分割手続を行うことになる。

> 【判例要旨　最二小判昭和50・11・7民集29巻10号1525頁】
> 「共同相続人の一部から遺産を構成する特定不動産の共有持分権を譲り受けた第三者が当該共有関係の解消のためにとるべき裁判手続は、遺産分割審判ではなく、共有物分割訴訟である。」

2 相続人の1人から分割請求をする場合（小問②）

　共有物分割説（大阪高判昭和61・8・7判タ625号180頁）と遺産分割説（東京地判昭和63・12・27判タ704号222頁）がある。この場合は、相

手は共同相続人と譲受人であり、小問①に比べて、相手をひとくくりにできない。だからこそ、東京地判昭和63・12・27のように、遺産分割手続だとする判例もあるのだろう。

3 注意点

　最高裁判例（最二小判昭和50・11・7民集29巻10号1525頁）の射程範囲は、相続人の1人が遺産分割前に遺産共有持分権を第三者に譲渡した場合の譲受人からの分割請求である。相続人の1人が相続分の全部又は一部を譲渡した場合は、遺産分割手続による。また、相続人からの分割請求も射程範囲外である。

第5章 相続開始後の不動産明渡等をめぐる紛争

建物所有を目的とした土地使用貸借と借主の死亡

ポイント

建物所有を目的とした土地の使用貸借は、民法599条の適用はなく、借主の死亡によっても終了せず相続される。ただし、使用収益をするに足る期間を経過したときは終了することがある。

設例

被相続人甲は、生前、父Aの土地の上に無償で建物を建て妻Bと居住してきた。甲の死亡に伴い、甲の妻Bと不仲だった父Aは、建物を相続した妻Bに対し、使用貸借は借主の死亡により終了とする民法599条を根拠に、建物収去土地明渡しを求めてきた。認められるか。

回答

建物所有を目的とする土地の使用貸借には民法599条は適用されず、父Aの妻Bに対する建物収去土地明渡請求は認められない。

解説

実務では、特段の事情がない限り、建物所有を目的とした土地の使用貸借

権は相続されるというのが、共通認識になっている。東京地判平成5・9・14判タ870号208頁は、「土地に関する使用貸借契約がその敷地上の建物を所有することを目的としている場合には、当事者間の個人的要素以上に敷地上の建物所有の目的が重視されるべきであって、特段の事情のない限り、建物所有の用途にしたがってその使用を終えたときに、その返還の時期が到来するものと解するのが相当であるから、借主が死亡したとしても、土地に関する使用貸借契約が当然に終了するということにはならない」としている。

例外として、長期間空き家が続き、家も老朽化がひどく、今後、居住の予定もない場合は、使用収益をするに足る期間を経過したとして、終了することがある。

家屋使用貸借人が死亡した場合の相続人以外の同居人の保護

ポイント

居住を目的とした建物の使用貸借は、借主が死亡しても同居人が貸主と借主本人との間と同様の特別な人的関係があるときは、相続されることがある。しかし、長期間経過し、保護の必要性が消滅したときは、使用貸借が終了する。

設 例

甲と乙は法律上の親子関係はないものの、乙は、甲の所有する居住家屋で、幼い頃から、甲の子供同然に生活してきた。乙は、結婚し、夫との間に、子供Aが生まれたが、夫が早期に亡くなったこともあり、甲・乙・Aで、同じ家屋で生活してきた。

甲が死亡し、次いで乙も死亡したところ、甲の相続人であるBが、Aに対し、民法599条により、借主乙の死亡により使用貸借は終了したとして、建物明渡しを求めてきた。認められるか。

回答

原則として認められない。

解説

1 原則

建物使用貸借では、「貸主と借主の家族との間には、貸主と借主本人との間と同様の特別な人的関係がある場合」は、原則として「借主の死亡は直ちに契約の終了事由とはならない」。

東京高判平成13・4・18判時1754号79頁は「貸主と借主との間に実親子同然の関係があり、貸主が借主の家族と長年同居してきたような場合、<u>貸主と借主の家族との間には、貸主と借主本人との間と同様の特別な人的関係がある</u>というべきであるから、このような場合に民法599条は適用されないものと解するのが相当である。」としている。

2 例外

相続後の時間の経過や貸主との関係等から、「使用収益をなすに足るべき期間が経過して終了した」として明渡しが認められることもある。

東京地判平成元・6・26判時1340号106頁は、「使用貸借が無償の利用関係であることを考えると、このように使用期間が40年になろうとして、しかも当初予定していたA子を含めB夫の家族の住居を確保するために原告の方で配慮しなければならないとの事情も変化を来している現状の下では、遅くも本件口頭弁論終結時には、本件建物の使用貸借契約はその目的に照らし使用収益をなすに足るべき期間を経過して終了したものとみるのが相当である。」とした。

3 相談時に注意すべき点

相続人と貸主の関係、相続人の経済力や家族構成、経歴等を確認し、原則

が適用されるか見通しを伝える必要がある。

被相続人と生活を共にしていた居住者の保護

> **ポイント**
>
> 被相続人と同居している相続人との間においては、その同居が被相続人の許諾を得たものであるかぎり、相続開始を始期とし、遺産分割終了時を終期とする使用貸借関係が成立している。

設例

被相続人は父で、相続人は長男A・長女B・次男Cである。
① 居住用家屋
次男Cは、生前から、被相続人と同居していた。長男Aと長女Bは、次男Cに対し、建物について遺産共有持分3分の2を有していることを理由として①建物明渡しと②建物明渡しまでの賃料相当使用損害金の支払を求めた。認められるか。
② 事業用家屋
長男Aは、生前から、被相続人と共同で被相続人所有建物にて板金工場を経営していた。長女B・二男Cは、相続後直ちに、板金工場を稼働している長男Aに、賃料相当使用損害金の支払を求めて訴訟を提起した。認められるか。
③ 特定財産承継遺言がある場合
次男Cは、生前から、被相続人と同居していた。被相続人は、遺産のうち居住用家屋は長男Aに相続させると遺言したが、同時に、「長男として、次男Cのこともよろしく頼む」と付言していた。長男Aは、相続後直ちに、次男Cに①建物明渡しと②建物明渡しまでの賃料相当使用損害金の支払を求めた。認められるか。

④ 次男Cが、事実上の養子の場合

次男Cは、長年被相続人の下で子供として生活してきたが、養子縁組をしていなかった。被相続人は、次男Cに遺産の一部を遺贈したが、居住家屋は遺贈していなかった。長男Aと長女Bは、相続後直ちに、①建物明渡しと②建物明渡しまでの賃料相当使用損害金の支払を求めた。認められるか。

回答

①は、遺産分割が終了するまでは認められない。②～④はケースバイケースである。

解説

1 小問①について

(1) 建物明渡請求について

長男Aと長女Bで、遺産共有持分3分の2を有している。しかし、多数持分権者が少数持分権者に対して共有物の明渡しを求めることができるためには、その明渡しを求める理由を主張し立証しなければならないが、本件では、その理由がない。明渡請求は認められない。

> 【判例要旨　最一小判昭和41・5・19民集20巻5号947頁】
> 「共有物の持分の価格が過半数をこえる者は、共有物を単独で占有する他の共有者に対し、当然には、その占有する共有物の明渡を請求することができない。多数持分権者が少数持分権者に対して共有物の明渡を求めることができるためには、その明渡を求める理由を主張し立証しなければならない。」

(2) 賃料相当使用損害金の主張について

最三小判平成8・12・17民集50巻10号2778頁は、共同相続人の1人が

相続開始前から被相続人の許諾を得て遺産である建物において被相続人と同居してきたときは、特段の事情のない限り、遺産分割により右建物の所有関係が最終的に確定するまでの間は、引き続き右同居の相続人にこれを無償で使用させる建物の使用貸借契約関係が存続するとした。したがって、Cは、使用損害金を支払う必要はない。

> 【判例要旨　最三小判平成 8・12・17 民集 50 巻 10 号 2778 頁】
> 　「共同相続人の一人が相続開始前から被相続人の許諾を得て遺産である建物において被相続人と同居してきたときは、特段の事情のない限り、被相続人と右の相続人との間において、右建物について、相続開始時を始期とし、遺産分割時を終期とする使用貸借契約が成立していたものと推認される。」

　最三小判平成 8・12・17 の射程範囲は意外と狭く、以下の 5 点が要求される。
① 居住用建物である。
② 被相続人と同居していた。
③ 同居人は、相続人である。
④ 建物は遺産共有状態である。
⑤ 被相続人の意思に反したら成立しない。
　しかし、最高裁は、この射程範囲外は、黙示の使用貸借が成立しないと言っているわけではない。最高裁判決の趣旨から、射程範囲外でも黙示の使用貸借を考えるべきである。

2　小問②について

　事業用建物であるから、最三小判平成 8・12・17 の射程範囲外になる。しかし、被相続人に、共同で事業を営んでいた長男Aに、相続後直ちに賃料相当使用損害金を支払わせる意思があったとは考えにくい。遺産分割終了までは黙示の使用貸借を認める余地はある。遺産分割実務においては、相続人

の 1 人が被相続人所有建物で共に工場や飲食店を営んでいる場合、当該相続人が明らかに遺産分割調停の引き延ばしを画策していない限り、他の相続人が、相続後直ちに、賃料相当使用損害金の支払を求めてくるケースは少ない。

3　小問③について

特定財産承継遺言があり、当該建物は、遺産共有にはなっていないから、最三小判平成 8・12・17 の射程範囲外になる。しかし、付言事項等の状況から、被相続人に、相続後直ちに明渡しや賃料相当使用損害金を支払わせる意思があったとは考えにくい。遺産分割終了までは黙示の使用貸借を認める余地はある。

4　小問④について

次男 C は、相続人ではないから、最三小判平成 8・12・17 の射程範囲外になる。しかし、遺産の一部を遺贈していることや家族として生活してきたことを考えると、被相続人に、相続後直ちに明渡しや賃料相当使用損害金を支払わせる意思があったとは考えにくい。相当期間は黙示の使用貸借を認める余地はある。

相続建物に居住していた配偶者の保護
その 1　配偶者居住権

> **ポイント**
>
> 新相続法では、配偶者に、配偶者居住権を認めている。「特に必要があるとき」に家裁により形成される賃貸借類似の法定債権であり、期間は、原則として「終身」である。

設例

新相続法施行（2020年4月1日）後の相続である。相続人は、後妻甲と、先妻との間の長男Aである。遺産は、居住用不動産のみで、相続分は各2分の1である。後妻甲は、居住用不動産に居住したいが、2分の1に相当する代償金が支払えない。どうすればよいか。

回答

新相続法施行後は、配偶者居住権に相当する代償金を支払うことで居住ができる場合がある。

解説

新相続法は、配偶者に終身を原則とする配偶者居住権を認めている。

1 配偶者居住権とは

配偶者が、居住していた建物の全部について、原則として、配偶者の終身の間、無償で使用及び収益をする、賃貸借類似の法定債権である。遺産分割で成立するほか、遺贈や贈与でも成立する。

2 成立要件

① 被相続人の配偶者であること（新相続法1028条1項）。内縁の配偶者は含まれない。
② 当該建物が遺産であること。
③ 当該建物に相続開始の時に居住していたこと（新相続法1028条1項）。
④ 被相続人が相続開始の時に居住建物を配偶者以外の者と共有していないこと（新相続法1028条1項ただし書）。
　遺産が相続開始時に被相続人と第三者との共有に属する場合は、その第三

者の権利を保護する必要があるからである。

しかし、被相続人が配偶者と相続開始時に建物を共有していた場合や、相続時は共有ではなかったが、配偶者が相続で共有持分を取得した結果、共有となった場合は、反対解釈から配偶者居住権は成立する。

なお、配偶者居住権を有する配偶者が、取得後、居住建物の共有持分を取得した場合でも、配偶者居住権は消滅しない（新相続法 1028 条 2 項）。他の共有者からの共有物分割請求や使用損害金請求を防ぐ必要があるからである。

3　遺産分割での取得要件

家裁の遺産分割審判で取得する場合は、以下の2つのケースである（新相続法 1029 条）。

① 　共同相続人全員の合意がある。
② 　家裁が、居住建物の所有者の受ける不利益の程度を考慮してもなお配偶者の生活を維持するために特に必要があると認めるとき（配偶者が取得を希望していることが前提である）。

4　「配偶者の生活を維持するために特に必要がある」とは

「配偶者の生活を維持するために特に必要がある」ことが要件である以上、単なる「必要性」のレベルで認められず、「特別な必要性」が要求される。この点については、現時点では「居住建物の所有者の受ける不利益を超える必要性」という以外、基準は明確でなく、実務の運用の集積を待つことになる。

設例の場合は、遺産は家しかなく、配偶者が高齢で、特にこれという資産が他にないので、「配偶者の生活を維持するために特に必要がある」といえる。しかし、配偶者がまだ若く、子供もおらず、収入もあり、個人的資産があるときなどは特別な必要性があるとはいえない。

配偶者の年齢・資産・相続財産・家族構成・収入等を総合的に判断することになるが、認定のハードルは高い。

5　それ以外での取得

遺産分割によるほか、遺贈で取得できる（新相続法1028条1項）。

特定財産承継遺言では取得できない。相続放棄しない限り遺言による利益を放棄できない特定財産承継遺言では、配偶者に、配偶者居住権を押し付けることになるからである。

6　期間（新相続法1030条）

原則として終身となるが、遺言・遺産分割協議・家裁の審判で別段の定めをしたときは、それによる。

7　その他

(1)　対抗力

第三者に対する対抗力を持つためには、通常の借家権のような居住だけ（借地借家法31条1項）では不十分で、民法605条による登記が必要である（新相続法1031条2項前段）。そのため配偶者は、登記請求権を持つ（新相続法1031条1項）。しかし、いったん登記されれば、妨害停止・妨害排除請求権を持つ（新相続法1031条2項後段）。

(2)　配偶者居住権利者の義務と権利の消滅

配偶者居住権は使用貸借的性質も併せ持つ賃貸借類似の権利だから、新相続法では、賃貸借の規定が多く準用されているほか、使用貸借の規定も準用されている。賃貸借同様、譲渡できず、また用法遵守義務、善管注意義務を負うほか、修繕の義務と権利もある。このほか、使用貸借人同様、固定資産税等の必要費の負担がある（新相続法1032条～1036条）。個々の「義務」の内容は、概ね、賃貸借に関する判例法理と同様に考えてよい。

配偶者がこれらの義務に違反した場合は、建物所有者は「消滅」請求ができ、配偶者居住権が消滅した場合は、配偶者は居住建物を返還する義務・原状回復義務を負う。

ただし、義務違反の程度が、賃貸借に関する判例法理で確立した「信頼関係違反のレベル」に達していなければ、「消滅」は認められない。

相続建物に居住していた配偶者の保護
その2　配偶者短期居住権

> **ポイント**
>
> 　新相続法では、相続建物に居住していた配偶者には、使用貸借類似の配偶者短期居住権が認められている。

設例

　相続人は後妻甲と、前妻の子の長男A。後妻甲は、相続財産である建物に居住している。
① 　被相続人は、長男Aに全遺産を相続させると遺言していた。長男Aは、相続後、遺産である建物に居住する甲に、直ちに建物をAに明け渡すよう求めた。甲は、立ち退く必要があるか。
② 　後妻甲が遺留分を行使した場合はどうか。

回答

① 　新相続法適用事件（2020年4月1日以降の相続）では、配偶者である後妻甲は、6か月は居住できる。
② 　新相続法適用事件（2019年7月1日以降の相続）では、遺留分を行使しても、Aとは共有にならないので、共有であることを理由として明渡しは拒否できない。

解　説

1　配偶者短期居住権とは

　配偶者が、居住していた建物の全部について、原則として、①遺産の分割

により居住建物の帰属が確定した日又は②相続開始の時から6か月経過する日のいずれか遅い日まで、居住が認められる使用貸借類似の法定債権である。

2 成立要件（新相続法1037条）
① 被相続人の配偶者であること。
② 当該建物が遺産であること。
③ 当該建物に相続開始の時に居住していたこと。
④ 無償の居住であること（居住建物の一部のみを無償で使用していた場合は、その部分についてのみ無償で使用する権利）。

例外として、配偶者が欠格事由に該当するとき、廃除によって相続権を失ったときは成立しない（新相続法1037条1項ただし書）。

3 期間（新相続法1037条）
居住建物について配偶者を含む共同相続人間で遺産の分割をすべき場合は、
① 遺産の分割により居住建物の帰属が確定した日
② 相続開始の時から6か月を経過する日
のいずれか遅い日までである（1号配偶者短期居住権）。

居住建物について配偶者を含む共同相続人間で遺産の分割をしない場合、例えば配偶者が相続放棄したとき、相続分の指定で相続分ゼロとされたときなどは、当該建物取得者から配偶者短期居住権の消滅の申入れをして6か月経過した日である（2号配偶者短期居住権）。

なお、経過期間満了前に当該配偶者が死亡した場合は、使用貸借同様、消滅する（新相続法1041条による民法600条の準用）。

上限には制限はないから、あえて遺産分割をしないまま放置すれば、実際には、相当長期になる。

4 配偶者短期居住権利者の権利と義務
使用貸借類似の法定債権だから、使用貸借に係る規定が準用される（新相続法1041条）。譲渡性がなく、用法遵守義務・善管注意義務があり、これに

違反すると、建物取得者から「消滅」請求されることになる。

5　設例について

　最高裁は、「共同相続人の1人が被相続人と同居してきたときは、遺産分割の終了までの間、無償で使用させる旨の合意があったものと推認される」としている（最三小判平成8・12・17「被相続人と生活を共にしていた居住者の保護」418頁参照）が、本件では、「長男Aに全遺産を相続させる」という遺言があるから、遺産分割の余地はない。黙示の意思も推認できない。最三小判平成8・12・17の射程外である。
　しかし、新相続法適用事件では、甲は、配偶者短期居住権を取得するから、6か月は居住できる。
　甲が遺留分減殺請求権を行使した場合、旧相続法適用事件では、遺留分減殺請求の物権的効果により甲とAは通常共有になるから、立ち退く必要はない。しかし、新相続法適用事件は、遺留分行使では救われないことになる。この場合は、配偶者短期居住権を行使することになる。

6　新相続法と最三小判平成8・12・17との違い

　居住用という点では同一であるが、新相続法の配偶者短期居住権は、被相続人の意思に反しても成立すること、配偶者に限定されることが重要な違いである。

	新相続法	最三小判平成8年12月17日
対象者	配偶者（被相続人との同居は不要）	被相続人と同居してきた相続人
被相続人の意思	意思に反しても成立	意思に反したら成立しない
終期	遺産分割終了 or 6か月のどちらか長期	遺産分割終了まで
居住建物の遺産状態	遺産共有状態は不要	遺産共有状態であること

　両規律が適用される案件では、被相続人が特に使用貸借を適用するという意思を示していない限りは、新相続法が適用されるというのが立法担当者の

意見である。

内縁の妻の居住の保護

> **ポイント**
>
> 　内縁の妻には相続権がない。しかし、
> ◆借地権や借家権については、例外的に借地借家法36条で、「相続」が認められている。
> ◆内縁の妻が居住家屋を共有しているときは、保護できる場合もある。
> ◆内縁の妻が居住家屋を共有していないときは、黙示の使用貸借権の主張を検討する。

設例

　内縁の夫甲と内縁の妻乙は、入籍こそしていないものの、夫婦として長年にわたり生活を共にしてきた。
① 　甲・乙は、夫甲が賃借する家屋で生活してきた。甲が死亡したが、甲には相続人がいない。建物の所有者Bから、乙に対し建物明渡しの請求がされた。乙は立ち退く必要があるか。
② 　甲・乙は、共有する家屋で生活してきた。甲が死亡したところ、甲の相続人から、乙に対し賃料相当使用損害金の支払を求められた。乙は支払う必要があるか。
③ 　甲・乙は、甲の所有する家屋で生活してきた。甲が死亡したところ、甲の相続人から乙に対し、直ちに、建物明渡しと賃料相当使用損害金の支払を求められた。

回 答

① 乙は、借地借家法36条で立ち退く必要はない。
② 乙は、支払う必要はない。
③ ケースバイケースである。

■ 解 説 ■

1 内縁の妻に対する借地借家法による保護（小問①）

被相続人に相続人がいない場合、その建物に居住していた内縁の配偶者や事実上の親子には、借地借家法36条により、建物賃借権が承継される。

2 最一小判平成10・2・26による保護（小問②）

> 【最一小判平成10・2・26民集52巻1号255頁】
> 「内縁の夫婦がその共有する不動産を居住又は共同事業のために共同で使用してきたときは、特段の事情のない限り、両者の間において、その一方が死亡した後は他方が右不動産を単独で使用する旨の合意が成立していたものと推認される。」

よって、乙は賃料相当使用損害金を支払う必要はない。

3 借地借家法36条にも、最一小判平成10・2・26にも当てはまらないとき（小問③）

(1) 原則

内縁の妻乙を保護する法令・判例はない。黙示の使用貸借を認定した最三小判平成8・12・17判決は、内縁の妻は射程外であり、期間も遺産分割終了時までである。

(2) 例外——黙示の使用貸借

大阪高判平成 22・10・21 判時 2108 号 72 頁は、生前、被相続人が内縁の妻の住居を案じていた事実を認定し、内縁の妻に黙示の使用貸借の成立を認めている。

(3) 権利濫用論

明渡しを認めることが、あまりに過酷なときは、かつては、権利濫用で明渡請求を棄却していた（最三小判昭和 39・10・13 民集 18 巻 8 号 1578 頁）が、権利濫用論では、明渡しを否定するだけで、以後の利用関係が不明となる。

(4) 立証活動

内縁の妻＝居住の保護とはいかない。安易に明渡しを否定することは、居住家屋の財産的価値を大幅に制限することになるからである。配偶者居住権認定要件よりも、更にハードルは高い。

東京地判平成 9・10・3 判タ 980 号 176 頁は、内縁の妻に対する明渡しを認め、権利濫用論を認めていない。代理人としては、内縁の妻の年齢やこれまでの夫婦の生活歴等を丁重に主張・立証し、居住家屋の財産的価値を制限しても、なお、内縁の妻を保護する必要があることを証明しなければならない。

第6章　相続税法

弁護士が心得ておくべき相続税法の基礎知識

1　相続税額概算式

相続人と遺産から算出される相続税額概算式は、以下のとおりである。評価の特例、税額控除等は考慮していない。

平成27年1月1日以降【基礎控除＝3,000万円＋600万円×法定相続人数】
平成26年12月31日まで【基礎控除＝5,000万円＋1,000万円×法定相続人数】

2　相続税法の仕組み

我が国は、「遺産に対する課税」を重視する英米法系と「相続人に対する課税」を重視する大陸法系の両者を取り入れ、遺産総額から相続人<u>全体</u>に対する課税総額を計算し（英米法的）、次いで各相続人の<u>個別</u>の税額を計算する（大陸法系）仕組みである。

相続税の計算は、以下の3つのステップをとる。

〔第1ステップ　課税される遺産総額の算出〕

課税される遺産総額はいくらかを計算する。

計算式

（相続財産＋「みなし相続財産」＋「相続時精算課税適用分の贈与財産」－（非課税財産＋債務＋葬式費用）＋相続開始前3年以内の贈与財産－基礎控除＝課税遺産総額

〔第2ステップ　相続人全体に係る課税総額の算出〕

課税遺産総額を法定相続分で按分したものと仮定して、各々の法定相続人の税額を計算して、それを合計する。

〔第3ステップ　各相続人の個別税額の計算〕

第2ステップで算出された相続税総額を、各相続人の実際の配分割合で按分する。その上で、相続人ごとに税額控除をしたり、加算額を計算したりする。

3 各相続人の税額控除

(1) 配偶者控除

配偶者は、1億6000万円まで非課税であり、法定相続分がそれ以上の時は、法定相続分まで非課税になるという制度である。例えば、

① 遺産が4億円で配偶者が2億円取得すれば、1億6000万円を超えていても、法定相続分で取得しているから、配偶者は非課税となる。

② 遺産が1億6000万円で配偶者が全額取得したら、法定相続分を超えていても1億6000万円以下だから、配偶者は全額非課税になる。

(2) 贈与税額控除

贈与を受けた財産に対し課された贈与税額はその人の相続税額から控除される。

(3) 未成年者控除

20歳に達するまでの年齢×10万円である。

例えば子供が5歳の場合、15年×10万円で150万円が非課税となる。

(4) 障害者控除

一般障がい者　85歳に達するまでの年齢×10万円を控除する。

特別障がい者　85歳に達するまでの年齢×20万円を控除する。

(5) 相次相続控除

10年以内に2回以上の相続があった場合、前の相続において課税された相続税額のうち、1年につき10％の割合で逓減した後の金額を、後の相続に係る相続税額から控除する。

計算式

（第2次相続・被相続人）が前回の相続の時に支払った税金額×{1−(前回から今回までの経過年数×10％)}＝控除金額

〔例〕

前回相続人として 100 万円の相続税を支払ったが、2 年が経過して、死亡し、他の相続人は、前回の財産と同様の財産のみを相続した。

100 万円 ×｛1 −（2 × 10％）｝＝ 100 万円 × 0.8 ＝ 80 万円

80 万円控除することになる。

4　小規模宅地の特例

特定居住用宅地は 330 平米まで、特定事業用等宅地等は 400 平米まで、合計 730 平米まで、評価を 80％引き（不動産賃貸物件は 50％引き）にする制度である。

減額割合（相続開始が平成 27 年 1 月 1 日以降）

宅地等の利用区分	限度面積	減額割合
居住用	330m²	80％
事業用	400m²	80％
不動産貸付用	200m²	50％

減額割合（相続開始が平成 26 年 12 月 31 日以前）

宅地等の利用区分	限度面積	減額割合
居住用	240m²	80％
事業用	400m²	80％
不動産貸付用	200m²	50％

居住用の場合は、取得者が①配偶者・②同居親族・③家なき子（被相続人と別居していて、かつ、3 年以上自分の持家に住んでいない親族）に限られる（「同居」「家なき子」の認定基準は厳しいので、通達に対する注意が必要である）。

二世帯住宅や被相続人が老人ホームにいた場合などでも、この特例が適用できることがある。

遺産分割実務においては、全相続人の同意がないと適用できないことから、適用をめぐって対立することが多い。また、適用可能な遺産が複数あるときは、どこに適用するかで対立することがある。遺産分割の中で調整金として

解決するのも1つの方法である。

配偶者控除の活用と注意点

ポイント

配偶者控除を利用すると節税効果は大きいが、第2次相続で相続税の負担が増加する。

設 例

被相続人は夫甲、相続人は妻乙・長男A・次男B。遺産は1億6000万円の不動産である。しかし、5年後、遺産分割をしないまま妻乙が死亡し、長男A・次男Bが、この遺産を相続した。

A・Bは、相続税を考慮した遺産分割をどのように行うべきか。

回 答

以下の二つの方法がある。
① 第1次相続に際して妻の相続分を確定させ配偶者の税額軽減制度を利用する。
② 第1次相続で妻乙の相続分をゼロとし、第2次相続税を安くする。

―――― ■ 解 説 ■ ――――

1 配偶者控除

配偶者は、1億6000万円まで非課税であり、法定相続分がそれ以上の時は、法定相続分まで非課税になる。

2 配偶者控除利用のメリット・デメリット

(1) メリット

第一次相続の節税だけを考えると、配偶者にできるだけ多くの遺産を取得させた方が節税になる。

(2) デメリット

配偶者に多く遺産を取得させると、第1次相続の節税ができたとしても、第2次相続の相続税が多くなる。

3 相次相続控除の制度

第1次相続と第2次相続との間が10年以内の場合は、第2次相続の相続税率が軽減される相次相続控除の制度（注）（相続税法20条）があるから、この点も併せて考慮する。

(注) 相次相続控除

今回の相続の被相続人が前回の相続のときに支払った相続税のうち「前回の相続から今回の相続までの経過年数」×10％部分を減額した金額を控除するという制度

4 第1次遺産分割終了前に再転相続が起きた場合

本来は、配偶者取得の遺産に関しては遺産分割済みでなければならない。しかし、第2次相続の遺産分割協議書で「死亡配偶者は遺産目録の○○を相続した」と明記すれば、税務上は、配偶者に対する相続税額の軽減制度を利用できることになっている（相続税法基本通達19の2-5）。

審判の場合は、家裁が、死亡配偶者の取得分を定めず審判することがあるので、死亡配偶者の取得分を定める旨の申立書を家裁に提出する。

5 遺産分割が成立しない場合の配偶者控除

全遺産について遺産分割が成立していなくとも、配偶者が取得する遺産が確定していれば配偶者控除は利用できる。この場合は、その遺産についてだけ遺産の一部分割をすることになる。新相続法では、遺産の一部分割を明文

で認めているから、積極的に一部分割制度を利用すべきである。

相続税申告期限内に遺産分割が成立しない場合

ポイント

申告期限内に遺産分割協議が成立していないと、相続税の優遇・特例措置が受けられない。「申告期限後3年以内の分割見込書」を提出するとともに一部分割を積極的に利用する。

設 例

申告期限内に遺産分割が成立できない場合、下記特例措置を受けるにはどうすればよいか。
① 配偶者に対する税額軽減
② 小規模宅地についての課税価格の低減

回 答

① 「申告期限後3年以内の分割見込書」を提出し、3年以内に分割ができなかった場合は、更に「申告期限後3年以内に分割されなかったことにつきやむを得ない事由がある旨の承認申請書」を提出する。
② 申告期限内に一部分割をする方法を検討すべきである。

━━━━━━━━━━━ 解 説 ━━━━━━━━━━━

相続税には、政策的見地から諸々の軽減措置が設けられているが、それは、適正な納税という観点から、申告期限内に申告することが前提になっている。
　遺産分割協議ができないため、申告期限内に申告できない場合は、以下の

方法がある。

1 申告期限後3年以内の分割見込書

「配偶者に対する税額軽減」と「小規模宅地についての課税価格の低減」は、「申告期限後3年以内の分割見込書」を提出すればよい。

3年以内に遺産分割ができなかった場合でも、申告期限後3年を経過する日、つまり相続発生から3年10か月から2か月以内に「申告期限後3年以内に分割されなかったことにつきやむを得ない事由がある旨の承認申請書」を提出すれば、最終的には、特例が受けられる場合が多い。

書式は、税務署にあり、国税庁のウェブサイトからもダウンロードできる。

「申告期限後3年以内の分割見込書」を提出しても、申告期限が延びるわけではない。その際は、法定相続分に基づいて、とりあえず相続税申告を行う必要がある。相続税の申告をしなければ無申告加算税（本税の5％又は10％）、延滞税（14.6％）その他が加算されることになる。

2 一部分割の活用

配偶者の取得財産に争いがなく、配偶者以外の相続人間でその他の遺産分割につき争いがある場合は、配偶者取得遺産についてだけ一部遺産分割をする。

また、小規模宅地の特例対象地について、取得者に争いはないが、それ以外の遺産の配分で争っている場合も、小規模宅地の特例対象地についてのみ遺産の一部分割をする。

再度の遺産分割と遺言書とは異なる遺産分割の課税関係

> **ポイント**
>
> ◆税務上、再度の遺産分割は、新たな処分行為となり、譲渡所得税等が課税される。
> ◆遺言書とは異なる遺産分割をしても、再度の課税はない。

設例

相続人は長男Aと次男B、遺産は不動産である。以下、①・②の場合、税務上の問題はないか。

① 長男Aは、不動産を取得し、次男Bに代償金1000万円を支払うことで遺産分割を成立させ、登記もした。しかし、やはり不動産を取得する必要性もないので、相続人全員で合意して再度の遺産分割をし、共有にして換価することにした。

② 遺言書には、長男Aに不動産を全部相続させ、代わりに長男Aは、次男Bに代償金として現金1000万円を支払えと書いてある。しかし、長男Aは不動産を取得する必要性もないので、相続人全員で合意して、遺言書は抜きにして、遺産分割をし、共有にして換価することにした。

回答

①は、再度の遺産分割であるが、税務上は新たな譲渡があったとして課税される。これに対し②は、遺言と異なる遺産分割をしただけであり、相続とは別に新たに課税されることはない。

■ 解説 ■

1 再度の遺産分割

(1) 原則　相続税基本通達19の2-8ただし書

　当初の遺産分割に無効原因がある場合は格別、単なる遺産分割のやり直しは、原則として、新たな処分行為となり、税務上はある相続人から他の相続人への財産の譲渡若しくは無償の場合は贈与がなされたものとして、所得税又は贈与税が課税される。

(2) 例外　平成22年3月2日　国税庁文書回答事例

① 当初の遺産分割協議後に生じたやむを得ない事情によって当該遺産分割協議が合意解除された場合
② 当初の遺産分割による財産の取得について無効又は取消し得るべき原因がある場合

などは、再度の遺産分割を認める余地がある。ただし、①はほとんど例がない。

（https://www.nta.go.jp/about/organization/nagoya/bunshokaito/zoyo/100302/01.htm#besshi1）

(3) 再分割後の手続

　遺産分割に錯誤等の無効原因があり、再分割した場合は、新たな課税の問題は生じない。申告の義務はない。しかし、再分割で相続税額が過大となった相続人は、2か月以内に更正の請求ができ、少額となった相続人は、修正申告ができるが、「権利」であって「義務」ではない。

2 遺言書と異なる遺産分割

　遺言書とは異なる遺産分割をしても、新たな処分行為とはならず、譲渡所得等の課税の問題は生じない（国税庁　質疑応答事例「遺言書の内容と異なる遺産の分割と贈与税」、国税庁ウェブサイトより https://www.nta.go.jp/law/shitsugi/sozoku/14/03.htm）。

弁護士のための遺産相続実務のポイント
遺産分割・遺言無効・
使途不明金ほか遺産分割の付随問題

2019年6月10日　初版発行
2023年7月26日　初版第3刷発行

　　　著　者　　森　　公　任
　　　　　　　　森　元　み　の　り

　　　発行者　　和　田　　裕

　発行所　日本加除出版株式会社
　　本　社　〒171-8516
　　　　　　東京都豊島区南長崎3丁目16番6号

組版　㈱亨有堂印刷所　印刷・製本（POD）　ジャーナル印刷㈱

定価はカバー等に表示してあります。
落丁本・乱丁本は当社にてお取替えいたします。
お問合せの他、ご意見・感想等がございましたら、下記まで
お知らせください。

〒171-8516
東京都豊島区南長崎3丁目16番6号
日本加除出版株式会社　営業企画課
電話　　03-3953-5642
FAX　　03-3953-2061
e-mail　toiawase@kajo.co.jp
URL　　https://www.kajo.co.jp

© K. Mori, M. Morimoto 2019
Printed in Japan
ISBN978-4-8178-4565-8

〈出版者著作権管理機構　委託出版物〉
本書を無断で複写複製（電子化を含む）することは、著作権法上の例外を除き、禁じられています。複写される場合は、そのつど事前に出版者著作権管理機構（JCOPY）の許諾を得てください。
また本書を代行業者等の第三者に依頼してスキャンやデジタル化することは、たとえ個人や家庭内での利用であっても一切認められておりません。

〈JCOPY〉HP：https://www.jcopy.or.jp，e-mail：info@jcopy.or.jp
電話：03-5244-5088，FAX：03-5244-5089

法律家のための
遺言・遺留分実務のポイント
遺留分侵害額請求・遺言書作成・遺言能力・信託の活用・事業承継

| 商品番号：40858 |
| 略　号：遺分ポ |

森公任・森元みのり 著
2021年6月刊 A5判 352頁 定価4,290円（本体3,900円）978-4-8178-4729-4

● 遺留分侵害額請求について、事件処理に必要な論点を広く網羅。要件事実や立証書類等、代理人としての主張立証活動に重点をおいて解説。
● 改正相続法を踏まえた「一歩先を行く遺言書の作成方法」を取り上げ、あわせて改正相続法に対応した遺言執行・遺留分対策についても言及。

【主な収録内容】

第1編　遺留分侵害額請求
　第1章　遺留分制度
　第2章　遺留分計算式
　第3章　基礎財産の範囲の確定
　第4章　基礎財産の評価
　第5章　遺留分侵害額請求債務者の権利
　第6章　遺留分侵害額調停
　第7章　遺留分侵害額請求訴訟
　第8章　その他
第2編　遺　言
　第1章　遺言書の作成
　第2章　遺言能力
第3編　民事信託の作成と運用
第4編　事業承継

心の問題と
家族の法律相談
離婚・親権・面会交流・DV・モラハラ・虐待・ストーカー

| 商品番号：40702 |
| 略　号：心問題 |

森公任・森元みのり 著　酒田素子 医事監修
2017年11月刊 A5判 340頁 定価3,300円（本体3,000円）978-4-8178-4444-6

● 家事事件を多数取り扱う弁護士事務所が蓄積した実際の事例をもとにした12の設例について、両当事者の弁護士の立場から解説。
● 家族トラブルの相談に頻出する法的問題と「心の問題」について、弁護士・精神科医の視点から平易に解説。

日本加除出版

〒171-8516　東京都豊島区南長崎3丁目16番6号
営業部　TEL (03) 3953-5642　FAX (03) 3953-2061
www.kajo.co.jp